TRANSACTIONS SOCIALES

BESANÇON, IMPRIMERIE DE J. BONVALOT.

TRANSACTIONS
SOCIALES

PAR JUST MUIRON

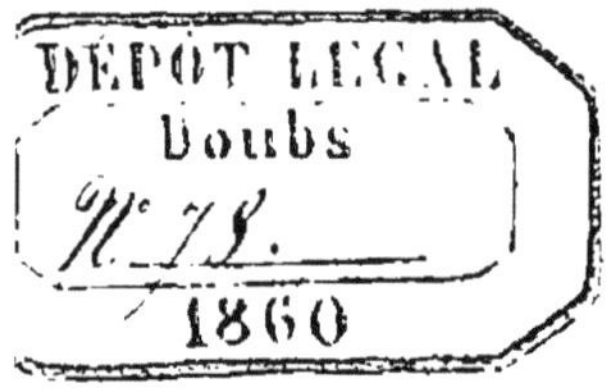

DEUXIÈME ÉDITION.

BESANÇON
CHEZ L'AUTEUR
8, rue Neuve

PARIS
A LA LIBRAIRIE SOCIÉTAIRE
6, rue de Beaune

1860

AVANT-PROPOS.

La première édition des TRANSACTIONS SOCIALES, ne contenant qu'une moitié du livre, a paru en 1832. L'auteur la publia en vue de seconder les débuts de l'Ecole sociétaire, qui venait de naître et qui posait en ses vrais termes la question sociale surgie du grand ébranlement intellectuel amené par le progrès des sciences et par les péripéties de la République, de l'Empire, de la Restauration.

Le but spécial de la deuxième édition, ouvrage complet, est d'ajouter aux moyens d'attaque et de défense dont il importe que l'Ecole sociétaire soit munie, pendant la lutte qu'ont ouverte ses adversaires, loyaux ou perfides, et qu'elle soutient contre eux.

Toujours le fondateur de l'Ecole repoussa toute idée révolutionnaire ou contre-révolutionnaire. Il demandait que la vérification pratique de sa découverte des lois naturelles du travail, rendu attrayant, et des voies de l'essor harmonique des passions, fût faite à l'écart de la politique, dans une tentative purement industrielle, se restreignant à une association domestique et libre de 600 personnes au moins, de 1,800 au plus, vaquant à l'exploitation agricole de 4 à 16 kilomètres carrés. Ainsi limitée et précisée, l'innovation sociale ne comportait évidemment aucun risque de perturbation civile, morale ou religieuse. Ce vœu inoffensif de l'Inventeur n'a été accompli ni pendant sa vie, ni depuis sa mort survenue en octobre 1837.

Cependant l'Ecole sociétaire a dignement milité. Ses enseignements et ses polémiques ont eu de l'éclat, lui ont acquis des adhérents nombreux, notamment dans le cours des années calmes de 1840 à 1848. Elle n'a laissé passer aucune objection sans réfutation péremptoire; elle n'a laissé debout aucun des arguments qu'avec plus ou moins de bonne foi ou de sotte malveillance, les préventions, les préjugés, la routine lui ont opposés par l'organe des champions de l'esprit stationnaire ou rétrograde. Néanmoins l'Ecole a dû subir une occultation quand l'omnipotence des partis politiques est parvenue à l'accoler et à la faire confondre avec un socialisme dont elle est l'antipode. C'est à elle qu'à la tribune nationale, M. de Lamartine fit allusion lorsqu'il loua le BON socialisme, distinction à laquelle M. Baroche, président actuel du conseil d'Etat impérial, donna son plein assentiment.

Au dénigrement déduit de la fausse réputation de socialisme subversif qu'ils réussirent à infliger aux doctrines de l'Ecole sociétaire, ses ennemis ont ajouté que partout où elle a essayé d'agir, à Condé-sur-Vesgres, à l'Union du Sig, au Texas, l'expérience, avortant sans cesse, a prouvé l'inanité de ses combinaisons. Rien n'est plus faux. Aucune épreuve du procédé sériaire n'a été ni pu être faite dans ces trois entreprises. Elles ont eu pour objet unique des dispositions préalables, réunion de capitaux, appropriations de terrain, préparatifs de constructions. A Condé les capitaux ont fait défaut; — au Sig la prise de possession de 1,300 hectares d'un sol très-fertile, des plantations immenses, l'érection de bâtiments provisoires, ont coûté fr. 450,000 et ont présentement une valeur vénale minimum de fr. 700,000, susceptible d'être élevée au double par l'établissement prochain des chemins de fer décrétés; — au Texas des milliers d'acres de riches prairies, peuplées de grands arbres et de gibier, payées 1 fr. 75 c. l'acre, ont déjà une valeur triple et quintuple, les reventes se faisant aux prix de 5 à 12 francs. Sont-ce là des échecs, des échecs décisifs comme le prétend la malice ou l'ignorance? Mais, encore une fois, nulle part le procédé sériaire n'a été mis à l'épreuve. Les entreprises du Texas, du Sig, de Condé, peuvent avoir été conduites avec peu d'habileté, peu de succès, avoir éprouvé des vicissitudes regrettables, circonstances assez fréquentes en affaires pareilles, sans que le moindre préjudice en soit résulté, au fond, pour la cause phalanstérienne. Les actes constitutifs de ces trois entreprises n'auront pas moins été conçus et formulés selon les plus sûres indications de l'expérience acquise en pareille matière. Qu'on lise les statuts de la société du Texas, qu'on les compare aux meilleurs écrits du même genre, et, si l'on est judicieux et de bonne foi, on s'empressera d'en reconnaître la frappante supériorité. Le savoir aura été puissant chez les auteurs de ces statuts; leur savoir faire n'aura pas eu la même valeur. De son côté, le groupe réuni pour mettre le règlement à exécution, aura été composé en majorité d'hommes qui, trop faibles en dévouement ou en sagacité pour maintenir l'entente entre eux, se seront divisés, puis dispersés par les causes qu'avait prévues et prédites le fondateur de l'Ecole sociétaire. Mais les germes jetés sur les terrains du Sig, du Texas, de Condé restent vivaces. D'un jour à l'autre, soit une personne de haute capacité, soit un groupe en forte cohésion, réparera les fautes commises, reprendra l'œuvre et saura la mener à bonne fin.

L'auteur des TRANSACTIONS SOCIALES espère qu'elles seront accueillies avec faveur par les soutiens zélés d'une noble cause. Il a été encouragé à les compléter, à leur donner une publicité nouvelle, par les suffrages qu'a obtenus la première édition. Qu'il lui soit permis de reproduire deux de ces suffrages qui lui ont paru pouvoir prendre place ici avec quelque utilité et en toute convenance.

Dans une critique fortement raisonnée des « MÉ- » LANGES PHILOSOPHIQUES, par Théodore Jouffroy, » membre de l'Institut, professeur au collége de

» France et à la faculté des lettres de Paris, » critique portant aussi sur l'œuvre du même professeur, intitulée : « *Comment les dogmes finissent.* » On lit :

« La vraie différence qui sépare la philosophie de la religion, ce n'est pas une différence de sphère et de circonscription, c'est une différence de *solution.* La philosophie nie et la religion affirme. Celui qui cherche, qui doute, qui examine, celui-là est philosophe; celui qui a trouvé, qui a foi et qui professe sa foi avec ardeur, celui-là est religieux. Mais religion et philosophie supposent sentiments, idées dogmatiques, action pratique en vertu des sentiments et des idées; partant poésie, science et manifestations extérieures.....

..... » La philosophie moderne, du XVIe au XVIIIe siècle, n'a été qu'une négation pure et simple plus ou moins radicale. L'éclectisme qui n'ose ni affirmer ni nier, qui ne veut *rien attaquer ni rien défendre* (*Mélanges,* p. 483), l'éclectisme, doctrine amphibie et amphibologique, n'est ni la clôture de l'ère ancienne ni l'ouverture de l'ère nouvelle. C'est un accommodement qui n'a rien accommodé ni rien n'accommodera.

» Un nouveau mouvement s'est opéré qui ne se met plus en hostilité avec le christianisme. Changeant tout-à-fait les termes de la question de rénovation sociale, il ajourne la question religieuse au moment où la collision des intérêts terrestres sera détruite par de nouvelles conditions industrielles. Jusque-là, non-seulement le christianisme doit demeurer intact, mais tout doit être tenté pour ramener à ses grands dogmes sociaux les populations qui, après avoir été détournées par une philosophie étroite et ignorante, sont aujourd'hui exploitées par le *Journalisme*, pouvoir aussi obscurant et moins légitime, peut être, que ne fut jamais aucun sacerdoce. Le christianisme, la religion du sacrifice, prêchée de parole et d'exemple par Jésus et ses apôtres, est la doctrine naturelle de toute société où l'intérêt individuel se trouve froissé et opprimé. Sous l'égide protectrice du christianisme, que la science sociale s'occupe de la recherche des voies et des moyens du bonheur terrestre : le progrès s'opérera rapidement et sans secousse.

» C'est donc, avant tout, d'un progrès dans l'ordre temporel, d'un changement dans les conditions matérielles de la vie individuelle et de la vie sociale, qu'il s'agit aujourd'hui. Les bases de la société demeurant les mêmes, le christianisme, tel quel, est la religion naturelle et nécessaire ; les conditions matérielles de la société ayant changé, le christianisme peut être sauvé sans qu'aucun obstacle soit apporté au développement de la société humaine. Que si alors le christianisme devait se *transformer*, cette transformation serait sans danger et aurait lieu sans secousse.

» Telles sont les vues nouvelles de la science sociale sur l'avenir du christianisme. Pour rendre justice à qui de droit, il faut dire que l'idée en a été émise pour la première fois par M. Just Muiron, de Besançon, dans un livre intitulé : *Nouvelles transactions sociales, religieuses et scientifiques de Virtomnius*. Ce livre est écrit sous l'influence des idées de M. Charles Fourier ; mais il conserve le cachet personnel de celui qui *transige* en faveur d'un nouvel ordre industriel, avec toutes les institutions de la société au milieu de laquelle les semences de l'ASSOCIATION doivent germer et fructifier. » (*Europe littéraire*, octobre et novembre 1833 ; —

Archives des sciences morales et politiques, janvier 1834.)

De son côté, M. Louis Reybaud, dans ses *Etudes sur les réformateurs contemporains, ou socialistes modernes*, ouvrage qui a obtenu en 1841 le grand prix Monthyon, décerné par l'Académie française, a mentionné les *Transactions sociales* en ces termes :

« M. Just Muiron est une intelligence d'un ordre » élevé. Le livre qu'il a écrit sur la doctrine de » Fourier est un beau morceau de morale et de » métaphysique. »

Le lecteur inclinera-t-il à voir peu de bienséance dans la reproduction ainsi faite par l'auteur de témoignages trop flatteurs pour lui? ce serait pure méprise. Il ne s'agit point ici de la personne ni du mérite de l'auteur, mais de justes hommages rendus aux idées qui l'ont inspiré. A ces idées seules reviennent les éloges passés et reviendront les éloges futurs.

TABLE.

TRANSACTIONS

SOCIALES.

INTRODUCTION.

Quelle est la destinée de l'homme? Sans cesse renouvelée, cette question primordiale n'a point encore eu de solution suffisante. La divergence d'opinion est complète parmi les savants, et l'on semble, sur ce problème, plutôt chercher à grossir qu'à renverser les obstacles qui, trop souvent, font croire à l'impossibilité d'une grande découverte. Cependant, tant qu'il ignore sa destinée, l'homme marche dans les ténèbres. Il se fourvoie sans cesse quand il n'a ni voie ni but sciemment fixés.

Le problème de la destinée demeure sans solution suffisante, parce que, soit découragement ou incapacité, soit frivolité ou indifférence, sur des millions d'individus, il est rare d'en trouver UN qui s'en soucie, et parce que personne encore, peut-être, n'a su ou voulu, pour juger de la destinée, faire réellement abstraction des préjugés devenus notre seconde nature. Le matérialiste ou sensualiste de l'école moderne croit l'homme créé pour se livrer autant que possible aux jouissances de la vie. Par opposition, le moraliste ou spiritualiste de l'ancienne école croit l'homme né pour souffrir, pour s'imposer, par vertu, la privation des plaisirs, afin d'acquérir du mérite, des droits aux félicités futures.

Jouir quelque peu, beaucoup souffrir, tel est en effet le partage de l'homme dans le cours des événements qui se passent sous nos yeux ou dont l'histoire conserve le souvenir. Mais cet état mélangé de mal-être et de bien-être peut-il être nommé une DESTINÉE? La destinée d'une chose est surtout dans son utilité, ses fins, l'emploi qui en est fait. L'homme peut éprouver des douleurs, goûter des plaisirs, sans que le plaisir ou la douleur soit l'utilité de l'homme, soit la raison de son rang, de sa fonction dans l'ensemble des êtres. Le plaisir et la douleur peuvent être des véhicules, des accessoires du destin de l'homme, sans être ce destin lui-même. Admettons provisoirement qu'il convienne de spéculer en ces termes, et cherchons à fixer les idées.

L'homme, en tant qu'être passif ou matériel, est comme attaché à la terre, soumis aux influences physiques de la nature; la privation totale et quelque peu prolongée du feu, de l'air, de l'eau, des aliments, le fait périr; un corps qui le frappe le blesse ou le tue. L'homme matériel est donc un être fatidique : son sort est la subordination.

En tant qu'être actif ou spirituel, l'homme est comme indépendant de la terre ; il domine tout par la pensée, invente mille moyens de maîtriser les choses créées, règne en souverain sur elles. L'homme spirituel est donc un être volitif : son sort est la domination.

L'homme ne pourrait exercer aucune action sur les corps s'il n'existait aucun point de contact entre lui et eux. Si l'homme n'était pas *corps* lui-même, s'il n'avait aucune action corporelle à pratiquer, comment son existence, active ou passive, pourrait-elle se concevoir? Pour être il faut se manifester d'une manière quelconque ; et toute manifestation ne saurait être que phénoménale, c'est-à-dire réalisée moyennant la mise en activité de la matière, qu'on donne à celle-ci les noms de fluides impondérables, molécules aériformes, liquides, solides, il n'importe.

L'homme est donc essentiellement un être fatidico-volitif. Pourquoi? Parce que notre petit globe ne peut pas plus qu'aucune autre créature, pas plus que l'univers entier, se passer d'un régulateur, d'un gérant ; parce que ce gérant, qui, sur la terre, est l'homme, ainsi que nous l'exposerons longuement, doit avoir des moyens suffisants, tant physiques que métaphysiques, pour exercer sa fonction, et devenir ainsi un être providentiel (1). Ces faits sont assez évidents pour

(1) Providence, providentiel. Dans notre siècle positif, plusieurs ne saisissent pas la réalité exprimée par ces mots. La Providence est un fait comme le fait de l'existence. C'est le maintien de ce qui est, sa durée, son perfectionnement, nonobstant toutes les causes de perturbation ou de destruction. Qu'un incendie, une épidémie, une guerre surviennent, l'homme providentiel sera celui qui mettra fin au fléau. Si telle plante, le chêne, par exemple, dont les semences et les rejets pourraient en quelques années couvrir toute la terre, n'envahit pourtant que telles parties de telles forêts, cette limitation est encore le fait providentiel. Providence et équilibre sont synonymes.

qu'en ce moment il suffise de les énoncer, et pour qu'il soit permis d'en déduire cette sorte d'aphorisme : LA DESTINÉE DE L'HOMME EST LA GESTION DU MONDE TERRESTRE.

Une gestion peut être loyale ou déloyale, savante ou inhabile : elle peut enrichir si elle est bien conduite, ruiner si elle est mal entendue. Il n'y a pas pour cela *deux* gestions ; c'est toujours la même, tantôt estimable et heureuse, tantôt malheureuse et blâmable. Dans le premier cas, le gérant accomplit sa destination réelle ; dans le cas contraire, il l'intervertit. Ainsi se dualise le destin (1). L'homme régit bien ou régit mal le monde terrestre confié à son administration. S'il régit bien, son action providentielle, ses principes actif et passif, sont en harmonie entre eux, avec l'univers et avec Dieu ; et alors l'homme jouit. S'il régit mal, la subversion tient la place de l'harmonie, et alors l'homme souffre.

Toutes les traditions sacrées révèlent ces grandes vérités ; toutes les sciences positives les confirment. Serait-ce parce que le Zepher de Moïse les offre à chaque page, que les dominateurs littéraires et scientifiques du siècle les dédaignent ? Ils les éludent, ils les rejettent, et les frappent ainsi de stérilité, tandis que tous les biens devaient en découler. Le devoir des savants était de s'attacher aux enseignements du passé comme à un point de ralliement conditionnel, au moins jusqu'à parfaite exploration. Ils devaient en

(1) On voit ici la nécessité du mot *dualité du destin ;* le destin n'est pas *double ;* il n'y en a pas *deux ;* il est *un* en essor *dualisé.*

développer les lumineuses conséquences, les fécondes applications; prouver leur entière conformité avec l'organisation ontologique de l'homme; rendre par-là le dogme de la destinée aussi palpable que le dogme de l'attraction. Dès le moment où ce résultat sera conquis, toute divergence d'opinion cessera parmi les hommes assez instruits pour avoir une opinion valable.

Réparer l'omission des savants est une tâche immense. C'est une entreprise du nombre de celles que ne peut achever un homme seul. Mais celui qui croit pouvoir y concourir avec quelque utilité est tenu de fournir son contingent. C'est ce qui m'a décidé à écrire, sauf à subir la commune condition sociale, qui nous force à travailler dans l'isolement, sans loyal émule, sans secours désintéressé, sans appui permanent.

Je disserterai d'abord sur l'essor faussé, puis sur l'essor vrai du destin de l'homme. Je ferai voir l'homme, tantôt dévoyé et malheureux, parce qu'il manque à maintenir ses principes ontologiques en harmonie entre eux et avec son action providentielle, tantôt réintégré et heureux, parce qu'il rétablit cette harmonie.

Trois choses, sous les noms de *Religion, Science, Loi,* constituent les voies du bien dans l'accomplissement de la destinée humaine. La Religion, selon le sens étymologique, aussi bien que selon le sens intellectuel, est le ralliement général des êtres, et leur convergence vers un foyer commun, qui est et ne saurait être que Dieu, leur créateur ou émanateur (1). La

(1) Sens étymologique : *rallier, réunir* les hommes sous une même *loi, rattacher* les choses terrestres aux choses divines, la *raison*

Science est la connaissance mathématique des voies de ce ralliement, n'importe qu'il s'agisse de l'ordre matériel, organique, instinctuel, ou de tout autre. La Loi réalise en acte ce qu'indique la Science et ce que la Religion conseille.

Je montrerai comment, dans l'essor faussé du destin, le BIEN est purement négatif, ne consistant que dans une plus ou moins grande atténuation du MAL, et ne pouvant aller au-delà; comment alors la religion ne saurait avoir que des mystères et des rigueurs, la science que des incertitudes et de la confusion, la loi que des voies coërcitives et cruelles, le tout pour aboutir le plus souvent à la duplicité d'action et à l'aggravation des souffrances.

Je montrerai ensuite comment, dans l'essor vrai du destin, les voies de la loi sont toutes d'attraction, de récompenses; comment la science devient lumineuse, certaine, la religion enchanteresse, prodiguant les joies, rejetant au loin les voiles décevants de la vérité; et comment alors tout concourt à l'unité d'action, au règne du BIEN positif.

Soit que je signale les conséquences de la déviation du destin, et par-là même les causes du mal, soit que j'énumère les moyens de réintégration dans le bien, je puiserai à une même source la confirmation de mes idées : toutes seront déduites des traditions sacrées, confirmées par les faits historiques et scientifiques les mieux reconnus.

individuelle à la *raison* universelle : tous ces mots, *raison, réunion, ralliement,* comme le mot *religion,* tiennent à la même racine et à la même pensée.

Préalablement, revenons sur un énoncé de principes, sur la définition de l'Homme : elle doit précéder les dissertations sur son destin, et être précisée avec soin.

Les anciens ont dit : « L'homme est un abrégé de l'univers. » En effet, à première vue, comme après les investigations les plus approfondies, l'univers se manifeste dans la combinaison de deux principes, l'actif, principe principiant; le passif, principe principié. L'homme retrouve la présence de ces deux principes dans tout ce que ses sens et son esprit peuvent atteindre, depuis la plus exiguë jusqu'à la plus grandiose des créatures, depuis la mite jusqu'à l'ensemble des tourbillons planétaires; en un mot, dans tout ce qui constitue l'univers intégral, et d'abord dans l'homme lui-même. A cet égard, il y a identité d'opinion entre les panthéistes, les théistes et les chrétiens.

Considéré dans son essence, l'homme est donc, selon l'axiôme de l'antiquité, un être composé de principe actif et de principe passif. C'est une duité combinée, analogue à la duité combinée universelle. Le premier membre de la duité, dans l'homme, est nommé Ame. L'âme se dualise elle-même en Ressorts essentiels, que je nommerai *Passions,* et en facultés inhérentes à ces ressorts, telles que la *Mémoire,* l'*Entendement,* l'*Industrie,* etc. Le Corps, second membre de la duité humaine, se dualise aussi en parties fluides et en parties solides, le tout organisé pour servir de véhicule à la vie que le principe actif ou âme doit manifester.

J'entends sous le nom de Passions, les modes d'existence, les éléments constitutifs des âmes, de même que sous le nom de *Formes* on entend les éléments constitutifs des corps. Avant que Michel-Ange déploie la dextérité de sa main, la justesse de son coup d'œil, l'excellence de sa mémoire et de son entendement, c'est-à-dire, avant que Michel-Ange mette en jeu ses facultés physiques et métaphysiques qui réaliseront un chef-d'œuvre, il a senti dans son âme un germe d'ambition; il a désiré la gloire, a voulu jouir, faire jouir ses semblables d'un essor de plaisir, d'un élan de bonheur. Ce sentiment dans Michel-Ange est ce que j'entends sous le nom de passion; c'est le ressort de l'âme qui suscite notre intelligence et nos talents.

Les diverses impulsions passionnelles sont aussi faciles à discerner que les diverses parties, os, viscères, nerfs, sang, etc., dont se compose notre organisme matériel. L'amour, la haine, l'enthousiasme, la peur, le goût de l'intrigue, de la variété, sont des choses aussi évidentes et distinctes entre elles, que les vertèbres, les veines, les muscles, le chyle, sont évidents et distincts entre eux. Le but, la fonction propre de chaque partie de notre corps et de l'ensemble des parties, est de servir de véhicules aux manifestations passionnelles, car, on ne saurait le nier, les mouvements du corps sont en effet la réalisation actuelle ou potentielle des passions de l'âme, soit qu'elle se borne à l'essor des sens, soit qu'elle s'élève à l'essor des vives affections du cœur, aux élans sublimes de l'esprit.

Ainsi le corps est à proprement parler l'instrument physique de l'âme; et si l'on veut spéculer avec fruit sur la nature et les modes d'existence de l'âme, il faut constamment sous-entendre l'existence du corps, n'importe que ce soit le corps de la vie présente, ou celui que la religion attribue à la vie ultérieure. Dans toutes les vies, l'organisme *matériel* du corps est toujours l'inévitable et rigoureuse conséquence de l'organisme *passionnel* de l'âme.

Cherchons à rendre ces points de fait moins abstraits. L'amitié, cette passion si ardente et si noble quand elle n'est point faussée par les convenances sociales, ne saurait se manifester sans l'intervention des yeux, de la langue, de l'oreille, de la main, c'est-à-dire, sans l'emploi d'organes corporels avec lesquels on puisse voir, toucher, entendre un ami, lui parler s'il est près, lui écrire s'il est loin de nous. Dès lors la vue, l'ouïe, le tact, la parole, l'écriture, sont les facultés matérielles de la passion ou ressort de l'âme nommé *Amitié*. Ce sont les facultés spéciales de ce ressort quand il est seul en jeu; ce sont les facultés générales de l'âme quand plusieurs de ses ressorts ou tous ses ressorts cumulés sont en jeu.

Pour pouvoir se réaliser complètement, l'amitié, ou toute autre passion, ou l'âme, ensemble des passions, n'est pas seulement douée des facultés *matérielles* que lui fournit le corps; elle a, en outre, des facultés *intellectuelles* connues sous les noms de mémoire, entendement, imagination, etc., facultés sans lesquelles la manifestation continue de l'amitié serait aussi impossible que le serait sa manifestation instantanée, si la main, la langue, l'œil, ou d'autres organes équivalents, n'intervenaient point. Il est assurément possible, il est probable que, dans une vie ultérieure, ou dans un monde physique différent du nôtre, l'organisme corporel ait plus de délicatesse, plus de perfection; mais, quel qu'il soit, cet organisme ne pourra toujours être que le moyen de manifester les mouvements de l'âme et de ses passions. C'est le seul point que je veuille ici poser en fait.

En vain le sensualiste voudrait faire voir dans les passions et les facultés intellectuelles un simple produit de la matière organisée; en vain le spiritualiste dirait que les passions et les facultés corporelles ne sont qu'un produit de l'intelligence efficiente. Pour pouvoir connaître il faut être, exister en soi; et l'on ne peut exister en soi sans être doué de plus ou moins de connaissances, sans revêtir telle ou telle forme, sans être *producteur*, et non simple *produit*. Dans la conception l'enfant n'est d'abord qu'un germe, un principe de vie. Le corps, l'intelligence ne se manifestent qu'à la longue. La première manifestation vitale est l'expression d'un sentiment, le geste, l'idée, viennent ensuite comme conséquences de ce sentiment, qui, par le caractère particulier qu'il revêt, spécialise telle ou telle passion. Sous ce rapport il en est de l'âge mûr comme de l'enfance. Alexandre arrête ses plans de conquêtes après qu'un ardent désir de gloire et de domination s'est spontanément formé dans son cœur. Le même désir de la gloire, une passion plus élevée, celle de devenir le bienfaiteur de l'esprit humain, anime Galilée à la recherche des lois du mouvement des astres. En l'absence de ce besoin d'éclairer le monde, de cette passion de la vérité, essence vitale de Galilée, on n'eût point vu éclore et grandir sa sublime intelligence. Aussi, selon la forte expression d'un théosophe de notre temps :

« C'est l'amour qui a produit la science, et ce n'est » point la science qui a produit l'amour. » Le sentiment passionnel, qui est l'essence vitale, précède toujours le raisonnement et l'action. Ce fait est évident pour quiconque veut observer : de là vient que les prétentions opposées du spiritualiste et du sensualiste sont également dénuées de base solide, et que ni l'un ni l'autre n'a pu parvenir à fonder le règne de sa doctrine exclusive.

J'ai dit que les passions étaient pour l'âme ce que les formes sont pour la matière. Tel être matério-solide peut avoir de la beauté ou de la laideur, selon que ses formes sont gracieuses ou répugnantes ; tel être matério-fluide sera un aliment salutaire ou un poison, selon l'emploi qu'il recevra, le vase dans lequel on le déposera, le milieu par lequel on le fera passer, ou selon toute autre circonstance modificative. De même, tel être animique aura de la beauté ou de la laideur, sera bon ou mauvais, selon que ses passions se manifesteront en vertus ou en vices. Les passions seront vertus ou vices en raison des voies d'essor qui leur seront ouvertes, des impulsions libres ou forcées qu'elles auront à suivre pour se satisfaire; car à moins de nier la raison et la justice de Dieu, on ne peut dire que les passions aient été créées essentiellement mauvaises. Tout ce qui, comme l'âme humaine, comme les passions qui la constituent, émane directement de Dieu (1), est et ne saurait être que bon. Mais il est de la nature de l'âme d'être douée de la liberté d'opter, par consé-

(1) Genèse, II, 7.

quent d'être exposée à la chance d'errer, de se fausser, et par suite d'introduire le *mal*, qui n'a pas d'autre voie de pénétrer dans l'univers.

En définissant l'homme un abrégé de l'univers (microcosme), on conçoit l'univers (macrocosme) comme une immense *duité* combinée, se constituant des principes primordiaux désignés sous les noms d'*actif* et de *passif*. Le physicien du dix-neuvième siècle admet cette hypothèse du moment où il avoue le mouvement et le repos, l'inertie de la matière et la puissance des causes motrices. Le théologien admet bien mieux encore la duité combinée, dès qu'il médite sur les premiers versets du texte hébreu :

« En principe, Aelohîm créa le Ciel et la Terre, » dit Moïse, Baeresith, ch. I, v. 1. La première manifestation émanée d'Aelohîm (lui-les-dieux) fut donc une manifestation duelle : le Ciel, espace contenant, éthéré, infini ; la Terre, espace contenu, durcissant et borné. « V. 2 : L'Esprit d'Aelohîm (le principe actif) se mouvait dans cet espace ; il se mouvait sur les Eaux » (figurant le principe passif universel). La seconde manifestation duelle, parfaitement analogue à la première, s'est montrée dans la Lumière et les Ténèbres (v. 3, 4). Ainsi le principe actif, le ciel, la lumière ; le principe passif, la terre, les ténèbres, ne sont que les éléments primordiaux de l'universelle et immuable Duité.

La loi de duité n'est pas moins une nécessité absolue qu'un point de fait irréfragable. Les deux principes essentiels, actif et passif, esprit et matière, ne sauraient exister l'un sans l'autre. Que serait-ce que l'esprit n'exerçant point d'action manifestée? que serait-ce que la matière si rien ne l'animait? — Il est tout autant impossible de concevoir l'esprit sans manifestation objective quelconque et inévitablement matérielle, que de concevoir une cause sans effet ou un effet sans cause. Une cause sans effet actuel ou potentiel n'est plus une *cause*, c'est un mot vide de sens.

L'esprit et la matière, susceptibles de se combiner entre eux, doivent demeurer éternellement distincts et inconvertibles. S'ils pouvaient se confondre, la loi de duité ne serait point immuable. Aussi Moïse (v. 4, 5, 26) désignant la lumière, *élémentisation intellectuelle,* sous le nom de *jour,* et l'obscurité, manifestation négative et nutation des choses, sous le nom de *nuit,* dit-il qu'Aelohîm a déterminé un moyen indéfectible de séparation entre la lumière et les ténèbres. V. 6, 7, formation de l'atmosphère, dont les principes se dualisent en expansion sous forme d'*air,* en rétraction sous forme d'*eau* (mers, fleuves, etc.).

Ce qui s'est passé, selon Moïse, au moment de la création de la terre, s'est passé de même au moment de la création de tout autre corps céleste, s'est passé à la création d'un tourbillon planétaire, comme à la création d'un astre. Les astres sont des individus sidéraux comme nous sommes des individus humains. Un astre a son âme, un tourbillon planétaire a son âme, comme un homme a la sienne. Une molécule pierreuse appartient à son rocher, ce rocher appartient à son continent ou à son île, le continent ou l'île appartient à son globe, le globe à son tourbillon, le tourbillon à son univers, comme l'âme de l'homme appartient à sa nation, l'âme nationale à l'âme de la terre, l'âme de la terre à la grande âme de son tourbillon sidéral, la grande âme du tourbillon à Dieu. Et c'est ainsi que Dieu et l'univers sont UN, que toutes choses sont coordonnées, liées les unes aux autres, régies par l'UNITÉ DE SYSTÈME, hors de laquelle est le chaos.

Il est bien prouvé en musique, en numération, en toute science exacte, qu'il faut diviser et réunir pour créer; que l'espace ne peut être occupé que par des créations; que les créations doivent se distribuer en individus; que les individus doivent se graduer en nombre, en qualité, en étendue; que là où les individus manquent l'harmonie est irréalisable. C'est pourquoi les astres, les tourbillons d'astres sont si multipliés; pourquoi l'on distingue des soleils, des planètes, des lunes, des nébuleuses, des comètes; pourquoi tous ces corps célestes diffèrent de volume, de pavois, de fonction. C'est encore par une conséquence nécessaire de l'unité de système qui régit l'univers, que les astres, individus du ciel, doués d'une âme comme en sont doués les hommes, individus de la surface terrestre, doivent nécessairement avoir et leurs titres caractériels et leurs passions dominantes. Le titre caractériel, déjà bien moins relevé, bien plus restreint dans l'homme que dans l'astre, se reproduit en fragment dans chaque animal, devient le type emblématique de chaque végétal, de chaque minéral, parce que l'univers ne peut être qu'une magnifique vibration ascendante de l'infiniment petit à l'infiniment grand, et descendante de l'infiniment grand à l'infiniment petit.

Le principe actif, conséquemment passionnel, est

l'unique *Cause* créatrice; le principe passif, conséquemment matériel, est l'unique moyen de manifestation des *Effets,* des créations objectives quelconques, sidérales, animales, végétales, industrielles ou autres. Il est évident, parmi nous, que les créations industrielles sont et ne sauraient être que les effets des affections et pensées de l'homme, effets réalisés avec la matière secondaire ou naturée, fournie par les corps des divers règnes. Dans l'univers, les créations sidérales sont et ne sauraient être également que les effets des affections et pensées de Dieu, effets réalisés avec la matière primaire ou naturante, propre à former les corps des divers règnes.

Dieu crée immédiatement l'ensemble de l'univers. Il le crée en faisant jaillir de soi-même les germes actifs et puissanciels des tourbillons d'astres. Ces germes sont, par le créateur, pourvus des facultés individualisantes, agglomérantes et formatrices des globes et de leurs accessoires. Ainsi les êtres de tout ordre, que nous voyons peupler la terre, sont des créations MÉDIATES de Dieu. Ce sont les produits de l'exercice des facultés créatrices dont les astres sont pourvus par leur créateur, comme nos édifices, nos instruments, nos meubles, sont les produits des facultés créatrices départies à l'homme. Les individus de la surface d'un globe opèrent les créations industrielles; les astres opèrent les créations organiques de ces individus de la surface. Dieu crée les tourbillons générateurs des astres.

De ce que les choses créées sont la manifestation naturelle des affections et pensées de Dieu, de l'astre ou de l'homme, il suit nécessairement que chaque objet créé révèle quelqu'une de ces affections et pensées. Ainsi l'astre, créature déjà médiate de Dieu, crée le chien, par exemple, pour manifester l'affection agissante de l'amitié, la pensée de la fidélité. L'homme, à son tour, dans le même but, crée un couteau, un vase, du papier, de l'écriture. Le couteau divise le pain ou le mets, le vase reçoit la liqueur qu'on offre à un ami, en témoignage de l'affection qu'on lui porte. L'écriture lui exprime la pensée de cette affection. La cause créatrice ne saurait peindre dans ses œuvres que des choses dignes d'elle ; or, quoi de plus digne d'être peint que ce qui, sous le nom de *Passion,* constitue l'essence de l'âme, produit primitif de la cause créatrice ? Saint Paul a exprimé cette vérité avec une grande justesse, quand il a dit : *Ce monde n'est qu'un système des choses invisibles, manifestées d'une manière visible.*

Les physiciens, dans leurs études, faisant abstraction de l'âme, de la cause créante, et s'attachant exclusivement à la connaissance simple des corps, des effets créés, ont dû jusqu'à présent ne point saisir les conséquences nécessaires que je viens de déduire de l'unité de système dans laquelle se combine les deux principes générateurs de l'univers, et de laquelle, ainsi que je l'exposerai, découlent tous les faits dont la recherche est l'objet des sciences physiques.

Les métaphysiciens ont pareillement fait abstraction des essences de l'âme, et ne se sont attachés qu'à l'étude de ses facultés intellectuelles. Ils ont analysé d'une manière lumineuse la génération des idées, le mécanisme de l'entendement, la logique du raisonnement, etc., etc. ;

ils n'ont pas plus que les physiciens expliqué les causes créatrices. De chaque côté, en physique et en métaphysique, on s'est enquis des effets sans remonter aux causes. On a relégué parmi les rêves de l'imagination ce qui pouvait tendre à la découverte de l'origine de ce qui est. En attendant que, dans les chapitres spéciaux, nous dissertions sur cette origine, observons que ce qui vient d'être dit sur les créations et les titres caractériels est formellement établi dans le livre de Moïse.

« Que la terre produise les végétaux portant graines et fruits, *chacun selon son espèce,* et renfermant leur semence en eux-mêmes. — Que les Astres soient répandus dans l'espace pour les divisions temporelles, pour les manifestations phénoméniques, les mutations ontologiques des êtres. — Qu'ils soient des lumières sensibles, foyers lumineux, pour exciter la lumière intellectuelle sur la terre. — Qu'ils soient les facultés virtuelles et la force fécondante de l'univers. — Ainsi préposés par Aelohîm, les Astres font le partage entre la lumière et l'obscurité. — Que les Eaux originent à foison le vermiforme, le volatile, les poissons, et toute âme de vie mouvante d'un mouvement contractile. — Que la Terre fasse provenir une animalité selon l'espèce sienne, à la marche élevée et bruyante; et le genre quadrupède fut ainsi jugé bon, etc. »

Tel est le précis des versets 11 à 25, ch. I de la Genèse. Ce n'est point Aelohîm qui crée; il fait créer par le globe. On ne peut énoncer avec plus de précision que celle du texte hébreu, et les facultés créatrices des astres, et l'individualisation caractérielle de chaque être, CRÉÉ SELON SON ESPÈCE, selon la fonction qu'il doit remplir, la modalité animique qu'il doit manifester en titre dominant, en un mot, selon sa destinée.

Les versets 26 à 31 décrivent avec non moins de clarté la nature d'Adam (l'homme universel), sa puissance et son destin. Créé conformément à l'action assimilante d'Aelohîm, en similitude première, en unité collective, en ombre-de-lui-l'être-des-êtres, Adam doit dominer sur la terre et la régir. Moïse, parlant d'Adam et lui attribuant les deux sexes, emploie le pluriel : « Ils règneront, eux, Adam; ils tiendront le sceptre sur toute l'animalité terrestre; tout ce qui meuble la terre leur a été donné. »

Le sublime hiérographe auquel nous devons les premiers livres de la Bible, n'eut point la pensée qu'Adam fût un homme individu. Cette pensée, de la part de Moïse, eût été injurieuse au Créateur, et en contradiction avec l'évidence des faits reproduits partout sur notre globe. Comment, sans attribuer à Dieu l'impuissance et l'imprévoyance les plus étranges, supposer qu'il ait remis le destin de la terre, de ses populations, de ses glorifications, à un homme seul, sans collaborateurs et sans émules? Comment, sans renier le bon sens, croire que les diverses races humaines, blanches, jaunes, noires, rouges, les Albinos, Patagons, Lapons, sont sortis d'un premier homme unique? Autant vaudrait dire que Dieu ne créa qu'un arbre, qui a reproduit des chênes, des palmiers, des pêchers, des tilleuls; qu'un poisson, duquel sont provenues toutes les espèces de turbots, requins, carpes, brochets; qu'un quadrupède, à qui nous devons le chien, le cheval, la vache, le lion. N'y a-t-il pas autant de différence entre un

Patagon et un Albinos, qu'entre un léopard et un chat; entre un Turc et un Nègre, qu'entre un dogue et un braque? Eût-il été digne du Créateur, lui eût-il été possible de laisser le globe inhabité durant les longs siècles nécessaires pour que les générations d'un chétif individu, vivant sur un point imperceptible, vers le Tigre ou l'Euphrate, pussent se développer et se répandre en colonies dans les diverses zônes et sous les divers climats? Ce ne sont plus là des questions. Depuis longtemps les grands génies dont s'honore le monde chrétien ont reconnu dans Adam l'homme universel, le genre humain, pris abstractivement, comme ne formant qu'un tout homogène; et c'est dans ce sens que les peintres l'ont représenté comme l'homme le plus parfait qui pût être imaginé. L'expression de Moïse est d'une merveilleuse portée. En donnant au genre humain le nom d'Adam, le législateur théocrate des Hébreux a rendu l'idée des individus, des familles, des nations, adéquate à l'idée de l'unité qu'ils doivent former selon leur vœu intime, leur destinée essentielle. Le nom d'Adam signifie la partie animico-intellectuelle rectrice de notre monde. Il signifie que cette âme intelligente et rectrice est dans l'homme, mais dans l'homme collectif et unitaire (1).

Il n'est pas un linguiste avancé qui ne sache com-

(1) C'est d'après le même système de nomenclature que, dans la Bible, *Behémoth* désigne le genre quadrupède; *Léviathan*, le genre poisson; *Hozan*, le genre volatile. Les savants qui déplorent la perte des grands animaux dont, selon eux, ces noms conservent le souvenir, prouvent seulement qu'ils n'entendent point le langage de la haute antiquité.

bien les translations du Zepher de Moïse, faites en chaldéen, en samaritain, en grec, en latin, puis en français ou autre idiome moderne, ont toutes altéré plus ou moins la pensée originale, rendu souvent au propre et dans un sens restreint, ce qui a été dit au figuré et dans un sens étendu. Tenons-nous-en à ces assertions des savants, désormais bien établies. Elles corroborent le principe d'où nous partons, que l'homme a été créé collectif pour gérer la terre, et qu'il a été créé avec tous les moyens physiques (races nombreuses, individus multipliés), et métaphysiques (caractères animiques diversifiés, intelligences diverses) dont il devait être pourvu pour exercer sa gestion.

Si la religion nous enseigne que le but de l'existence d'Adam est la domination gérante de l'univers terrestre, cette vérité ne nous est pas moins démontrée par la science. Toutes nos connaissances de cet ordre aboutissent en effet à découvrir qu'il n'y a sur notre globe aucun être gérant autre que l'Homme. Seul il régularise et perfectionne les productions animales, végétales, utilise les minéraux, aménage les eaux, assainit l'atmosphère; seul il élabore tout le système terrestre. Là où la main de l'homme n'a point agi, il n'y a qu'immenses déserts, savanes insalubres, marais infects, impénétrables forêts, empestées, infestées de races carnassières et d'odieux reptiles. Là où l'homme n'a point exercé son action industrielle, animaux et végétaux présentent une nature brute, une nourriture grossière. C'est l'auroch, le moufflon, le sanglier, la cerise de bois, la rose de buisson, le raisin sauvage. Ce sont de vastes plaines sans abri, des montagnes où ne se trouvent pour refuge que des cavernes, repaires dont les hôtes sont la terreur et l'asphyxie.

A l'homme seul appartient le pouvoir d'embellir la terre, de l'animer sur tous les points. Par nos cultures le charme des fleurs redouble, les fruits amers se transforment en mets délicieux, les animaux deviennent serviables, les aliments sont rendus plus délicats, plus savoureux, plus sains. Les campagnes s'enrichissent de vergers, de guérets, de troupeaux; elles s'ornent d'édifices commodes et somptueux. Les pompes des créations et de l'industrie se déploient partout; car, en déléguant à l'homme les pouvoirs dont il jouit, Dieu a fait de l'homme son intermédiaire pour présider aux harmonies terrestres.

Adam se constitue d'une multitude d'individus corporels-animiques, afin de pouvoir peupler et élaborer tout le globe. Il se constitue ainsi, parce que, pour réaliser une harmonie quelconque, il y a nécessité de pouvoir disposer de nombreux individus, susceptibles de se combiner, se distribuer en graduations, former les liens les plus multiples, les accords les plus fréquents et les plus intenses. L'homme individu est donc pour l'intégralité d'Adam, ce qu'est un son pour l'intégralité de la musique. Cela est si vrai que, si un son isolé est sans valeur musicale, hors de la société l'homme individu également sans valeur n'est pas même l'égal de la brute. La brute atteint à sa perfection par son seul instinct, tandis que l'éducation, impossible hors de la société, est pour l'homme une seconde mère, aussi indispensable que la mère qui lui donne le jour.

La valeur de l'homme individu est donc en raison des combinaisons qu'il forme avec d'autres hommes individus, de même qu'en musique la valeur d'un son musical est en raison de ses combinaisons avec d'autres sons. La force humaine résultant de la combinaison sociale maîtrise tout sur la terre. Aucune création animale, végétale, minérale, ne saurait lui résister ou lui échapper. En l'absence de la combinaison sociale, l'homme individu est sans force, ne pouvant se défendre contre l'ours ou le tigre, connaître les plantes utiles, amasser et conserver les récoltes, éviter les plantes nuisibles, se mettre suffisamment à l'abri des fléaux destructeurs, tirer avantageusement parti des substances pierreuses ou métalliques.

Dès lors l'organisation sociale est l'affaire la plus importante pour l'homme. Bien entendue, elle l'élève et l'agrandit, le met en harmonie avec lui-même, avec la nature et avec Dieu. Mal entendue, elle l'abaisse et le dégrade, le plonge dans un abîme de misères et de souffrances. Alors Adam est en déviation complète, livré à toutes les erreurs, les folies, les tortures imaginables. Il demeure dans cet état d'abjection tant qu'il dédaigne ou néglige la recherche de l'issue que la divine Providence n'a pu omettre de lui ménager. Veut-on procéder à cette recherche avec méthode sûre et une grande probabilité de succès, il faut remonter à la source du MAL, en faire l'analyse scrupuleuse, explorer ses voies, ne rien négliger pour n'en omettre aucune. Ainsi l'on découvrira tout ce qui doit être évité ou extirpé. On n'espérera point une extirpation totale, car elle ne saurait se concilier avec la loi de duité reconnue nécessaire et immuable. Pour être apte à goûter pleinement le BIEN, il faut pouvoir le juger par comparaison avec le MAL. Mais une exiguïté de celui-ci suffit pour cette comparaison. Nous atteindrons le but, nous consommerons l'œuvre en raison du plus ou moins de rapprochement où nous parviendrons de l'atténuation extrême. La mesure de la réduction du MAL est la mesure préparatoire du mérite de l'homme.

La recherche du BIEN et de ses voies d'extension suivra une marche analogue. Nous nous y attacherons avec la même ardeur qu'à la recherche des voies de réduction du mal. Nous serons soutenus dans cet élan par la conviction que la mesure de l'extension du BIEN est la mesure définitive du mérite de l'homme.

En vain la frivolité, la faiblesse, l'orgueil, dans la suffisance qui leur est propre, taxeraient nos spéculations et nos espérances d'utopie, leur dédain nous serait peu sensible et tournerait contre eux-mêmes. Que les cœurs sans désir, les esprits sans élévation, sans générosité, demeurent indifférents ou prévenus : c'est un malheur pour eux, non pour nous. Ils n'ont point la vie digne de l'homme. Ils sont à plaindre, dans leur incurie, de ne pas oser entreprendre mieux que ce qu'ils voient et ce qu'ils font.

Ce sont eux-mêmes qui ont conçu, qui mettent une ténacité folle à maintenir la pire des utopies. S'il est un rêve de bien sans moyens d'exécution, sans méthode efficace pour le réaliser, c'est au superlatif le leur. Tout ce qu'ils ont imaginé, essayé, pratiqué, à constamment abouti, pour les peuples, à l'opposé des biens qu'ils leur ont promis. « Le fruit des pompeuses

» théories de l'Economisme est de réduire, en France, » vingt-deux millions d'industrieux à trente-deux cen- » times et demi par jour. La Politique ne rêve que » garanties, et plus elle tente de réformes administra- » tives et fiscales, plus on voit augmenter les impôts. » Et qu'arrive-t-il de ces deux sciences? Que de toutes » parts on déserte l'agriculture pour aller dans les » villes placer sur les fonds publics, agioter à la » bourse, et que des fourmilières de marchands, vingt » fois trop nombreux, absorbent tous les capitaux. » Leur concurrence mensongère donne à la fourberie » un tel accroissement, que le pain même est empoi- » sonné par des sulfates, tandis que les utopistes en » crédit chantent le progrès des lumières. »

De son côté, « la Morale veut donner au peuple de » bonnes mœurs avant de lui donner la subsistance; » elle veut conduire les hommes à la pratique de la » vérité avant d'avoir trouvé le moyen de rendre la » vérité plus lucrative que le mensonge; elle veut » faire régner la vertu dans l'ordre civilisé, où l'in- » térêt individuel, toujours en lutte avec l'intérêt » collectif, pousse chacun à tromper la masse; elle » veut que l'homme préfère les intérêts d'autrui aux » siens, qu'il soit en guerre avec lui-même, qu'il aime » à se priver des plaisirs, qu'il dédaigne les richesses » pour n'aimer que la vérité. —Est-ce là une utopie? »

L'HOMME DÉVOYÉ.

« Tout est bien, sortant des mains de l'auteur des choses. » La foi religieuse n'est point nécessaire pour décider l'entendement du simple comme l'esprit du savant à admettre ce vieil axiôme. Le nier serait nier l'existence même. Adam (l'homme universel) fut donc créé BON (1). Il fut créé bon dans toutes ses harmonies, morales ou sociales, physiques ou corporelles, métaphysiques ou intellectuelles, établissant ses rapports avec lui-même, avec la nature et avec Dieu.

Ces grandes harmonies ne se confondent point. Elles sont distinctes l'une de l'autre, mais tellement liées, tellement combinées entre elles, que la division ne peut s'en faire qu'abstractivement, par la pensée. Les harmonies d'Adam avec lui-même ne sauraient exister en l'absence des harmonies d'Adam avec la nature et avec Dieu, et celles-ci sous-entendent inévitablement le concours des harmonies de l'homme avec lui-même. Un fait, pris entre mille, suffit pour démontrer cette vérité fondamentale : l'homme individu qui se bat l'épée à la main, reçoit des blessures, donne la mort à son adversaire, n'est point en harmonie avec lui-même, puisqu'il souffre, met le désordre en lui, fait

(1) Genèse, chap. 1 en entier.

souffrir, détruit son semblable. Il n'est point en harmonie avec la nature, puisqu'il la violente. Il est moins encore en harmonie avec Dieu, puisqu'il contrevient aux lois divines éternelles, qui sont toutes de bienfaits, ne veulent que la justice et l'amour. Si ce même homme eût observé la loi divine ou la loi naturelle, il eût par le fait observé sa propre loi, tant les harmonies de l'univers sont inséparables.

Dès lors il serait assez indifférent, pour découvrir la cause de la rupture des harmonies originelles, de la rechercher à l'aide des indications que nous offrent les faits physiques, ou à l'aide des faits métaphysiques ou des faits sociaux. Partant de ceux-ci, il faudrait descendre à ceux-là. Partant des faits physiques, il faudrait remonter aux faits sociaux.

Raisonnons sans abstraction et prenons indifféremment la peste égyptienne pour sujet de glose. La peste, comme toute autre maladie, est le résultat d'un désordre physique, d'une perturbation dans le mouvement des fluides ou des solides du corps humain. Ce désordre ne s'introduit que par la faute de l'homme, puisque toutes choses lui ont été primitivement remises en état d'harmonie, puisque sa destinée est de tout régir sur la terre. Comment l'homme a-t-il pu laisser la peste s'introduire? Dès l'abord on conçoit que l'homme ne s'est pas entendu avec ses cohabitants pour prévenir l'invasion de la peste par l'efficacité d'un bon régime sanitaire. Jamais la première apparition de la peste ou de toute autre épidémie analogue, n'a lieu dans une localité bien tenue, quant à la propreté, aux cultures, aux édifices, aux aliments, aux courants d'air et courants d'eau, naturels ou artificiels, tous moyens de salubrité que l'industrie d'une nation nombreuse, bien mécanisée socialement est toujours en état de créer et de maintenir. La peste naît au sein des populations croupissant dans la misère et la malpropreté, sous une atmosphère qu'elles-mêmes ont corrompue. Le désordre physique nommé peste est donc, en dernière analyse, la rigoureuse conséquence d'un mauvais organisme social, déviation occasionnelle du destin.

Nous avons établi, d'une manière générale, que le destin de l'homme était la gestion de l'univers terrestre; que le moyen d'accomplissement du destin consistait, pour l'homme, dans l'action sociale; que, hors de l'état social, l'homme est sans valeur et sans puissance. La chose la plus pressante pour l'homme est dès lors de constater si l'organisme social dans lequel il vit produit ou non des résultats satisfaisants, atteint son but réel qui est de mettre en harmonie les rapports de l'homme avec lui-même, avec la nature, avec Dieu.

Ces rapports se règlent sur l'essor des passions, l'état social n'étant qu'un jeu, un mécanisme de passions.

La connaissance exacte des passions et de leurs lois est la science par excellence, puisque seule cette science donnera la définition, puis instaurera l'application des éléments constitutifs de l'ordre social apte à réaliser le destin vrai.

Où sont les données de la science positive des passions? Nous les avons cherchées en vain dans les traditions orales ou écrites, dans les enseignements des écoles de l'antiquité et des temps modernes, dans l'immensité des bibliothèques. C'était en 1815; un seul livre, publié à Leipzig (Lyon) en 1808, nous offrit des notions sérieuses et méthodiques sur les modalités essentielles de l'âme, qui sont les ressorts du mouvement passionel, c'est-à-dire social. Mais alors l'auteur de ce livre, l'inventeur que l'étude approfondie des passions a conduit à la découverte de la théorie des destinées générales, était inconnu ou méconnu comme l'ont été, avant lui, la plupart des génies qui ont illustré leur siècle. Il subissait, il subit encore le sort départi jadis aux Galilée, aux Bacon, aux Christophe Colomb, aux Molière. Empruntons-lui un rapide aperçu de l'analyse des passions, préliminaire indispensable de ce qui est à dire sur la cause originelle et perpétuante de la déviation du destin. Voici cet aperçu :

Les passions, ressorts essentiels de la vie, peuvent, au premier degré, être distinguées en trois classes :

La classe des *sensitives,*

La classe des *affectives,*

La classe des *distributives.*

Les passions sensitives établissent plus immédiatement les rapports de l'homme avec la nature, c'est-à-dire avec les êtres corporels. Les passions affectives ont plus immédiatement pour objet les rapports de l'homme avec l'homme, avec les êtres animiques. Les distributives coordonnent ces rapports divers entre eux. Les passions distributives, affectives, sensitives, émanent d'une passion radicale, leur foyer, leur pivot commun, nommée UNITÉISME, et qui établit plus immédiatement les rapports unitaires de l'homme avec Dieu.

Je dis de chaque classe de passions qu'elle établit

plus immédiatement tels rapports spéciaux, parce qu'elle ne reste jamais étrangère aux autres classes dans les phases du mouvement de leur ensemble. L'intervention des sensitives, par exemple, est, on l'a déjà vu, nécessaire à l'existence des rapports de l'homme avec l'homme, et l'intervention des affectives n'est pas moins nécessaire aux rapports de l'homme avec la nature. Encore une fois, tout est lié, tout est plus ou moins composé, tout se combine dans l'univers. Les distinctions posées ici ont pour unique but de faciliter l'étude du mouvement passionnel ou social. Il y a des raisons de croire que ces distinctions sont inhérentes à la nature des choses. Le plus habile trouvera et donnera les meilleures.

« Pour classer exactement les passions, bien préciser leur tendance sociale, il faut employer l'échelle de tige et ses rameaux primaires, secondaires, tertiaires, etc.; il faut dire :

» En TIGE, une seule passion, l'UNITÉISME, tendant à l'unité.

» En rameaux primaires, 3 passions, le *sensitif* tendant au luxe, l'*affectif* tendant aux groupes, le *distributif* tendant aux séries de groupes.

» En rameaux secondaires, 12 passions, 5 sensitives, 4 affectives, 3 distributives. »

Considérées sous ce point de vue, on nommera :

Luxisme, les 5 passions sensitives prises collectivement : chacun sait qu'en effet le premier, le véhément besoin des sens, est le luxe tant interne ou santé, qu'externe ou richesse.

Groupisme, les 4 passions affectives (*amitié, amour,*

ambition, famillisme), prises collectivement; chacun sait encore que ces passions, qui sont celles du cœur, ne peuvent se satisfaire que dans les groupes d'amis, d'amants, de parents, de corporations diverses, religieuses, politiques, industrielles, scientifiques, etc., seuls groupes sociaux.

Sériisme, les 3 passions distributives, toujours prises collectivement. Ces passions distributives sont peu ou ne sont point connues. Définissons-les :

« La CABALISTE, ou esprit de parti, fougue spéculative : c'est la passion de l'intrigue, très-ardente chez les courtisans, les ambitieux, les commerçants, le monde galant, etc. L'esprit cabalistique mêle toujours les calculs à la passion; tout est calcul chez l'intrigant; le moindre geste, un clin d'œil, il fait tout avec réflexion et célérité; cette ardeur est donc une fougue réfléchie.

» La COMPOSITE, ou fougue aveugle, l'opposée de la précédente. C'est un enthousiasme qui exclut la raison; c'est l'entraînement des sens et de l'âme, état d'ivresse, d'aveuglement moral, genre de bonheur qui naît de l'assemblage de deux plaisirs, un des sens, un de l'âme. Son domaine est spécialement l'amour; elle s'exerce de même sur les autres passions, mais avec moins d'intensité.

» L'ALTERNANTE OU PAPILLONNE, besoin de variété périodique, de situations contrastées, changements de scène, incidents piquants, nouveautés propres à créer l'illusion, à stimuler à la fois les sens et l'âme. Ce besoin se fait sentir modérément d'heure en heure, et vivement de deux heures en deux heures. S'il n'est pas satisfait, l'homme tombe dans la tiédeur et l'ennui. C'est la passion qui, en mécanique sociale, tient le plus haut rang parmi les 12 secondaires, en ce qu'elle est agent de transition universelle. »

Ces trois passions distributives tendent à sérier les groupes, à les combiner entre eux pour former les accords de contraste (par la cabaliste), d'identité (par la composite), et l'alternat ou équilibre des accords (par la papillonne).

« L'Unitéisme, ou passion de l'unité, est le but commun de toutes les autres passions. » C'est le besoin du bien-être général, le vif désir de voir le bonheur commun garantir le bonheur privé. C'est la haute idée de l'harmonie universelle, du point d'union qui rattache les êtres entre eux et à leur Créateur. Sa tendance sociale est de mettre les séries de groupes à l'unisson.

Ces courtes notions élémentaires sur les passions et leur tendance sociale, suffisent, en ce moment, pour répandre assez de clarté sur la solution que nous allons essayer de l'abstruse question de l'origine du mal.

Convenons d'abord d'un point de départ; reconnaissons que le principe animique de l'homme est essentiellement libre. Il faut concevoir, avant tout, que la volonté, premier essor de ce principe, est par sa nature propre douée de la faculté d'opter, de se diriger en sens direct ou inverse, vers la vérité ou l'erreur, le bien ou le mal. Aelohîm, en créant des êtres animiques ou passionnels, ne saurait s'écarter de l'ordre qu'il s'est imposé à lui-même. Il ne peut pas plus empêcher la dualité d'essor, l'essor bon ou l'essor mauvais d'une passion, qu'il ne peut, dans l'ordre matériel, empêcher un bâton d'avoir deux bouts, une sphère d'avoir deux pôles, conditions en l'absence desquelles il n'y aurait ni sphère ni bâton. Une âme, une passion, soit qu'on la considère dans l'homme collectif ou dans l'homme individu, peut varier son mouvement de mille manières en sens direct ou inverse, bon ou mauvais; de même que de leur côté la forme, la longueur du bout supérieur ou du bout inférieur du bâton, la direction des pôles d'une sphère, varient de mille manières.

Ces nécessités sont indéfectibles, parce que le système de l'univers est UN, ne saurait être qu'un, astreint à suivre dans l'ordre spirituel ou actif la même loi qu'il suit dans l'ordre matériel ou passif, la loi du mode composé, et d'abord *duel.* Hors de cette loi unitaire il n'y a aucune combinaison, aucun lien possible entre les deux principes actif et passif. Nous observons la présence de cette loi dans toutes les manifestations phénoménales. Elle se montre dans la réfraction et la réflexion de la lumière, dans la condensation et la dilatation de l'air, dans les deux extrémités du corps long, dans les deux pôles du corps sphéroïde, dans les deux essors d'une passion.

Le Créateur a prévu deux essors passionnels, l'un vers le bien, l'autre vers le mal social, de même qu'il a prévu deux essors, réfracté ou réflecté pour la lumière, dilaté ou condensé pour l'air, etc. Le Créateur a su quels inconvénients pouvaient résulter de chaque essor, comment il devait y être paré, et certes il n'aura rien omis de ce qui était nécessaire pour ramener incessamment l'essor passionnel vers le bien. Mais il a dû concilier son action tutélaire avec la loi de liberté qui fait le caractère distinctif et la dignité de l'homme, loi sans laquelle l'homme ne saurait être ni intelligent ni heureux. Le Créateur s'est donc borné à révéler, dans toutes ses œuvres, ce qui est le *bien* et ce qui est le *mal*, ce qu'il faut faire et ce qu'il faut éviter. Toute la création dit à l'homme : « Vois ce que produit telle » passion quand, dévoyée par les chances sociales, » elle se dirige dans tel sens; fuis la direction mau- » vaise; redresse-là; prends la direction bonne. » Aelohîm laisse d'ailleurs sa providence suivre son cours. La révélation des événements successifs n'est pas moins instructive que la révélation offerte dans les divers règnes des créations; Aelohîm, qui est la générosité même, aura fait plus que son devoir : l'homme n'a pas rempli le sien.

Ces points de fait posés, remontons aux circonstances dans lesquelles Adam (le genre humain) a laissé se perdre les avantages qu'il tenait de ses harmonies originelles et des révélations premières.

Les philosophes modernes qui ont vu *l'état de nature* dans l'homme vivant seul, n'ont pas assez éclairé leur opinion. S'ils n'ont vu d'autre état de nature que celui-là, ils ont eu de l'homme une idée très-incomplète; car l'homme vivant seul, sans recevoir d'éducation, est une brute et non un homme proprement dit. A peine alors peut-il satisfaire une partie de ses besoins physiques. Il n'a ni vie morale, ni vie intellectuelle. Il serait plus exact de dire qu'alors l'homme est hors de son état de nature, le vrai état de nature étant pour l'homme l'état de société, comme nous nous sommes efforcés et continuerons de nous efforcer de le faire comprendre. Chaque fois qu'on a vu l'homme vivant hors de l'état de société, on a découvert un accident très-rare; c'était l'exception confirmative de la règle générale. Le sauvage lui-même est toujours membre de quelque horde, de quelque famille ayant des liens sociaux. La société est le seul état naturel de l'homme; elle est sa destinée essentielle, parce que, hors du mouvement social, la vie de l'homme est dans le vide, est en souffrance perpétuelle, dans l'intolérable privation des choses les plus ardemment désirées de nos sens, de notre esprit, de notre cœur.

Dieu, en créant l'homme, aurait été contradictoire avec lui-même, s'il l'eût voué à la solitude. Le créant avec des besoins sociaux, c'eût été une cruauté stupide de ne point lui donner, par la création même, les moyens de satisfaire ces besoins. Les traditions sacrées attestent qu'au temps de Moïse on avait le souvenir de la société originelle, qui eut le nom d'Eden. Ses harmonies, son bonheur, furent un effet nécessaire des chances qu'offrait l'état primitif de la terre, joint à l'absence des préjugés. L'harmonie édénienne subsista jusqu'à l'événement décrit dans la Genèse, chapitre VI, verset 1, événement que les traducteurs ont qualifié *mort d'Adam,* et dont le motif est exprimé dans le mot *chi-he-hel,* signifiant littéralement *à-cause-de-s'être-dissous.* Adam, la société naturelle primitive, a donc cessé d'exister par la dissolution, la rupture, la dispersion des éléments dont elle se constituait. Mais pourquoi cette catastrophe est-elle survenue? Le Créateur n'avait pu omettre de la prévoir; comment ne l'a-t-il pas prévenue, lui qui ne peut vouloir que l'accord, le bien-être des créatures?

Redoublons ici d'attention. Quand les créations qui meublent notre globe parurent, les êtres des divers règnes durent être disséminés sur une surface assez spacieuse pour que chaque groupe y trouvât en abondance ce qui était propre à l'alimenter, jusqu'à ce que l'INDUSTRIE eût suffisamment multiplié les moyens de sustentation (1). Cette abondance brute devait toutefois avoir de justes bornes, car le travail et l'industrie sont à la fois, pour Adam, un besoin utile, un véhicule social, un moyen de bonheur. Si l'abondance et la perfection natives des créations naturelles n'eussent rien laissé à faire à l'homme, il aurait été ridicule de lui donner les facultés dont il est doué, de lui déléguer comme étant pour lui un besoin, un plaisir, un titre de gloire, un élément de vie, soit le privilége d'opérer les créations industrielles, soit la faculté de contemplation des cieux, soit la domination rectrice qu'il exerce sur l'astre où il vit.

Mais lorsque l'industrie, comme l'homme lui-même, parcourant ses phases d'enfance, ne pouvait que faiblement subvenir aux moyens de satisfaire les impérieuses passions des sens, la haute sagesse de l'homme consistait à se livrer le moins possible à leur cupide essor. Tel fut, selon Moïse, le conseil d'Ihoah (l'éternel)

(1) Le mot *industrie* doit s'entendre ici dans le sens le plus étendu. Il est employé pour exprimer tout ce qui se rattache à l'exercice des facultés humaines, tout ce dont l'homme est capable d'imaginer et de réaliser pour atteindre le plus haut degré de vitalité, pourvoir à ses jouissances comme à ses besoins, tant métaphysiques que physiques.

donné à Adam (1). L'option était libre : Adam avait le plein pouvoir de conserver l'unité harmonique ou de la rompre ; il pouvait la conserver en restreignant temporairement l'essor des passions sensuelles, c'est-à-dire en amenant ses individus à comprendre que les produits de l'industrie étant trop restreints encore pour satisfaire pleinement le *luxisme*, il y avait nécessité de privations temporaires. « Abstiens-toi du fruit de cet arbre. » Adam devait obtenir de ses individus la résolution ferme de supporter les privations plutôt que de rompre l'unité. Tant que de cette sorte l'homme se fût maintenu heureux et juste, il n'eût point acquis la science approfondie du BIEN et du MAL, car alors le *mal* eût été en quelque sorte inaperçu, se bornant, pour l'homme, à éprouver quelque lésion dans l'essor des passions sensitives.

Adam encourait la rupture de ses harmonies, s'il négligeait de faire reconnaître aux individus la nécessité des privations, tant que dure l'insuffisance du produit industriel ; Adam se vouait à cette rupture en laissant ses individus entrer dans les seules voies susceptibles de conduire aux satisfactions du luxisme, alors que les richesses ne sont pas assez abondantes pour l'assouvir moyennant une juste répartition. Chacun, dans la juste répartition de richesses insuffisantes pour contenter tous les participants, en aurait eu moins que le nécessaire. Les plus forts, les plus véhéments, les plus adroits rejetèrent la voie de la justice ou répartition proportionnelle ; ils s'isolèrent de leurs consorts ;

(1) Genèse, II, 16, 17.

ils leur ravirent les richesses par la violence ou la ruse. Ainsi tous les fléaux du mal débordèrent sur le genre humain; ses individualités, en s'isolant, en se spoliant réciproquement, enfantèrent l'indigence, la fourberie, l'oppression, le carnage, et leur lamentable cortége. De ce moment date la chute d'Adam. Le règne hominal tombe dans les lymbes où nous l'avons vu et le voyons si déplorablement croupir. Il en sortira quand il aura su mettre un terme au cours des périodes sociales incohérentes, et opérer la transition qui leur substituera les périodes sociales combinées.

C'est donc par suite de la libre option d'Adam, liberté nécessaire et son plus bel apanage, que le mouvement passionnel est devenu subversif et divergent, d'harmonique et convergent qu'il avait été et devait être. Ainsi l'on a vu l'égoïsme succéder à la philanthropie, la misère à la richesse, le mal au bien, parce que l'homme a remplacé la combinaison sociétaire par l'isolement, par l'opposition des intérêts individuels, et dès-lors nous nous sommes en effet nourris des fruits de *l'arbre de la science du bien et du mal.*

Moïse rapporte ce grand événement dans le chapitre III, versets 1, 3, 6, de sa cosmogonie. *Nahaz* (1), dit-il, (l'attract originel et cupide entraînant la vie élémentaire; en terme plus précis, le *luxisme*); *Nahaz* séduit *Aïsha* (faculté volitive, essor animique d'Adam), et l'entraîne à oublier le conseil divin, à trangresser

(1) *Nahaz* est ce que les Latins et les Français ont traduit par le mot *serpent*, ayant pris le sens au propre au lieu de le prendre au figuré.

le commandement pour s'abandonner à la violence des passions sensuelles qui dès lors dominent tout. Cette trangression d'Adam le voue à la mort, l'unité sociale étant frappée du sceau de la dissolution, par la dispersion des individus, le conflit de leurs intérêts respectifs, l'incohérence générale.

Telle est la vraie version de l'histoire du *péché originel*, ou origine du mal. Elle se concilie avec les vérités physiques et morales incontestées. Les doctrines des théologiens et des théosophes s'en rapprochent infiniment, lorsqu'elles attribuent la prévarication d'Adam et sa chute, à l'orgueil individuel, portant l'homme à se dire : « Je vivrai par moi-même ; je » dominerai sur les autres ; je serai Dieu moi-même : » qu'ai-je à faire du conseil divin? »

Les philosophes raisonnent encore comme les théosophes, les théologiens, ou comme Moïse. Ils attribuent à la cupidité égoïste tout le mal de ce monde. Les docteurs de toutes les écoles sont d'accord à l'égard du *luxe*. Ceux-là le proscrivent de leurs républiques ; ceux-ci, le gardant pour leur profit exclusif, l'interdisent aux peuples, de toutes les manières, soit par prédications persuasives, soit par l'emploi de la force. C'est au luxe, c'est à l'orgueil, c'est à l'ambition personnelle, que les plus grands génies des diverses écoles ont rapporté la cause des calamités humaines. Mais ils n'ont pas vu qu'une fois le principe d'incohérence introduit, l'orgueil et l'égoïsme étaient devenus les voies rectrices, les seuls mobiles comme les seuls moyens de la conduite des individus, moyens dès lors nécessairement inévitables.

Dans son langage naïf et trivial, l'homme tenu dans l'abjection de l'ignorance, ne fait lui-même qu'exprimer à sa manière la même vérité traditionnelle, quand il dit que, séduit par sa femme, le premier père a mangé la pomme, fruit défendu dans le paradis d'Eden, et par-là nous a tous engendrés dans le péché. La pomme, dans cet apologue, signifie ce à quoi nous attire la passion des sens, le luxe; le paradis était le jardin immense de la société primitive. Aux yeux de l'ignorant le mal est donc, comme aux yeux du savant, la conséquence de l'entraînement du luxisme, véhémente passion à laquelle Adam n'a pas su résister à propos pour un peu de temps.

Le pouvoir de se fourvoyer devait appartenir à l'homme, puisque l'homme est doué de l'intelligence et de la liberté. Ce sont deux avantages essentiellement constitutifs de sa haute dignité et de son destin. Sans eux il ne se distinguerait pas de la brute, et ne s'acquerrait par lui-même aucun mérite. Il serait inhabile à goûter l'exaltation de sentiments ineffables qui l'identifie aux ravissantes harmonies de l'univers, à soutenir la profondeur de pensée et de raisonnement qui lui dévoile le secret de ces harmonies dans le calcul mathématique de leurs lois.

Et telle est la haute raison pour laquelle le Créateur de l'homme a dû ne faire que ce qu'il a fait dans le but de prévenir la déviation de l'essor passionnel. La toute-puissance d'Aelohîm ne s'étend pas jusqu'à la faculté d'intervertir les lois de l'ordre qu'il s'est imposé à lui-même comme devant être la règle de ses œuvres et du mouvement universel. Il ne serait plus l'Eternel; il n'aurait plus le caractère sous lequel seul nous pouvons concevoir la divinité, si ses lois d'ordre n'étaient point immuables, s'il pouvait les enfreindre, se plaire à leur violation. Il a dû se borner à ne rien omettre de ce qui, se conciliant avec l'ordre universel et avec le libre arbitre de l'homme, était susceptible de réduire la déviation à sa plus courte durée. Sous ce rapport, Aelohîm a traité Adam avec une grande largesse, comme nous le ferons voir en dissertant sur la réintégration. Les sollicitudes d'Aelohîm envers sa créature malheureuse ont été dignes de la grandeur de l'Etre divin; mais l'homme les a méconnues, dédaignées, et le règne du mal s'est prolongé par sa faute.

L'homme veut avant tout la richesse, moyen d'essor du luxisme. Il la veut, il se la procure aux dépens de ses plus nobles affections, si elles font obstacle. Pour la grande majorité des humains, l'amitié, l'amour, la parenté, l'honneur corporatif, se subordonnent facilement à la cupidité. Les groupes sociaux doivent se rompre et se disperser devant elle, à moins que ces groupes eux-mêmes ne soient un moyen de la satisfaire. Cette sujétion des passions affectives est commune aux passions distributives. La *cabaliste*, au lieu de tendre à faire prévaloir le mérite, d'établir une exacte distinction entre les hommes et les choses, par leur classement régulier, et de former ainsi de beaux accords contrastés, suscite les noirceurs sociales, s'attache à faire réussir le fourbe, à ourdir la perte du véridique. La *composite* n'est plus qu'une duperie, une voie assurée de déception et de ruine. La *papillonne* devient inconstance désastreuse pour le pauvre, vexatoire de la part du riche. Ainsi l'ordre est subverti : les passions distributives devaient régir les affectives et les sensitives pour les conduire au bien ; les sensitives devaient être le moyen de manifestation des affectives en essor harmonique, et les rôles sont transposés. De régies qu'elles devaient être, les sensitives deviennent rectrices, ou, pour mieux dire, se font fautrices de troubles et de discordes. Elles étouffent les affectives ; elles forcent les concordantes distributives à fuir au loin, à laisser le champ libre à leur contre-essor en subversion.

Alors le luxisme prend la domination ; le groupisme, le sériisme lui sont sacrifiés ; et telle est encore, selon Moïse, l'histoire des générations d'Adam, l'homme universel. Sous les noms de *Kaïn, Habel et Seth,* l'auteur de la Genèse désigne les trois êtres cosmologiques ou grandes ramifications du genre humain distinguées par leurs caractères respectifs. Kaïn se constitue abstractivement de tous les hommes *luxuels* qui, dans la rupture des harmonies, subjuguent les autres hommes. Habel résume de même abstractivement tous les hommes chez qui le *groupisme* est dominant ; Seth, tous ceux qui, par la dominance du *sériisme,* devaient présider à la formation des accords sociaux ou passionnels. Le féroce Kaïn immole le tendre et touchant Habel. Le spirituel et mystérieux Seth fuit cette scène d'horreur, se réfugie dans la région purement intellectuelle. (Genèse, chap. IV, V.)

Les trois sociétés subversives, sauvage, barbare, civilisée, qui, de nos jours, se partagent encore la terre, continuent de représenter cette première génération d'Adam. La vie des sens, sorte de vie brute, est toujours la vie des Sauvages, dominés par la cupidité grossière. Ils ne songent qu'à satisfaire leurs appétits sensuels, leur industrie ne s'élevant pas au-delà de ce qui peut atteindre ce but : ce sont les enfants de Kaîn. Si les passions affectives ne dominent pas fréquemment en essor direct chez les Barbares, ils y prétendent au moins, et ne font qu'y substituer l'essor faussé. Lorsqu'on observe leurs mœurs chez les nations pures, en Turquie, en Perse, aux Indes, au Maroc, et non chez les bâtardes, en Chine ou ailleurs, on voit que, de tous les hommes, les Barbares sont le plus dominés d'ambition, d'amour, de famillisme, d'amitié, font le plus grand étalage de l'hospitalité et de la fidélité. Les Civilisés sont à coup sûr les plus savants, les plus avancés dans l'essor des passions distributives. Mais cet essor est subversif, comme l'essor des affectives chez les Barbares, des sensitives chez les Sauvages ; et chez tous le mal domine.

La même marche des faits s'observe dans le sein de chacune des trois grandes divisions sociales. Parmi les Civilisés, les hommes sensuels et violents persécutent, comme Kaîn ; les hommes sensibles et doux souffrent, comme Habel ; les hommes intellectuels et justes, sont d'ordinaire forcés de se tenir éloignés du monde et des affaires, comme Seth. Il en est de même chez les Barbares et chez les Sauvages.

Les facultés intellectuelles, l'art de penser, de raisonner, d'ourdir le mal, de discerner et réaliser le bien, se développent nécessairement pour l'essor de la passion, quelle que soit sa classe, distributive, affective, sensitive, et quelle que soit sa tendance, harmonique ou subversive. Un homme fortement mu par la passion du goût, pourra, en inventions susceptibles de la satisfaire, avoir une imaginative, une dextérité, une sagesse, égales, quant à leur degré d'énergie, à la sagesse, à la dextérité, à l'imaginative que déploiera un amant pour plaire à sa maîtresse, un ambitieux pour parvenir au pouvoir, un Pascal pour varier et agrandir ses connaissances et ses talents.

Ainsi, soit qu'on la considère dans l'homme individu, soit qu'on l'observe dans la nation, une génération de Kaïn manifestera sa volonté et ses conceptions intellectuelles, surtout dans les choses tenant aux passions des sens. Si l'individu ou la nation de ce caractère vit dans l'état de société dit sauvage, absence de police, d'industrie agricole et manufacturière, on le verra développer la plus grande dextérité du corps, et nulle part ne se rencontreront des coureurs plus agiles que les Hurons, des chasseurs plus adroits et plus intrépides que les Cafres ou les Utahs, des voleurs plus hardis que les insulaires de la mer du Sud, des mangeurs plus gloutons que les O-Taïtiens ou les Eskimaux. Nulle part aussi, en société subversive, on n'inventera plus de cruautés pour torturer l'homme physique depuis le douloureux tatouage, qui, parfois, est le privilége des gens en dignités, jusqu'à l'aplatissement des têtes, aux mutilations, à l'immolation de six cents hommes, femmes, enfants pour la splendeur des fêtes ou des funérailles d'un roi nègre.

Si des exceptions se font remarquer, si certaines peuplades ont des mœurs moins atroces, le plus grand nombre des hordes sauvages portent la férocité à son plus haut degré, résultat infaillible, éminemment caractéristique de la subversion d'essor des passions sensitives.

Ce qui s'observe chez les Sauvages sous le rapport des appétits sensuels, de leurs essors et des tortures du corps, se retrouve chez les Barbares par application plus spéciale aux appétits et essors de l'âme, aux tortures du cœur. En passant à l'état policé, les nations dites barbares n'ont oublié des cruautés de l'état sauvage que ce qui, comme le tatouage, est incommode ou fâcheux pour les dominateurs des peuples. L'usage des supplices est conservé comme moyen de terreur retenant les hommes sous le joug ; mais alors ce ne sont plus les passions des sens qui suscitent et dirigent principalement l'énergie de la volonté et des conceptions intellectuelles, ce sont les passions affectives, l'orgueil du commandement, la jalouse fureur de l'amour déçu.

Un Genghis-Khan, un Timour-Lenk, un Mahomet II, atteignent à la puissance suprême, grâce au courage et au talent qu'inspire et déploie une vaste ambition, comme l'Algonquin, stimulé par une faim véhémente, par l'ardent besoin de se munir d'un vêtement, parvient à acquérir la prodigieuse vélocité avec laquelle il saisit un daim à la course et s'enrichit de sa dépouille.

Les Barbares, dans les conditions de l'état policé auquel ils se sont élevés, forcent des esclaves à exercer l'industrie agricole et manufacturière qui subvient aux besoins corporels. Sans inquiétude sous le rapport de ses besoins, le Turc s'applique à peupler ses sérails et ses bagnes, à goûter les voluptés, les charmes de la grandeur et du pouvoir. Il tend et arrive à porter l'oppression à son plus haut degré, effet inhérent à l'essor subversif des passions affectives.

Fatigué de la misère et de la férocité du sauvage, de l'arbitraire et de l'oppression du barbare, l'homme veut passer à un état social moins intolérable; il maintient l'industrie productive qui satisfait ses besoins corporels; mais il lui donne un véhicule moins hideux que l'esclavage brut. Un commencement de liberté corporelle s'introduit; on est censé travailler pour soi et sa famille, au lieu de travailler pour un maître, et les chances de satisfaction des passions des sens et du cœur sont agrandies. Cessant d'être aiguillonné, comme le Sauvage, par la crainte de manquer de vivres; comme le Barbare, par la soif du pouvoir qui n'est plus l'unique voie des richesses et des honneurs, le Civilisé tend plus spécialement à l'essor des passions distributives, définies comme étant une combinaison, un raffinement de toutes les autres passions. L'énergie de conceptions intellectuelles et de volonté qu'à leur tour déploient les distributives, prend la seule direction que lui permette l'incohérence sociale au point où notre civilisation est parvenue, direction éminemment subversive, portant la fourberie à son suprême degré, inventant et perpétuant toutes les tortures de l'esprit.

Les faits généralisés en distinction des trois grandes divisions sociales du genre humain, se particularisent en analogie parfaite au sein de chacune de ces divisions. Si nous voulons observer la civilisation européenne, le titre passionnel caractéristique de chaque nation se classera comme aura été classé le titre passionnel de chaque grande division sociale, sauvage, barbare, civilisée. Ainsi le *luxisme* ayant pour voie d'essor les grands moyens industriels, l'esprit mercantile, la foi punique qui se joue des peuples et des rois, et accumule la plus grande masse de richesses qu'on ait encore vue entre les mains d'un petit nombre d'hommes, le *luxisme* sera la passion dominante, le titre caractériel de la nation anglaise. La nation espagnole a déployé un caractère plus animique : il tenait aux passions du cœur, à la plus grande étendue de domination, à l'orgueil des qualifications les plus pompeuses. Son essor s'est manifesté par les conquêtes guerrières et lointaines. Les mœurs des Espagnols furent toujours les plus rapprochées des mœurs asiatiques, et leur puissance, fondée sur l'essor nécessairement subversif du caractère d'Habel, a dû se dissiper devant l'ascendant *kaïnique* des dominateurs des mers. Le caractère national français est plus connu, plus tranché encore. C'est une dominance des passions distributives. L'inconstance ou variabilité, l'enthousiasme aveugle, l'art du raffinement des plaisirs, la pureté du langage, la générosité, mille traits divers caractérisent cette nation comme prétendant briller surtout par les supériorités de l'esprit.

En France, en Espagne, en Angleterre, comme en tout autre pays, l'homme sensuel, enfant de Kaïn, sera le plus cupide, ou, s'il est déjà riche, le plus dissipateur des dons de la fortune pour ses propres jouissances. L'homme animique, enfant d'Habel, sera le plus aimant, le plus doux ou le plus jaloux, le plus ambitieux de gloire et d'honneurs. L'homme spirituel, enfant de Seth, s'il n'est le plus juste, sera le plus intrigant, le plus enthousiaste, parfois le plus versatile ; et ces hommes de caractères divers auront autant de difficultés à se concilier, à vivre en paix et en bonne intelligence, même temporaire, qu'en ont les nations anglaise, française, espagnole, ou les sociétés sauvage, barbare, civilisée, à s'entendre entre elles pour leur bien commun.

De cette scission survenue, dès l'origine du mal, entre les enfants d'Adam, soit qu'on les considère dans les grandes masses sociales, dans les masses nationales ou dans les individualités, les siècles ont vu découler tous les fléaux qui ont affligé la terre. La rupture des harmonies de l'homme avec lui-même a entraîné la plus funeste perturbation dans les harmonies de sa demeure. La plaie morale, étendue sur tout le globe, s'est envenimée de plus en plus; les générations se sont succédé sans qu'on songeât à la sonder. N'en observant que quelques escarres, n'y appliquant que d'empiriques palliatifs, avec le seul espoir d'en cicatriser quelques points, on s'est tenu hors de possibilité de juger la nature, la gravité de la plaie; on n'a pas tenu à découvrir le spécifique d'une guérison radicale. Les plus hardis explorateurs ont à peine signalé le centième des désordres physiques, métaphysiques et sociaux auxquels Adam, l'homme collectif, usant de la puissance dont il est investi, est tenu de remédier pour rentrer dans la voie de son destin normal. Essayons un précis des faits principaux sur lesquels une investigation approfondie devait se diriger, et raisonnons sur ces faits d'après les principes que nous avons posés.

Les grandes calamités physiques de la terre se remarquent dans la congélation des pôles, les feux dévorants de la torride, le désordre général des climatures, les sinistres atmophériques, les tremblements de terre, l'infection des mers, la surabondance des créations malfaisantes dans les divers règnes de la nature, l'invasion des virus morbifiques répandus parmi tous les êtres organisés.

Tel n'a pas toujours été l'état de notre globle. Les savants, physiciens, naturalistes, géographes, ont prouvé, par de nombreuses découvertes, qu'il fut un temps où les pôles étaient peuplés de végétaux et d'animaux appartenant à un climat moins rigoureux que celui du Groënland ou du Spitzberg. Il a été constaté, dans les régions polaires comme dans nos Alpes, que chaque siècle, chaque année même, les glaces permanentes gagnent du terrain, exercent une influence plus nuisible. D'autre part, vers l'équateur, surtout en Afrique et en Asie, les mers de sable se sont étendues en superficie, comme les glaces dans le Nord. Partout les ouragans, les sécheresses, les inondations, les tremblements de terre, plus fréquents et plus intenses, ne laissent aucun doute sur ce que nous devons nommer les diagnostiques du mal-être croissant de la planète. Nos pères ne connaissaient que la peste d'Orient; aujourd'hui la fièvre jaune, le typhus, le choléra-morbus et cent autres maladies ignorées des ancêtres, infestent, déshonorent et dévorent le monde.

En remontant à l'origine de ces désordres de la surface terrestre, il faut observer un point de fait évident. Dans son état primitif, nous le répétons, la nature est BRUTE. C'est la matière à mettre en œuvre, fournie à l'homme pour l'exercice de l'industrie, qui est le grand moyen de la vitalité humaine. Les immenses forêts vierges du Brésil ou du Labrador sont encore à défricher; leur climat est âpre comme leurs produits. C'est un sol qui, pour devenir convenablement habitable par des sociétés humaines, attend des travaux analogues à ceux avec lesquels l'ancienne vallée des Arvernes, pays désolé au temps de César, s'est transformée en délicieuse Limagne.

Le retard de l'action de l'homme sur les nouveaux continents d'Amérique et d'Australie fait que, sous les mêmes parallèles qu'en Europe, les climatures y diffèrent notablement des nôtres. La vigne ne prospère point en Pensylvanie, sous le 40e degré, tandis qu'en Belgique, sous le 50e, on a longtemps récolté des vins agréables. La pleine culture du littoral de la Méditerranée et de l'espace compris entre cette mer et la Baltique, a tellement adouci le climat de la Scandinavie, qu'il est peut-être de moitié moins rude qu'aux lieux de la Sibérie et du Canada moins rapprochés du pôle, mais où l'influence du voisinage des nations industrieuses ne se fait pas sentir. Il est donc avéré que les grands travaux des sociétés humaines modifient notablement la température. Ils la modifient en multipliant les foyers domestiques, en élevant des abris, conservant les hautes futaies qui ont la propriété de carder les vents, disposant les bassins d'eau, encaissant les torrents, recourant aux mille moyens de maîtriser les météores, d'assainir, échauffer ou rafraîchir le sol; condenser, dilater, purifier l'air, accélérer ou ralentir les mouvements de l'atmosphère.

Pour exercer cette puissance sur le globle, l'homme doit se former en grands corps de nation, et il peut l'exercer pour le mal-être comme pour le bien-être de la terre. Après avoir assaini telle contrée, adouci tel climat, les travaux humains, mal continués et mal entendus, amènent un état de détérioration bien plus fâcheux que ne l'était l'état primitif ou brut de cette même contrée.

Plusieurs points de l'Asie témoignent ces déplorables vicissitudes. L'histoire raconte les merveilles du séjour enchanté de Babylone. La douceur exquise du climat, la perfection des cultures, la magnificence des édifices, les arts industriels, les beaux-arts, les sciences, les mœurs, en un mot, tout ce qui constitue le haut apanage de l'homme, sa dignité et son bonheur, y avait atteint un degré de splendeur aussi élevé peut-être que celui auquel la riche et puissante Europe est parvenue de nos jours. Cependant le voyageur, que la curiosité ou l'espoir du gain amène aujourd'hui sur ces plages jadis si fortunées, n'y trouve plus que les horreurs du désert.

Les peuples de Sémiramis avaient su créer et maintenir la fécondité de leur sol par une sage économie des plantations, des irrigations, par les chefs-d'œuvre de la grande industrie, qui, lorsqu'ils couvrent un vaste territoire, en garantissent la prospérité. La prospérité des Babyloniens se fût perpétuée s'ils avaient su persister dans une impulsion féconde en perfectionnements progressifs. Leur mouvement ascendant vers le bien s'est ralenti; leur accord social a faibli. D'autres peuples, voisins ou éloignés, ignorants et jaloux, fondirent sur Babylone, comme Kaîn sur Abel. Ces peuples s'emparèrent, par les violences de la force, des jouissances dont la persuasion ne leur avait ni enseigné, ni fait adopter les moyens. Les Babyloniens, en négligeant le recours aux voies de la conquête persuasive, si bien en rapport avec leurs supériorités, avaient en quelque sorte provoqué la catastrophe dont ils ont été victimes. Attaqués à leur tour, les premiers conquérants furent vaincus. Chaque siècle a vu la guerre succéder à la guerre; chaque guerre a ajouté à la dégradation successive de la culture et du climat. Enfin quelques hordes de Bédouins sont restées seules maîtresses du pays, et en ont complété la ruine.

Tel a été le sort de cette portion du globe, autrefois si brillante d'industrie, si riche en productions de tous genres, si renommée pour l'éclat des sciences, pour la variété des plaisirs que goûtaient ses heureux habitants. Après avoir fait passer la nature brute à l'état de nature en perfectionnement, ce peuple a manqué d'énergie pour augmenter encore ce perfectionnement et le propager chez les autres nations qui, naturellement, en convoitaient les avantages pour elles-mêmes. Sur ce point du globe la climature s'est altérée par excès et fausse direction de l'action industrielle de l'homme, comme sur d'autres points elle est à naître, parce que cette même action industrielle ne s'y est pas encore efficacement exercée.

Ainsi les conquêtes que les sables au Midi, les

glaces au Nord, ont faites sur le domaine de l'homme, attestent que l'homme a failli de valeur légitime et de force persévérante. La valeur lui a fait défaut en raison de l'apathie dont il n'a pas su se préserver; le manque de force est résulté de la désagrégation. La désagrégation, le choc des nations a couvert de deuil de vastes contrées en Afrique et en Asie. Le Sahra, l'Ahcaf, le Cobi, se sont formés comme on a vu plus récemment se former le désert de Babylone. Quand les nations le voudront fermement, la mer polaire au nord du détroit de Behring redeviendra navigable comme sont devenues navigables les baies du Spitzberg, plus rapprochées du pôle, mais moins éloignées des terres assainies par le travail de l'homme.

Aux grandes dégradations climatériques, excès de froid dans les régions polaires, de chaud dans les régions équatoriales, sont dus les désordres de l'atmosphère. Les émanations discordantes de la zône glaciale et de la torride ne pouvant s'équilibrer constamment, se heurtent, se confondent, produisent les intempéries, les météores sinistres qui, chaque année, ravagent nos climats.

L'infection des mers tient à la même cause que la surabondance des créations malfaisantes. C'est une subversion née de la nécessité où s'est vu le Créateur de manifester, dans les êtres divers qui constituent le mobilier du globe, les analogies révélatrices de la déviation du destin. Adam s'était corrompu ; la corruption a dû s'étendre à tout ce qui dépendait d'Adam. Pour concevoir ces grandes choses, il faut en revenir au droit sens des adages naïfs et vulgaires : « *On se*

» *peint dans ses œuvres. — Tant vaut l'homme, tant* » *vaut sa terre.* » — L'homme universel chassera de sa demeure les êtres malfaisants, extirpera sur les divers points du globe les venins pestilentiels, se peindra en beau dans ses œuvres, élèvera sa valeur, et, par suite, celle de la terre, comme déjà telle famille, telle commune, telle nation y est parvenue, plus ou moins, par les moyens qu'elle a tirés des accords sociaux.

Quand on procède à l'analyse des grandes calamités physiques, on les voit ainsi clairement en germe dans les discordes du petit ménage qui gère mal le coin de terre confié à son action sanitaire et industrielle. Ce germe prend de l'extension dans les discordes de la cité, de la nation, de la région, et le mal finit par envelopper la terre entière.

La calamité politique primordiale s'observe dans le partage de l'espèce humaine en hordes sauvages et en peuples policés. Les Sauvages refusent l'industrie ; ils restent eux-mêmes et laissent leurs savanes dans l'état de nature brute, dans le mal-être et l'abjection. Nous les voyons perpétuellement en guerre entre eux et avec les peuples industrieux, qui, tantôt sont dominateurs, comme les Espagnols dans l'invasion de l'Amérique, tantôt sont subjugés, comme les Chinois soumis par les Mantcheoux, les Romains vaincus par les Goths, les Huns, les Vandales.

A leur tour, les peuples industrieux sont en pleine discordance politique par leur division en nations à esclaves et nations à citoyens. La lutte entre les barbares et les civilisés, les mahométans et les chrétiens, est vive et désastreuse non moins que la lutte entre les industrieux et les sauvages. L'industrie, il faut le répéter, avait fait passer de l'état de nature brute à l'état de nature en perfectionnement. La guerre, infaillible conséquence de la scission générale, a partout suspendu cette marche dirigée vers le bien-être et la haute dignité de l'homme. La guerre entre les nations, entre les ménages; entre les individus, a tout subverti et a fait passer à l'état de nature en dégénérescence. Il a fallu l'intervention de la puissance providentielle pour maintenir sur quelques points un mouvement moins calamiteux, et ménager des chances de retour au destin vrai.

La déviation de l'homme, observée dans la scission générale des peuples en sauvages et industrieux, barbares et civilisés, se reproduit en détail dans la scission particulière et intérieure propre à chacune des nations civilisées, barbares, sauvages. Elle se reproduit entre les provinces, les villes, les corporations d'une même nation. Partout le patriciat est aux prises avec le peuple, le commerce avec l'agriculture, l'oisif avec le producteur. Il est rare de rencontrer un ménage où la discorde n'ait pas pénétré, où l'accord règne entre l'époux et l'épouse, le père et les enfants, entre les frères, les sœurs. Bien plus, chaque individu, homme, femme, enfant, est plus ou moins en scission avec soi-même. L'impulsion naturelle le porte à jouir ; la crainte de la dépense, de la maladie, la gêne ou le dénuement le retient dans la circonspection et l'ennui, état de guerre entre son cœur et ses sens voulant le plaisir, contre son esprit défendant le plaisir.

Or, le vice radical est précisément dans la constitution du MÉNAGE réduit, comme il l'a été de tout temps et l'est encore, au plus petit nombre possible de commensaux, au couple conjugal et à ses progénitures. Dans ce ménage, l'époux et père échappe à la ménagère qui le gourmande, aux enfants qui le fatiguent, pour courir dans les cafés, les cercles, les réunions d'hommes ou de femmes. De son côté l'épouse et mère se donne, autant que cela dépend d'elle, les distractions analogues qui lui sont également nécessaires. Leurs enfants pubères ne songent qu'à se soustraire aux monotonies de la maison, où le plus souvent ils rentrent comme dans un lieu d'exil. Les impubères souillant, brisant, malmenés et malmenant, se délectent à ce qui leur est défendu, fuient les surveillants ou les font fuir. — Cependant, ce groupe, constitué ainsi sur le pied le plus défectueux, est le linéament fondamental de la société. C'est lui qui, en plus bas degré, doit opérer la production, la distribution, la consommation. Si, comme on l'a toujours vu, comme on le voit toujours, il est inhabile à remplir ce devoir, il est clair que les agglomérations communales, provinciales, nationales échoueront à leur tour, elles qui ne sont que des composés de ménages discordants.

Les conséquences funestes d'une telle conclusion comportaient à peine quelques palliatifs, tant qu'on ne découvrait pas le moyen de mettre radicalement fin à l'universelle incohérence. Aux tentatives d'emploi de ces palliatifs se sont bornés et ont dû se borner en cette occurence les efforts des dépositaires de la Religion, de la Science, de la Loi, définies voies d'atténuation du *mal* dans l'état de subversion, d'exaltation du *bien* dans l'état d'harmonie.

Essayons l'exposition catégorique de ces voies.

RELIGION AUSTÈRE.

Les Fréret, les Voltaire, les Dupuis, les Volney, ont traité des choses religieuses de leur temps avec infiniment d'esprit. Ils se sont efforcés de rectifier des erreurs, signaler des déceptions, redresser des écarts, et de concourir à l'impulsion du progrès rationnel qui fait la gloire de notre siècle. Toutefois, nous refusons d'admettre que ces illustres écrivains aient saisi avec pleine justesse, surtout dans les points fondamentaux, le sens des traditions et la signification utile des dogmes. Nous déplorons qu'ils aient abouti à faire surgir, à répandre le scepticisme, tandis qu'il fallait s'élever assez haut dans les connaissances théosophiques pour renouveller en la renforçant la foi lumineuse et féconde.

De leur côté, les apologistes de la Religion, comprenant peu ou comprenant mal la tâche nouvelle qu'était venue leur imposer l'éruption philosophique, ont fait eux-mêmes défaut à l'œuvre de restauration et de renforcement de la foi. Les préceptes étaient en contradiction avec les actes. On prêchait de parole et non d'exemple. On doutait des doctrines en les qualifiant mystères. On en donnait des explications insuffisantes pour des intelligences rompues au positivisme des études mathématiques. L'histoire témoigne que si les philosophes ont méconnu les vérités dogmatiques et ont nui à la religion, les conservateurs-nés de ces vérités, se tenant hors d'état de les faire prévaloir, ne les comprenant guère mieux que les philosophes, ont un reproche semblable à se faire.

Ces maîtres des doctrines, prêtres et philosophes, choqués de mon langage, demanderont-ils de quel droit je le tiens, quelle est ma mission, quels sont mes titres? Mes titres, ma mission, mon langage, sont les mêmes que les leurs. Ils ont exploré les archives de l'esprit humain, et moi aussi : voilà nos titres communs. Ils font part à leurs semblables du résultat de leurs recherches; ils publient ce résultat, avec l'espoir de contribuer à l'avènement de la vérité : j'agis de même, et voilà notre mission commune. Leur langage est à la fois affirmatif et critique, et ils proclament que l'Evangile, aussi bien que la saine logique, consacre le principe de l'égalité des droits. Je ne fais qu'user du droit qu'ils me reconnaissent, disserter à mon tour avec le langage dont ils ont donné les formules.

Insiste-t-on, veut-on absolument que je produise des autorités; je demanderai un peu de patience : mes autorités seront nombreuses et fortes; mais encore faut-il m'accorder le temps de les citer. Pour le moment, je me bornerai à transcrire quelques lignes d'un auteur trop peu connu :

« L'on ne saurait, dit-il, calculer tous les maux qui » ont été versés sur la terre et dans l'esprit de l'homme » par les maladroits ou les fourbes qui n'ont marché » que par les traditions corrompues » (celles dont s'alimente encore la polémique vulgaire). « Le temps

» viendra, et il n'est pas loin, où les docteurs tradi-
» tionnels perdront leur crédit. Ce sont eux dont les
» ignorances ou les maladresses servent de reflet à
» l'orgueil du philosophe, qui voit leur incapacité; à
» l'aveugle et avilissante crédulité du simple, qui ne
» voit d'autre divinité qu'eux, et à l'animosité des
» sectes qui se croient en mesure de posséder la vérité,
» quand elles se sont jetées à l'autre extrémité des
» erreurs qu'elles leur reprochent (1). »

Je dirai donc aux docteurs, soit qu'ils aient reçu leur diplôme dans les séminaires et les facultés, soit qu'ils l'aient conquis à la pointe de leur plume, par des écrits d'un haut mérite, honorés des suffrages publics : « Faites pour moi ce que vous voulez qu'on fasse pour vous. Je produis mon œuvre; tenez-m'en compte; si sa lecture ne vous suffit pas pour l'apprécier avec justice, et si vous ne manquez ni de capacité, ni de bonne foi, ni du noble désir du bien et du progrès, demandez des développements en précisant sur quoi ils doivent s'étendre, et vous les aurez. » Mais c'est absurdité pure de vouloir qu'un écrivain soit connu, ait fourni ses preuves, avant même qu'on l'ait admis à se présenter pour soutenir sa thèse et se faire connaître. Si tel a été jusqu'ici l'abus ordinaire des dominateurs légitimes ou légaux du monde scientifique et littéraire, il est temps de réformer cet abus.

En remontrant les philosophes sur leurs méprises, je ne saurais les offenser. C'est abonder dans leur sens que rappeler leurs adversaires aux vérités qu'ils mé-

(1) Le Crocodile, page 87.

connaissent ou défigurent. Voltaire et son école tiennent moins aux explications qu'ils donnent eux-mêmes, qu'à prouver l'insuffisance des explications qu'on leur oppose. Si les acquisitions récentes des sciences philologiques et archéologiques eussent été connues de Voltaire, sûrement on l'eût vu le premier vénérer les dogmes dont elles ont rétabli la véritable acception, dogmes qui n'ont été ridiculisés que parce qu'ils étaient mal compris.

Les théologiens ne seraient pas mieux fondés que les philosophes à s'indisposer. Mon intention n'est point de les combattre, d'attaquer leurs doctrines, de pervertir le sens attribué par eux aux écritures saintes. En donnant à ce sens plus d'étendue et de grandeur, on peut maintenir utiles les acceptions précédemment admises. Ne l'ai-je pas déjà prouvé au sujet du péché originel ? Ce que je fais, beaucoup de chrétiens l'ont fait avant moi, et n'ont pas cessé pour cela d'être orthodoxes. Que peuvent répondre les théologiens à ceux qui leur déclarent : « Nous nous sommes fait une règle » de ne subtiliser sur rien, et de prendre simplement ce » qui est dit, dans le sens qu'il est dit, spirituellement, » ou matériellement, ou allégoriquement..... Nous » ne disons pas de ne point donner de sens nouveau, » mais de faire bien attention que le sens nouveau ne » contredise pas celui qui est reçu; car, autre chose est » d'anéantir un sens pour lui en substituer un opposé, » autre chose est de joindre au sens déjà connu, un » sens qui puisse se concilier avec lui, l'éclaircir et le » développer. Tout se réduit à présenter le même » objet sous différents rapports, mais en s'imposant la

» loi de ne jamais le dénaturer. Si l'on me juge d'après » ces règles, je ne crois pas qu'on puisse me reprocher » aucune erreur (1). »

Je m'imposerai volontiers une telle obligation. Mon but est de servir la cause de la religion et non de la mettre en péril, mais de la servir sans rien omettre pour le progrès des lumières que le monde peut devoir aux sciences exactes. Sous le bénéfice de ces déclarations préalables, un peu longues, mais nécessaires, je crois pouvoir parler sans réserve puérile. Je le crois d'autant mieux que la liberté de penser et d'écrire ne saurait être moindre de ce côté-ci que de l'autre côté du Rhin. Or, en Allemagne, il est permis à tout auteur « de professer un profond dédain de tous les préjugés, » quelque anciens et enracinés qu'ils puissent être; » de n'attacher aucune importance à la tradition, à » l'opinion générale, à la conviction universelle; de » ne pas même s'en préoccuper, car s'en préoccuper » serait détourner la vue des hauteurs où plane la » vérité pure, tandis qu'il s'agit de construire le » théorème avec le calme du géomètre, n'ayant d'autre » crainte et d'autre espérance que celle de trouver ou » de manquer la solution. »

Considérée comme l'un des trois grands moyens d'atténuation du mal, la Religion, dans la déviation du destin, ne pouvait avoir d'autre véhicule que les rigueurs et les mystères. La rupture des harmonies sociales, physiques, métaphysiques, avait fait de l'état de guerre une absolue nécessité pour Adam (l'homme

(1) *Exurgat Deus!* page 17.

universel). Réduit à s'armer pour combattre les créations malfaisantes qui infestaient sa demeure, l'homme dût bientôt tourner ses armes contre l'homme, cet affreux déchirement étant inhérent à la subversion des intérêts nationaux, communaux, individuels et à l'insuffisance des produits de l'industrie. La masse des individus était subjuguée par double nécessité : elle ne pouvait ni décliner l'obéissance que la force lui imposait, ni éviter de se soumettre à des chefs capables de lui faire soutenir avec avantage un perpétuel état de guerre, de protéger le producteur et le possesseur contre le dépourvu et le spoliateur.

L'inégalité des conditions n'était donc pas moins un besoin impérieux pour les masses qu'une voie de domination pour un petit nombre d'ambitieux, et le joug inévitable devait être présenté à ces masses, revêtu des caractères qui pouvaient frapper les sens, l'imagination, et le légitimer. Dès-lors les allégories, les prestiges, furent aussi raisonnables dans la déviation du destin, qu'ils le seraient peu dans l'essor du destin vrai ou état d'abondance, de lumière et d'harmonie. En religion tout se couvrit et dut se couvrir d'un voile. Sur tous les points, à la Chine, aux Indes, chez les Chaldéens, les Egyptiens, les Celtes, les Mexicains, et, postérieurement chez les chrétiens et les mahométans, les hauts dogmes ne durent être et ne furent communiqués, dans leur réalité, qu'aux adeptes éprouvés et jugés dignes de l'initiation. Pour pouvoir les divulger prudemment, il fallait atteindre l'époque de diffusion des lumières où nous sommes parvenus.

On a dit que les prêtres avaient volontairement

trompé les peuples, parce qu'ils avaient trouvé plus commode de conduire des aveugles que des clairvoyants. Les prêtres, ainsi que les peuples, ont simplement subi les conséquences naturelles de la condition commune. Il s'agissait de réduire le mal, de comprimer le désordre. La seule voie connue était la cohésion forcée des individus en corps de nation pour exercer l'industrie assurant plus ou moins la sustentation générale; comme aujourd'hui encore, les docteurs n'imaginaient point qu'il fût possible d'obtenir le travail de l'homme autrement que par sujétion et contrainte. On avait créé l'organisation guerrière pour se défendre de ses voisins ou pour les subjuguer; on vit qu'elle était efficace pour enchaîner les nationaux au travail, non moins que pour enlever aux étrangers les fruits de leur industrie. Par la même raison qu'il y avait des chefs et des soldats, des princes et des sujets, des nobles et des roturiers, il y eut des maîtres et des esclaves, des prêtres et des laïques. Donner aux uns et aux autres la même instruction, à supposer qu'on en eût le moyen, ç'aurait été mettre entièrement à nu et par-là même envenimer la plaie de l'incohérence, à laquelle personne ne voyait de remède. Sous ce rapport, un reproche fait à Aaron serait aussi mal fondé que s'il s'adressait à Aristote. Le philosophe grec ne concevait pas quelle vertu pouvait être bonne dans un esclave, tout le mérite du serviteur consistant à bien obéir, sans se permettre le raisonnement et l'examen, à peine d'être déclaré en révolte. L'ouaille du lévite devait croire, comme l'esclave du philosophe devait agir. On ne s'étonne point d'entendre un caporal commander telle corvée à une recrue, l'exiger sans souffrir de réflexion, et l'on s'étonne qu'un brahme commande tel article de foi sans souffrir qu'on le discute! Comment un paria de l'Inde serait-il plus fondé à contredire son brahme que ne peut l'être un fusilier à contester l'ordre de son capitaine?

Sans l'obéissance forcée du soldat, il n'y aurait point de régiment, point de puissance militaire. Sans la croyance forcée du laïque, il n'y aurait point de culte, point de puissance religieuse. De tout temps, nous le savons, on a vu des sages qui, pour vivre dans la concorde et s'acquitter d'un travail nécessaire, se seraient fort bien passé de prêtres et de gendarmes; mais le nombre de ces sages fut toujours si restreint, qu'on doit les considérer comme étant l'exception. Révoquer en doute l'utilité du culte, et conséquemment du sacerdoce, pour le bien-être de la masse du peuple; prétendre que le peuple peut se passer d'églises, d'autels et de desservants, c'est révoquer en doute l'existence animique de l'homme. Le sentiment religieux est inhérent à l'âme autant que la sensation du chaud, du froid ou de la faim est inhérente au corps. L'instruction religieuse, qui sous-entend l'instruction morale, est aussi indispensable pour fortifier la vertu et agrandir l'énergie de l'âme, que l'est l'instruction militaire pour augmenter la dextérité et la force du corps, multiplier les effets désastreux des armes de guerre. On ne peut pas plus se passer de religion que d'armée. L'une est pour la force morale des nations ce qu'est l'autre pour leur force physique. Assurément il est triste de voir, d'une part, les armées guerrières vivre aux dépens du producteur, l'opprimer dans son existence industrielle, détruire les œuvres de ses mains; d'autre part, les armées sacerdotales, vivant aussi aux dépens du producteur, l'opprimer dans son existence spirituelle, détruire les œuvres de ses pensées. Mais est-ce aux prêtres, est-ce aux militaires qu'il faut s'en prendre de cette malfaisance? Non, ils n'en sont point personnellement coupables; elle est la conséquence obligée de la déviation du destin.

Au reste, je pourrais me dispenser d'insister ainsi sur la nécessité de la religion, quand personne, peut-être, ne songe plus à la révoquer hautement en doute. J'ignore s'il existe des impies déclarés; on ne les trouverait, sans doute, en très-petit nombre, que parmi les ignorants que délaisse la société, ou parmi les maniaques. Tout homme de bon sens a bientôt avoué l'existence de Dieu, du grand dispensateur qui a tout créé, qui maintient et perpétue toute existence dans l'univers.

Mais si les esprits sensés sont d'accord sur l'existence de l'Etre des êtres et sur le sentiment religieux, indélébile dans le cœur de l'homme, ils sont loin de l'unanimité pour ce qui touche aux dogmes et aux formes du culte. Les uns disent que les dogmes, les formes sont sacrés, et que la raison humaine est inhabile à les comprendre ou à les juger. D'autres pensent qu'ils se modifient, en se perfectionnant à mesure du progrès de la civilisation et des connaissances scientifiques. La controverse née de cette divergence des opinions s'est animée, et il semble que plus on s'y est livré, moins l'on s'est entendu. Le savant qui parviendrait à donner aux dogmes une évidence palpable et saurait démontrer leur excellence, rendrait un éminent service aux prêtres, aux philosophes, à l'humanité entière. Ce savant se présentera, et prochainement sans doute, car notre siècle voit à chaque instant surgir des érudits et des penseurs de haute capacité. J'essaie, en attendant la venue du docte, quelques indications succinctes.

La chute d'Adam, la deviation du destin, avait, comme nous l'avons décrit, amené l'invasion de tous les maux sur la terre. Ainsi que l'a dit Aristote avec un grand sens, la sujétion forcée de la grande majorité des humains voués à l'exercice répugnant de l'industrie, ne comportait en eux ni vertu, ni science. Plus le travailleur était misérable, ignorant, rapproché de la brute, moins sa révolte était à craindre, et plus il était facile d'en faire un instrument de répression en cas d'émeute de ses consorts. Dès-lors la politique devait être ce qu'elle a été, une attention extrême à ne permettre aux classes inférieures de s'immiscer qu'aux seules connaissances à elles indispensables pour s'acquitter au mieux de leur vocation servile. Le peuple était retenu dans cet état, au physique, par la force militaire, au moral, par la force religieuse. Celle-ci avait sa base dans les croyances inculquées dès le moment où les facultés intellectuelles commencent à se développer chez l'enfant.

Dépositaires des premières révélations et inspirations données à Adam par l'acte même de la création, devant s'abstenir de divulguer les vérités telles qu'ils les possédaient, les dominateurs sacerdotaux n'avaient aucun intérêt à y substituer des dogmes arbitraires ou faux pour être imposés à titre de croyances. Ils pouvaient se borner à revêtir d'un voile les vérités dogmatiques, en laissant à la Providence le soin d'amener l'époque où ce voile cesserait d'être nécessaire et serait levé sans danger. C'est ce qu'a fait le sacerdoce primitif.

L'unité de Dieu, la trinité, l'incarnation, revêtirent des formes à la portée de l'intelligence des Ilotes et des Parias. Le polythéisme et le panthéisme s'établirent ; les temples furent élevés selon les formes et les besoins du culte. Convaincu que l'homme forcément abruti par le manque d'instruction, joint à l'exercice continuel d'une industrie machinale, ne pouvait comprendre, adorer la divinité que dans les emblèmes qui frappaient ses sens, le sacerdoce inventa les Fétiches en Afrique, les Pénates en Asie. Il les inventa comme de purs symboles, figures hiéroglyphiques capables de rappeler sans cesse dans une intelligence bornée, l'idée du Dieu qui crée, voit, maintient, récompense, punit. Une telle idée, toujours présente à l'esprit, parce que l'objet qui la rappelle est toujours présent aux sens, devait en effet préserver des maléfices, des mauvaises pensées et mauvaises actions, garantir le bien et les succès de chacun, si elle devenait l'habitude et le guide de tous. L'invention des reliques, des amulettes, des chapelets fut donc, dans le principe, une invention sensée et utile ; et ces pratiques seront toujours salutaires pour les gens simples et de bonne foi que leur condition infime ne permet pas de conduire au bien par une voie différente.

Si les progrès de l'instruction ou de la perversion

parmi le peuple le portent à méconnaître ces pratiques, à les trouver ridicules, superstitieuses, à y voir les marques de l'hypocrisie, à qui en faire un tort? On abuse des meilleures choses. L'invention était bonne; quand elle est devenue insuffisante ou nuisible, il fallait y suppléer par une invention nouvelle et opportune. Les prêtres ne l'ont pas su; soit; mais les philosophes n'ont pas été plus habiles que les prêtres. Aussi stériles en invention, ils ont été moins sages dans la conduite, car il vaut mieux maintenir, réparer l'étai de l'édifice où l'on s'abrite et dont on ne peut opérer la reconstruction, que briser cet étai, faire crouler l'édifice, et rester sans abri.

Les Pénates, façonnés en matières les plus précieuses, furent la représentation symbolique de l'un ou de plusieurs des caractères de l'Etre divin. Dans le palladium de Troye, c'était la sagesse de Dieu fictivement individualisée, et matériellement figurée sous le nom de Minerve. C'était la force du grand Etre, l'action fécondante et industrielle dont il est le moteur, que symbolisait le taureau ou bœuf Apis aux regards des Egyptiens. La moindre créature, de même que le chef-d'œuvre de l'art, peut être aux yeux du simple le mythe du Créateur, quand ce mythe a, par une consécration quelconque, reçu la trempe qui en fait un symbole vénéré.

Le dogme de la sagesse suprême, de la puissance infinie, de l'activité éternelle de Dieu pouvait, dans les sanctuaires, s'exprimer en quelques mots de la langue sacrée, qui le faisaient comprendre à ceux qui, alors, avaient eu la possibilité d'étendre leur intelligence à l'aide des hautes études. Nécessairement privés de ces études, que l'abondance de livres imprimés rendait très-coûteuses, les masses populaires ne pouvaient avoir, de ces sublimes dogmes, que des idées à leur portée et tombant sous les sens. Que ceux qui se scandalisent d'une statue de Pallas, d'Apis, des pains azymes, ou de tout autre symbole, en inventent de meilleurs. Qu'ils en inventent, s'ils ne peuvent faire que le vulgaire soit suffisamment éclairé, riche et sensé; car, encore une fois, le peuple, aussi bien que ses maîtres, est pénétré du sentiment religieux inhérent au cœur de l'homme; il veut le manifester par un culte, et le culte ne saurait être qu'extérieur, ne saurait se passer de cérémonies, de pompes, d'autels.

Quelle convenance, en effet, y aurait-il eu à dire crûment au vulgaire stupide : « Aelohîm, l'Etre des êtres, » est abstractivement le grand-tout duquel émane et » dans lequel s'absorbent toutes les existences, toutes » les manifestations animiques, physiques, métaphy- » siques, de même que l'unité, dont il est l'essence, » est, en mathématiques, la racine et la somme de tous » les nombres et de toutes les formes. Aelohîm est le » principe de tout bien, de toute harmonie. L'homme » doit incessamment aspirer à la découverte et à l'ap- » plication de ce qui peut l'identifier avec ce sublime » principe. Le plus beau temple d'Aelohîm est le cœur » de l'homme. Que tous les hommes ne soient qu'un » en lui, et leur bien-être sera perpétuel et inalté- » rable! »

Quelle vénération, quelle opinion lumineuse et positive un tel langage eût-il inspiré aux Parias, aux

Ilotes, aux esclaves, aux manouvriers de la ville et des champs, c'est-à-dire aux sept huitièmes des humains? Ils n'y auraient rien compris, et surtout ils n'auraient su en tirer des conséquences d'utilité religieuse. Mais dites-leur :

« Aelohîm est le Dieu créateur et tout-puissant; son » essence est insondable. Il est partout; il voit tout; » rien ne peut lui être caché! Il est UN; mais son unité » est aussi incompréhensible que son essence. Il s'est » révélé à quelques élus; nous le connaissons par ses » prophètes et par ses œuvres. Ralliez-vous à sa loi, » transmise d'âge en âge par les prophètes, telle que » nous l'enseignons de droit divin; observez les rites » sacrés, assistez aux adorations publiques. Ayez tous » la même croyance; soyez tous unis, bienfaisants les » uns envers les autres. Soyez soumis à l'autorité, car » toute autorité vient d'Aelohîm. C'est ainsi que vous » lui plairez, que vous serez estimés, aimés de vos » semblables, et que vous mériterez toutes les récom- » penses en cette vie et en l'autre. Sinon, redoutez » d'être punis. »

Ces deux discours expriment au fond la même pensée. Le second seul est efficace pour l'établissement, la propagation et le maintien d'une religion positive parmi les classes industrieuses, telles qu'elles ont toujours existé et existent encore. Il ne s'agit point de les rallier par des vérités nues et abstraites, mais par des vérités déguisées, imposant le devoir, la crainte, et démontrant des nécessités. Avec des industrieux plus ou moins abrutis par la misère et l'ignorance forcées; avec des peuples que leurs chefs n'ont pas la capacité d'élever à la richesse, à la science, à la liberté pour chaque individu, à la concorde entre tous, la religion ne saurait subsister qu'avec les formes théocratiques qu'elle a revêtues. Un fondateur de religion serait accueilli avec dédain, échouerait comme les théophilanthropes de 1794, s'il se donnait pour un homme ordinaire, doué seulement de plus d'instruction et de vertu que ses pareils. S'il se présente comme prophète, envoyé divin; s'il soutient son rôle jusqu'au bout avec la grandeur et la force morale qui impriment le respect et s'acquièrent une juste vénération, alors le fondateur théocrate atteint le but, et, comme Moïse, Zoroastre, Kong-Tzée, etc., il institue le culte le plus raisonnable et le plus bienfaisant qui se puisse pour les sociétés inharmoniques.

La hiérarchie sacerdotale doit être alors puissante et fortement constituée. Elle doit se prétendre infaillible, ne permettre aucune dissidence, sous peine d'hérésie et d'excommunication, car autrement ce serait, selon l'Evangile, le royaume divisé contre lui-même, royaume en dissolution. Le sacerdoce doit ne souffrir aucune invasion dans son domaine, aucune parole, aucun acte qui puisse dégrader, avilir ou seulement dénigrer, soit lui-même en corps, soit l'une de ses doctrines ou l'un de ses membres. Sans ces prétentions et des efforts capables d'en maintenir l'efficacité, la théocratie serait en contradiction avec son principe, car elle cesserait de paraître sacrée et d'institution divine. Elle serait en contradiction avec le principe des sociétés qu'elle est chargée de guider, car ce principe est la contrainte, et les hommes cesseraient bientôt de croire et de prier, si les prêtres ne terrifiaient pas les consciences; comme ils cesseraient d'acquitter les impôts, les dettes, de s'abstenir du vol, du meurtre, si les gendarmes ne se trouvaient là menaçants, prêts à les réprimer avec le sabre, la prison, le gibet. Aussi, quand la puissance théocratique chancelle, par une conséquence de la marche des sociétés, le sage n'est pas celui qui cherche uniquement à accélérer sa chute; c'est celui qui découvre et démontre le sûr moyen de suppléer une institution devenue insuffisante, et de sauver la religion et ses vérités du naufrage du sacerdoce, qui ne les sauve pas lui-même. Beaux esprits du jour, faites donc trève de glose sur les rigueurs et les mystères du culte, jusqu'à ce qu'ayant introduit un mode de société dont la base ne serait plus la contrainte qui fausse tout, vous soyez fondés à demander ou en mesure de donner une religion de joies et d'évidences. Jusque-là, votre rôle est la circonspection; votre bon sens doit consister dans une profonde vénération pour le christianisme.

Observons Jésus, et admirons! Si, comme Dieu, selon les chrétiens, il a fait des miracles, comme homme il a été l'archétype de la seule conduite qui puisse être, parmi nous, sage pour l'individu, utile pour la société. Tous les moralistes sensés sont unanimes en ce point; tous conviennent que, dans l'incohérence sociale caractéristique de la déviation du destin, l'homme qui s'expose le moins à nuire, qui opère le plus de bien alors possible, est l'homme qui sait le mieux maîtriser l'entraînement de ses sens, de son cœur, de son imagination, et acquérir ainsi cette résignation forte qui a mérité le nom d'angélique.

L'homme résigné ne cherche point à dominer, conséquemment il n'irrite point le puissant ou l'opprimé; il ne provoque point la vengeance, parce qu'il se garde de l'orgueil. Ses exigences, ses besoins sont restreints; il ne songe point à spolier autrui, parce qu'il n'a pas sujet d'être cupide. Il s'affranchit des soucis de l'intrigue, des haines qu'elle suscite; il ne trouble point la concorde publique, parce qu'il n'est point envieux. Il ne ruine point sa santé, ne provoque point à la débauche, parce qu'il se garde de l'incontinence et de l'intempérance. Ses propres torts ne s'exhalent point en emportement; il supporte les torts d'autrui sans colère; il exécute ses travaux avec activité, parce que sa force d'âme surmonte la fatigue et le dégoût.

Tel fut Jésus dans le cours de sa mission : prêchant d'exemple plus que de paroles, il prouve, par les faits, l'efficacité de la résignation pour l'atténuation du mal. Sans doute se résigner, c'est s'imposer la loi de contrainte; c'est se mettre en contradiction avec le vœu de la nature humaine, avec les passions, ressorts essentiels de l'existence. Mais quand Adam, l'homme collectif, marchant dans la voie fausse, ne maintient plus ses sociétés, ne tend plus à quelque bien qu'en pratiquant la loi de contrainte, il est naturel que cette même loi s'applique aussi à l'homme individu. Sans cela il n'y aurait point ensemble, la partie ne se coordonnerait pas au tout. L'homme individu doit s'imposer des privations, remplir des devoirs, réprimer des effervescences, par la même raison et dans le même but que le font les peuples en se soumettant à l'autorité armée. La nation et l'individu se créent les mêmes avantages par le même procédé. L'homme ou le peuple non résigné est par le fait en révolte, voué aux convulsions de la discorde, du remords, de la vengeance. Ces vérités admises, n'est-il pas évident qu'*il n'y a point de salut hors de la religion catholique*?

La foi, l'espérance, la charité, sont les voies de résignation qu'enseigne Jésus, voies non moins sûres pour rendre la résignation efficace, que la résignation elle-même n'est sûre pour parvenir à l'atténuation du mal. La foi, intime et pleine conviction de l'existence de Dieu, de l'excellence du dogme chrétien, du bien individuel et social que garantit l'observance des doctrines religieuses, la foi seule peut rendre inébranlable dans ses résolutions et ses pratiques l'homme qui cherche à maîtriser ses passions dévoyées, à comprimer leur malfaisance. L'espérance est le corroborant nécessaire de la foi; à la conviction de l'existence de Dieu, elle ajoute la conviction de sa justice. La foi rend l'homme fort; l'espérance le rend constant, le soutient dans son malheur, lui fait incessamment entrevoir un meilleur sort, une récompense de sa conduite. La foi, l'espérance ne sauraient persister en l'absence de la charité. Pour comprimer le malfaisant essor des passions, aimer Dieu et son prochain est plus pressant encore que de croire en Dieu, à la religion, et d'espérer la manifestation de la justice éternelle. La foi est la plus grande puissance de l'esprit, car, plus notre intelligence est éclairée et convaincue, c'est-à-dire plus elle a de foi, plus aussi elle a de supériorité d'action sur l'homme et sur les créatures. A son tour, la charité est la plus grande puissance de l'âme, car, plus nos affections sont vives, c'est-à-dire plus nous avons de charité, plus aussi nous avons de bonne volonté, de support pour nos semblables, et nous nous plaisons à faire le bien.

Ainsi conçues, les vertus théologales, et leur pivot, l'humilité chrétienne, sont ce que la philosophie peut imaginer de plus positif pour le salut de l'homme, quand il vit dans la déviation du destin, de même qu'elles le seront, à plus haut degré, quand il vivra dans les conditions du destin vrai. Dès-lors les gloseurs qui ne craignent pas de jeter du ridicule sur ces sublimes dogmes, font preuve manifeste d'inconséquence. Parce que tel chapelain, catéchisant la plèbe, et mettant son langage à la portée des simples, fait entendre que la foi est la croyance aveugle à ce qu'il a lu dans les livres, à ce que lui ont dit ses supérieurs et qu'il redit ; parce que le prédicateur ajoute que la charité consiste à donner du pain aux pauvres, à mettre quelques sous dans le tronc de l'église, fallait-il ne voir dans la foi que l'éteignoir du bon sens, et dans la charité qu'une vaine pratique d'aumône entretenant la fainéantise? Les articles du code pénal sont pour nous articles de foi, parce que les yeux de notre corps ne nous laissent aucun doute sur l'amende ou le supplice qui nous punirait, s'il nous arrivait de n'y point croire. Si nous daignons réfléchir, les yeux de notre intelligence verront, dans les versets de l'Evangile, des articles de foi non moins efficaces pour notre salut temporel que le sont les articles de nos codes. Les uns et les autres tendent concurremment à prévenir ou atténuer quelque mal, à réaliser quelque bien. Puisons notre instruction dans l'expérience et dans le faits; cherchons parmi les hommes quel a été, quel est encore le moins malheureux, le plus utile, le plus estimé; nous verrons bientôt que cet homme est celui qui, avec droiture et attention, conforme le mieux sa conduite à celle dont le Christ a honoré la terre.

Mais Jésus a dit : « Si quelqu'un vient à moi et ne » *hait* point son père et sa mère, sa femme, ses enfants, » ses frères, ses sœurs, et même sa propre vie, il ne » peut être mon disciple. — Vous serez heureux » lorsque les hommes vous haïront, qu'ils vous chasse- » ront, qu'ils vous chargeront d'injures, qu'ils rejette- » ront votre nom comme infâme à cause *du Christ* » (Luc XIV, 26, VI, 22). »

Ces expressions étonnent, ces leçons paraissent, à première vue, ne pas s'accorder davantage avec la morale et la politique qu'avec les passions, éléments vitaux de l'homme. Jésus a dû parler ainsi, parce qu'il annonçait une religion de mystères et de rigueurs. Ce détachement des vanités du monde, ces sacrifices, sont autant de moyens de résignation. Il faut savoir abandonner tout, tout souffrir, plutôt que de quitter la bonne voie; savoir haïr le mal partout où il peut se trouver, même dans nos plus proches parents, dans nos amis les plus chers, dans notre propre vie. Assurément rien ne saurait être plus moral et plus politique.

Ainsi nous parvenons au bien-être négatif, absence des déceptions, des soucis inhérents aux essors passionnels en société lymbique. C'est le seul genre de bonheur permanent auquel nous puissions alors atteindre, et c'est ce bonheur que cherchent, dans leurs austérités, les religieux sincères des divers ordres. Sous ce rapport, l'estime du philosophe devrait être acquise aux cénobites. Ils ne cessent de la mériter que quand la fainéantise, l'hypocrisie, la mendicité, se substituent aux vertus claustrales. Un moine qui, d'ailleurs dénué de fortune, n'assure point par son travail le nécessaire à sa sustentation, démérite l'estime, et la prière, à supposer qu'il s'y livre efficacement, n'est plus une compensation suffisante de son inaction industrielle. Mais une personne riche, qui peut se livrer à ce genre de vocation sans être à charge à la société, ne saurait être moins recommandable que tel savant académicien qui se livre aux recherches chimiques, de préférence aux recherches des grâces religieuses. Signalons l'abus; blâmons-le; gardons-nous de rejeter ce que la vie du cénobite a d'honorable.

Au nombre des choses excellentes, et au premier rang parmi elles, figure la PRIÈRE, dont il semble que, de nos jours, on ait perdu la juste idée. Prier, c'est autant qu'il dépend de l'homme, s'identifier aux perfections divines; c'est reconnaître les folies et les misères humaines, aspirer à leur réformation, à l'extirpation du mal, au règne du bien; c'est faire exercice continu de la charité, de la foi, de l'espérance, non d'une manière purement abstraite, mais en les utilisant pour le plus grand succès des travaux productifs.

Ne sommes-nous pas heureux, quand nous voyons nos enfants, nos amis, nos amantes, nos chefs, satisfaits de notre amour pour eux, empressés de le justifier par une conduite sage et digne? Dieu est pour nous dans des dispositions semblables à celles où nous sommes pour nos amis. Il souffre de nos peines, il jouit de notre bonheur, puisque nous sommes ses enfants. Prier, c'est lui plaire; c'est, dans quelque circonstance que nous traversions, tendre de toutes nos forces, par la pensée, l'action, l'affection, à réduire le mal, à exalter le bien, c'est-à-dire, à nous rapprocher de la divinité par l'élan le plus raisonnable et le plus philosophique, en même temps qu'il est le plus sublime.

Le caractère du véritable ecclésiastique serait de se maintenir en perpétuel état de prière. Il mériterait ainsi la plus grande vénération, et se rendrait éminemment utile au monde. Si l'état de la société est tel qu'il exige tous les instants de cette noble vocation; si, à toute heure, l'ecclésiastique doit être prêt à porter ses consolations au malheureux, à communiquer ses lumières à qui le désire, quoi de plus naturel que de le dispenser du travail des mains! Il est juste que la récompense soit en raison de la difficulté vaincue; et combien est grande la difficulté de se maintenir constamment en prière, au sein de la corruption contre laquelle le prêtre lutte, et où, comme le laïque, il est si souvent dans la nécessité de se débattre pour son pain avec les méchants, pour son honneur avec les fourbes!

Sans doute plus le costume ecclésiastique inspirait de confiance, et plus le vice aura mis d'empressement à s'en revêtir. Des crimes ont été commis à l'abri de la vénération qu'imposaient les insignes sacerdotaux; il n'en pouvait être autrement, car tel est le sort des meilleures choses en tout mouvement subversif. Dans une organisation sociale où il y a plus à gagner sur un mensonge que sur une vérité, où le succès est moins assuré à l'homme véridique et bienfaisant qu'à l'homme qui trompe et opprime, comment s'étonner que, pour arriver à son but, le pervers se soumette aux épreuves des séminaires et à ce qu'on exige d'un postulant avant de le décorer de la tonsure et de l'étole! Un sycophante ainsi introduit dans le sacerdoce, en a bientôt attiré quelques-uns à lui. On les aura vus, ces faux dévots, attentifs au maintien des beaux dehors; mais ils n'échappent pas toujours aux conséquences de la perversité qui les domine et qui a enfanté de si déplorables monstruosités.

Supposés réels les torts qu'on leur impute, les moines sont-ils plus coupables que les commerçants qui font fortune par la banqueroute, l'accaparement ou l'agiotage ; que les militaires qui s'élèvent en grade en raison de cruautés et de rapines profitables au gouvernement; que les manufacturiers qui s'enrichissent par des fabrications de mauvais aloi; que les courtisans qui renversent leurs concurrents dans une sale intrigue? Tous se meuvent dans le tourbillon du faux, et, à tout prendre, il y a autant de bons ecclésiastiques que de bons magistrats, de bons guerriers, de bons négociants. Dans toutes les classes, notre société présente un petit nombre de *bons,* un grand nombre de *méchants;* la règle a ses exceptions pour le clergé comme pour l'armée ou le commerce.

Les jésuites sont conséquents avec eux-mêmes et avec le principe d'une religion de mystères et de rigueurs. La hiérarchie qu'ils ont constituée est forte, parce que, rigoureuse et masquée, elle veille à ce que chacun de ses membres exerce la fonction et tienne le rang auxquels ses moyens intellectuels et moraux l'appellent naturellement. L'obéissance, l'abnégation, le dévouement de tout jésuiste pour le plus grand profit de sa corporation, manifestent la résignation consentie dans des vues d'utilité; c'est, au fond, la sage humilité chrétienne, dirigée selon certaines convenances, et portée haut dans l'individu en faveur de la masse. Les jésuites ont bien saisi et ils pratiquent le vrai sous ce rapport. Parmi eux le patriciat héréditaire est un faible titre; ils veulent avant tout le mérite personnel. S'agit-il de donner un confesseur à un roi, ils éliront avec grand soin celui d'entre eux qui, doué d'un esprit délié, animé d'un zèle ardent, aura fait preuve d'une grande fermeté de caractère. Dans leur choix, il n'est tenu compte ni de la naissance, ni de la nationalité; l'élu serait de basse extraction, qu'ils y verraient une convenance de plus; à leurs yeux il sera un conseil vivant d'humilité.

Ces errements sont habituellement ceux du sacerdoce entier. Les jésuites les observent avec plus de soin; ils leur doivent une supériorité incontestée, qui les rend puissants, indestructibles. Effrayés de cette puissance, le plus souvent occulte, quoique très-agissante, les gouvernements et les peuples tentent quelquefois d'en secouer le joug. La constitution jésuitique se rit de ces tentatives. Les gouvernements se renouvellent sans cesse: un souverain faible succède à un grand prince; le ministère du jour met son mérite à s'écarter de la ligne qu'a suivie le ministère de la veille; les pouvoirs publics se neutralisent, se renversent l'un l'autre. Courtisan, gouvernant, citoyen, chacun songe d'abord à l'intérêt pressant de sa famille, et lui subordonne l'intérêt public, en qui, d'ailleurs, on a peu de foi. De son côté, le corps jésuitique ne meurt point; ses principes, son esprit, ses moyens demeurent fixes, tandis que tout change autour de lui. L'intérêt du jésuite est aussi l'intérêt de sa FAMILLE; mais cette famille n'est plus restreinte à une femme, à quelques débiles enfants, à des collatéraux qui convoitent ou contestent les héritages; elle se compose de dix mille *pères* et *frères,* qui savent pourvoir aux besoins et aux douceurs de leur MÉNAGE, aussi bien que dominer le corps social et le conduire dans le sens de leurs plus grandes jouissances, de leur plus parfaite sécurité.

Comment des peuples sans cohésion suffisante, des gouvernements nécessairement instables, pourraient-ils résister à la cohésion et à la constance jésuitiques? Il est dans la nature des choses que les jésuites, unis d'intention et d'intérêts, maîtrisent des sociétés que les intérêts et les opinions divisent.

Les publicistes qui ont observé ces faits remarquables semblent n'avoir tenu compte que de ce qu'ils ont de fâcheux pour les peuples, et s'être peu souciés de ce qu'ils offrent d'utile pour l'avancement de la science politique. On a vu le mal que les jésuites pouvaient faire, le mal qu'on leur imputait; on n'a pas vu le bien dont ils savaient être les dispensateurs, ni leur mission providentielle. Etait-il difficile de reconnaître que, si les jésuites se créaient tant d'avantages par une forte constitution sociétaire, persévéramment maintenue, ils enseignaient par-là même ce qu'il y avait à faire pour rétablir l'équibre. S'affilier, se constituer, en un mot s'armer à leur manière, tel était le contre-poids naturel. Leur méthode d'association ne laissait aucun des leurs dans le besoin; chacun d'eux était utilisé selon sa capacité, soutenu, justifié, canonisé, s'il le fallait, par ses frères. Sans s'organiser en tous points sur le même mode, les laïques devaient adopter un plan convenablement analogue. Le but était d'introduire la cohésion sociale dans l'exercice de toutes les industries, comme les jésuites l'avaient introduite dans la branche d'industrie qu'ils s'étaient réservée, l'enseignement littéraire et scientifique.

Certes, les tentatives ont été fréquentes, surtout depuis deux siècles, pour détruire le jésuitisme. S'il n'eût fallu que de l'esprit, de la critique, de la force matérielle, à coup sûr cette destruction eût été consommée dans les derniers temps. La critique et de grandes révolutions ont été insuffisantes contre les jésuites, non parce qu'ils avaient l'appui de l'autorité publique (ils se sont maintenus en dépit d'elle), mais parce qu'outre leurs avantages de corporation, ils professaient des vérités religieuses toujours fortes, toujours fécondes. Il fallait dans la lutte s'emparer des mêmes dogmes, prouver que le christianisme surpasse en excellence tout ce que les jésuites lui attribuent, déduire de leurs propres principes ce qu'il y a en effet de plus favorable à la liberté, à l'égalité, à l'accroissement et à la diffusion des lumières et des richesses, et corroborer ces preuves par des institutions sociétaires pratiques, au moins égales en bonté à la leur, sous le double rapport des moyens et des résultats. Quand ils s'armèrent comme les Romains, les Gaulois vainquirent leurs conquérants; les Asiatiques finiront par renverser la puissance anglaise aux Indes, quand ils se seront familiarisés avec les tactiques militaires de l'Europe; les réformateurs du XVIe siècle ont conquis une moitié du monde chrétien, parce que, ne se bornant pas à fronder des déviations, ils ont su présenter la religion sous des formes appropriées à l'état et aux exigences des peuples qu'ils avaient à catéchiser.

La mission providentielle des jésuites était de mettre en évidence la voie sociale rationnelle. L'Evangile avait dit : « Où l'on s'assemblera au nom de Jésus, là sera » une ÉGLISE. » Donnant à ce précepte l'extension qu'il comportait, les jésuites se sont *assemblés,* associés, ont constitué leur *église* de telle sorte qu'entre eux la fraternité religieuse a absorbé la malfaisance de l'égoïsme individuel, qui, d'ailleurs, dans la nature même de leur institut, a trouvé plus de chances d'essor et plus de satisfaction que la vie ordinaire du monde ne lui en eût offert. Ainsi la Providence avait fait sortir de l'un des dogmes fondamentaux de la religion l'indication expérimentale de la vraie voie du bien. La divine parole avait déclaré qu'il n'y aurait *église* et religion que là où il y aurait réunion de fidèles. Il fallait donc s'assembler pour former l'ÉGLISE et s'assurer ses bienfaits; il fallait constituer l'assemblée de telle sorte qu'elle pourvût à tous les besoins moraux et physiques des individus, car, hors de la pleine satisfaction de ces besoins, il n'y a que divisions, incohérence, misère, et, par une conséquence naturelle, hypocrisie et impiété.

Sans doute les jésuites auraient dû ne pas réserver leur secret pour leur profit exclusif. Il eût été digne de la philanthropie dont ils font étalage, sous le nom de charité, d'annoncer clairement et hautement ce que l'Eglise doit être pour atteindre son but, le salut du monde. Mais pourquoi refuserait-on de supposer que les jésuites n'ont pas vu tout le parti qui pouvait être tiré de la voie où ils étaient entrés? Serait-ce la première fois que d'éminents docteurs, d'ailleurs bien intentionnés, auraient eu sous la main d'abondants puits de science sans se douter de leurs richesses, en cela semblables aux Caraïbes qui, avant Colomb et les Européens, foulaient stupidement aux pieds leurs mines d'or?

Combien les amis du sacerdoce seraient heureux de pouvoir dire qu'une pareille incurie a été son unique tort! Les reproches que les nations adressent à ses membres par l'organe des écrivains qu'elles goûtent le plus, sont d'un genre bien différent. Fourbes, cruels, iniques, telles sont les épithètes consacrées, quand il s'agit de peindre les aruspices, flamines, augures, pharisiens, derviches et moines. Jésus criait aux prêtres de son temps : « Guides aveugles! après vous » être saisis de la clef de la science, vous n'y êtes pas » entrés vous-mêmes, et vous en avez fermé l'entrée » à ceux qui se présentaient. Malheur à vous, qui » chargez les hommes de fardeaux qu'ils ne peuvent » porter, et qui n'y touchez pas même du bout du » doigt,..... qui bâtissez des tombeaux aux pro- » phètes, après avoir fait mourir les uns et persécuté » les autres (Luc XI, 52, 46, 49). » Ces traits caractéristiques sont reproduits à toutes les époques de l'histoire. « *Les princes des prêtres avaient livré Jésus-» Christ pour être condamné à mort, et l'avaient » crucifié* (Luc XXIV, 20). » Ont-ils, depuis lors, changé d'esprit et de conduite? Certes, ce n'est pas l'opinion la plus répandue. Elles sont nombreuses les persécutions encourues et endurées, de la part du pouvoir religieux, par tout novateur qui, à son tour, a osé signaler des abus, exposer des vérités ignorées avant lui, réclamer des réformes, provoquer des épreuves d'améliorations. Les griefs contre les prêtres ont été, sont encore dans toutes les bouches : ils ont attiré à eux les richesses, fruits des privations et des sueurs du pauvre; ils ont à leur profit déshérité les familles, semé la discorde pour mieux dominer; ils sont en conspiration permanente, tantôt contre les peuples, tantôt contre les rois; ils ont inventé l'infernale inquisition; ils ont suscité, dirigé les massacres d'Amérique, des Albigeois, d'Irlande, de la Saint-Barthélemi; quand ils n'ont pas fait périr les grands hommes, ils les ont torturés sans même épargner un Roger Bacon, un Galilée, un Fénelon. L'art de tromper, de terrifier les consciences, de subtiliser sur les vices et les crimes, a été porté par eux à son plus haut degré de raffinement. Enfin ces hommes, répète-t-on, qui avaient été préposés pour nous tirer du mal, sont ceux mêmes qui ont le plus aggravé nos misères. Est-ce donc ainsi qu'ils auront fait comprendre que la religion, dans la déviation du destin, ne peut être qu'un tissu de mystères et de rigueurs?

Il faut bien l'avouer, mais, comme tous les autres

préposés au maintien du mobile des sociétés incohérentes, ils ont simplement fait ce qu'ils ont su. Sans ignorer que Dieu est esprit et vie, amour et sagesse; que, dès-lors, il est hors de sa nature de vouloir et de pouvoir le mal, de vouer ses créatures à la souffrance, les ministres des autels l'ont nommé Dieu terrible, Dieu jaloux. Ils ont commandé la crainte de Dieu, comme si la crainte était compatible avec le pur élan et la pleine confiance de l'amour. Les philosophes ont demandé ce que pouvait être un Dieu animé de haine et de colère, devant qui l'homme devrait ne penser qu'avec effroi? les prêtres n'ont pas péremptoirement répondu.

Qu'y a-t-il d'étrange à confondre dans la même pensée un auteur et ses œuvres? Ne dit-on pas le puissant Archimède, le parfait Raphaël, l'onctueux Fénelon, par la raison que la science d'Archimède créait de grandes forces mécaniques, l'art de Raphaël des peintures parfaites, la plume de Fénelon des écrits pleins de douceur et de grâce? La loi de Dieu, immuable comme lui-même, est source de tout bien, quand elle n'est point enfreinte. Son infraction a les conséquences les plus funestes, car elle seule, comme nous l'avons exposé, introduit le mal sur la terre. C'est donc Dieu identifié avec sa loi, qui a été et dû être nommé Dieu terrible, fort et vengeur. C'est en ce sens que la crainte de Dieu a dû être commandée comme une vertu. Aelohîm Dieu jaloux! quelle idée plus flatteuse pour l'homme, que de concevoir l'Etre des êtres, l'Etre de qui émane toute lumière et toute jouissance pure, s'indigner de ce qu'on lui préfère la douleur et les ténèbres!

Ainsi se justifient les doctrines sacerdotales. La religion est aussi nécessaire pour subvenir aux besoins de l'âme de l'homme, que l'industrie pour subvenir aux besoins de son corps. Dans les lymbes sociales ou faux destin de l'homme, la religion ne saurait avoir que des mystères et des rigueurs, des dogmes voilés, une morale sévère quelquefois jusqu'à la cruauté ; et la conduite des prêtres dût être ce qu'elle a été, ce qu'elle est encore. La tourbe vouée à l'ignorance et à la misère obtient de la religion tout le bien qu'elle peut alors faire aux hommes. Les philosophes, observant les choses d'un point de vue moins abaissé, froissés en tous sens par l'autorité sacerdotale, sont fondés à se plaindre ; mais ils ne seraient en droit de condamner les dogmes et les prêtres qu'autant qu'ils sauraient introduire sans trouble une religion de joies et d'évidences. Nous essaierons d'exposer les éléments de ce nouvel essor du sentiment religieux et du culte divin.

SCIENCE CONFUSE.

La science, faisceau des connaissances humaines, a pour objet, comme nous l'avons posé, de constater les voies pratiques de l'atténuation du mal dans la déviation du destin, de l'exaltation du bien dans l'essor du destin vrai. Les connaissances humaines ont été méthodiquement classées en sciences physiques et sciences métaphysiques. Celles-ci traitent des choses intellectuelles, des facultés de l'esprit; celles-là, des choses matérielles, des propriétés des corps. Si les unes et les autres ont fait des progrès; si leurs principes positifs, les applications qu'ils ont reçues, ont agrandi l'existence humaine en multipliant les moyens de satisfaire es besoins et ses plaisirs, comment se fait-il que la condition des peuples, loin de s'améliorer, de tendre effectivement au bonheur public et privé, demeure stationnaire, et semble même, sur plusieurs points, entrer en mouvement rétrograde vers les siècles de barbarie? Pourquoi ces révolutions interminables parmi les doctrines savantes comme parmi les corps politiques? Pourquoi ces réactions, ces froissements, ces guerres, ces désastres, ces supplices dont les générations ne cessent d'être contristées? Pourquoi les neuf cent quatre-vingt-dix-neuf millièmes de la population du globe restent-ils dans la misère, l'ignorance et l'abaissement? Pourquoi tant de belles découvertes dans les arts et dans les sciences, tant de vues lumineuses sur les institutions diverses, tournent-elles communément au profit de l'arbitraire et de la fraude? En réponse à ces hautes questions, toujours et partout reproduites, on se récrie sur l'impénétrabilité des secrets de la nature, sur l'égoïsme, la perversité de l'homme : plaintes purement décevantes, par lesquelles on croit s'excuser, et avec lesquelles on se borne à reculer la difficulté qu'il s'agit de saisir et de résoudre.

La science n'atteint point le but, parce que ses diverses branches, dans leur divergence, se neutralisent réciproquement. La physique et la métaphysique se font l'une à l'autre d'éternels reproches. Souvent elles se nient l'une l'autre, n'ayant jamais pu parvenir à poser le principe fondamental d'où toutes les vérités doivent s'élancer comme s'élancent les rayons d'un foyer lumineux, point de départ hors duquel il n'y a, dans les sciences, qu'incohérences, incertitudes et confusion.

Soit qu'il étudie l'organisme et les propriétés des corps, soit qu'il médite sur les facultés de l'esprit, le savant fait toujours abstraction de l'essence, et ne s'occupe que de la forme. Les facultés spirituelles et matérielles sont, à proprement parler, les formes, les organes donnés à l'homme pour manifester et diriger son existence; ce ne sont point les ressorts essentiels de l'existence. Sans l'étude des ressorts, causes des créations et de toutes les manifestations phénoménales, tant matérielles que spirituelles, la physique et la métaphysique ne sont point combinées, liées entre elles; leur but est manqué, leur tendance est vaine; car, en pleine analogie, elles sont pour la science ce que le système sensitif et le système nutritif sont pour le corps humain, ce que le système artériel et le système veineux sont pour la circulation, ce que sont pour le globe terrestre, ou pour le cerveau de l'homme, les deux hémisphères constituants. Spéculer en études physiques et en études métaphysiques, ainsi qu'on l'a toujours fait, sans les rattacher à leur point d'unissonnance, au tronc dont elles sont les rameaux, c'est comme si l'on voulait apprendre à connaître le mécanisme de l'organisation humaine en faisant abstraction de l'homme. La science foyère ou pivotale est la SCIENCE DES PASSIONS, la science sociale. Traiter de la métaphysique et de la physique en les isolant de ce pivot, c'est se jeter dans les subtilités idéologiques, c'est se perdre dans de stériles recherches de curiosité, dépourvues d'utilité urgente; et pourtant chaque savant s'obstinant à voir toute la science dans le fragment qu'il en étudie, semble croire son orgueil intéressé a rétrécir ainsi le domaine de sa conception.

Le physicien physiologi-anatomiste se morfond dans la tentative de voir par ses yeux ce qui fait mouvoir notre bras, tandis que, le scalpel en main, il ne peut pénétrer dans les chairs qu'après que le principe moteur, la vie, s'est retirée. C'était précisément ce principe qu'il s'agissait de saisir, et il est déjà loin quand l'instrument de mort arrive, par la solution, au muscle ou au nerf que le principe de vie faisait mouvoir. Le métaphysicien-spiritualiste s'efforce de légitimer le dédain qu'il voue aux organes matériels, les qualifiant grossières enveloppes, illusions temporaires et décevantes, faites pour arrêter ou oblitérer l'essor des facultés intellectuelles, enchaîner la pensée, entraver le raisonnement. Un enfant conseillerait de s'en tenir à bien reconnaître les lois du mouvement, en suivant avec scrupule les impulsions naturelles au lieu de les gêner; ce conseil est celui de la sagesse; ce qui nous importe surtout, c'est le bon emploi de nos facultés corporelles et spirituelles, emploi dont le mode et les résultats sont toujours accessibles à notre observation; tandis que, d'ordinaire, les savantes abstractions sur ces facultés n'aboutissent à rien d'utile, ou du moins à rien qui soit susceptible de donner satisfaction à nos besoins imminents.

Quand le matérialiste s'obstine à chercher la réalité dans la matière compacte seule, dans l'analyse de ses éléments, s'aheurte à concevoir la matière s'organisant d'elle-même, se sublimant, sous forme de fluide, jusqu'à devenir pensée, et ne veut rien admettre de contraire à cette sèche hypothèse, rien de ce qui pourrait le sortir de la sphère des spéculations vaines; quand, à son tour, le spiritualiste s'entête à ne voir la réalité que dans l'esprit subtilisé en contact avec les fluides les plus ténus, dont il est lui-même le principe, et ces fluides, se condensant progressivement, produire la matière compacte, grossière et honteuse enveloppe de l'homme; quand l'un a dit, plus l'esprit s'enfonce dans la matière, plus il s'éloigne de sa pureté originelle, perd de son énergie, et moins alors l'être qu'il anime est heureux; quand son antagoniste, adoptant le système inverse, a conseillé de s'en tenir aux sensations, à la vie matérielle, afin de n'être point rongé par les peines de l'esprit, sources des malheurs de l'homme ; à quoi ces théories divergentes aboutissent-elles? A ce que nous avons vu de tout temps, à un désolant mécompte. L'imagination peut bien un moment se plaire aux brillantes idées du théosophe sur l'ordre intellectuel des êtres, sur les harmonies rationnelles des chœurs d'anges dont se peuple le ciel; les yeux peuvent bien suivre quelques instants avec charme les expériences chimiques démontrant les harmonies concrètes des corps; mais ces doctes spéculations ne suffisent point à l'âme de l'homme; elles sont au nombre des voies d'essor de l'âme; elles préparent utilement ces voies, quand l'essor est dirigé vers le vrai et le bon; elles les faussent quand le mal et l'incohérence règnent, comme nous l'avons vu en traitant de la déviation du destin.

Philosophes et théosophes, ne vous arrêtez pas plus longtemps au point d'où il faut partir. Faites que les connaissances physiques ou métaphysiques cessent d'être incertaines, de tourner à la confusion; attachez-vous à les appliquer d'une manière directe et sûre pour la réalisation du bien-être de l'homme. Vous posez en dogme que la chose éminemment importante est d'entrer dans les voies de l'intelligence, de s'élever, par l'observation et le raisonnement, à la vie sapientielle, but suprême des humains; si vous êtes encore dans l'impuissance de rendre palpables les moyens efficaces d'un aussi grand avènement dès l'existence présente, au moins mettez ces moyens en question.

Comment s'obtient l'initiation dans les sciences? L'enfant doit être favorisé d'un heureux concours d'éducation et de fortune, avantages qui, de tout temps et aujourd'hui encore, se restreignent à un nombre borné de privilégiés. Bacon, Fénelon, Newton, Pascal, tous les génies qu'on leur assimile, avaient reçu l'instruction nécessairement préparatoire; ils avaient pu jouir de la liberté de s'adonner à l'étude, à la méditation. Supposez qu'ils fussent nés dans la cabane d'un pâtre stupide, que la misère leur eût interdit d'apprendre à lire, les eût forcés d'employer tous leurs instants au labour, à la conduite des troupeaux, leur eût ôté toute occasion, toute liberté de penser : dans ces conditions, les germes spirituels que leur avait départis le créateur se fussent perdus; on n'eût point vu ces germes éclore et se développer pour la consolation les jouissances ou la gloire de l'humanité. Si, par hasard, quelque indigent de naissance et d'éducation première est parvenu, sans secours et sans appui, à l'initiation scientifique, ce fait est seulement l'exception confirmative de la règle générale.

L'obligation primordiale des savants, de quelque école qu'ils soient, s'ils veulent être conséquents avec leurs prétentions d'utilité, est de pourvoir à l'accomplissement des vues du créateur, en disposant avant tout des moyens sociaux d'éducation et d'aisance tellement généralisés et salutaires, qu'aucun individu, n'importe sa condition de fortune, ne puisse manquer d'être mis à portée de comprendre les vérités physiques et métaphysiques, à portée d'accomplir la loi de salut avec la libre et intime conviction qu'elle seule garantit les intérêts les plus pressants et les plus positifs. C'est là le point de départ pour se diriger vers l'atténuation du mal. Là se rattache le grand principe dont je parlais tout à l'heure, quand je demandais aux savants physiciens et métaphysiciens de fixer le point fondamental d'où toutes les vérités doivent s'élancer comme d'un foyer lumineux. Ce principe est de reconnaître la nature passionnelle de l'homme, de rapporter chaque branche, chaque parcelle de la science à l'utilité de l'homme, comme moyens de lui faire éviter le mal et goûter le bien; enfin, de ne laisser parmi les hommes aucun germe d'intelligence et de science sans en soigner l'éclosion et le développement.

Tant que ceux qui se flattent de saisir la vérité dans l'ordre spirituel ou dans l'ordre matériel, n'ont pas rempli le premier de leurs devoirs, n'ont pas généralisé des moyens d'essor passionnel garantis à tout individu, sans acception de rang et d'âge, ils ne peuvent prétendre avoir effectivement atteint à la science, dont alors ils se targuent en vain d'être les oracles. Ils sont comparables à une troupe d'archers dont les uns feraient voler leurs flèches à vingt mètres au-delà, les autres à vingt mètres en deçà du but, et qui néanmoins prétendraient avoir gagné le prix. Quand la chimie invente la poudre, quand la métallurgie façonne le canon pour rendre les ravages de la guerre plus multiples et plus rapides, quand la logique enseigne l'art de mieux subtiliser et de mieux feindre, d'exercer l'hypocrisie et la mauvaise foi avec plus d'adresse, les progrès de ces sciences sont-ils plausibles? Ne tournent-ils pas alors moins à notre avantage qu'à notre confusion? Convenon que le premier pas dans la science vraie doit être de ne point isoler l'une de l'autre les vérités physiques et métaphysiques, et de ne point les séparer des vérité passionnelles ou sociales. Pour lever toute incertitude éviter toute confusion, il faudra chercher et trouve dans chaque fait, dans chaque chose, son caractèı propre sous ces trois rapports; car il n'est rien qui r puisse être observé au triple point de vue de la réalisa tion phénoménale, du symbole intellectuel, de l'emplo animique; rien qui, sans cette cumulative étude, n puisse avoir une utilité positive et complète.

Le médecin, dans la contemplation de l'homme, s'at tache exclusivement à l'organisme corporel; il fa abstraction des principes animiques, des facultés intel lectuelles, ou les considère comme des résultats inhé rents au jeu des organes, résultats à peu près inutile à porter en ligne pour arriver à la connaissaece par faite de la physiologie, de la pathologie, de la théra rapeutique. L'ecclésiastique ne tient compte que d l'homme spirituel; l'organisme du corps est pour lu un tas de boue, recélant la corruption, le péch et la mort. Le gouvernant, magistrat judiciaire ou civil, veut ne voir que les faits de la conduite d l'homme; il spécule sur ses vices, sur l'ignorance de simples, sur l'astuce des intrigants; il fait abstractio des exigences de l'organisme corporel et de la natur des facultés intellectuelles, essentiellement libres. Tou omettent d'avoir égard aux ressorts de l'âme, nommé *passions*. De là naissent les incohérences et les incer titudes de la science. Connaître effectivement l'homme ce n'est pas se borner à le considérer d'un seul côté à l'étudier sous l'une de ses faces et dans l'un de se modes d'existence. L'organisme ou réalisation phéno ménale, l'intelligence ou type spirituel, l'essor social ou emploi animique, sont autant de parties intégrantes, inséparables, que le savant doit avoir approfondies simultanément.

Il ne faut pas être seulement maçon, ou charpentier, ou couvreur, pour bâtir un édifice. Ces ouvriers ne parviennent à élever une construction régulière qu'autant que leurs travaux sont coordonnés et se complètent l'un l'autre. C'est à l'intervention de l'architecte qu'est dû ce résultat. Un office parfaitement analogue doit être rempli relativement à l'édifice de la science; mais, il faut l'avouer, aucun ARCHITECTE de cet ordre, parmi les savants en renom, ne s'est encore acquitté d'une telle tâche. Bacon, d'Alembert et leurs émules, en dressant leurs arbres encyclopédiques, sont restés, à cet égard, dans l'impasse où l'on aurait vu se morfondre Vitruve, s'il se fût borné à classer méthodiquement, selon leur nature, les matériaux, pierres, bois, métaux, dont tel palais peut se composer. Le classement des matériaux est assurément un bon préparatif; mais il laisse tout à faire; le plan des constructions n'est point arrêté, les travaux ne sont point exécutés, le palais n'est point rendu habitable.

La première étude nécessaire à l'architecte est celle de la destination de l'édifice à construire. Avant tout, l'architecte doit s'informer des habitudes, des besoins à satisfaire, connaître le genre de vie que mèneront, quelles industries exerceront les futurs habitants, la température à ménager, le mode en usage dans les manutentions alimentaires, dans les relations de société, etc., etc. C'est seulement après avoir réuni, classé, combiné ces données, que l'architecte distribue ave convenance les différentes parties de la construction, e détermine en quelle matière chaque partie sera fa connée. Les ouvriers constructeurs venant ensuite exécutent les détails avec d'autant plus de perfectioi qu'ils les rendent plus propres à la destination préala blement assignée à chaque partie. Adoptons la mêm marche relativement à l'édifice de la science; procédon d'abord à l'examen du but qu'il s'agit d'atteindre, e passons ensuite aux applications spéciales.

La destination de l'édifice scientifique, de même qu la destination d'un édifice habitable, est de concourir assurer le bien-être de l'homme. Il n'est d'autre voi de ce bien-être que le mouvement social, car dans l société seulement nous atteignons le plus haut degr d'essor de la vie. Les affections de notre cœur ont besoin de s'exciter, de se répandre, de coïncider avec de affections de même nature, éprouvées par d'autres êtres Notre esprit a besoin d'exercer ses pensées sur un infinité de conceptions et de faits, tant de l'ordre physique que de l'ordre moral et de l'ordre intellectuel, d communiquer ces pensées à d'autres esprits, et de recevoir d'eux des communications réciproques. Nos sen ont besoin d'entrer en contact avec tout objet susceptibl de développer leurs jouissances.

La science du mouvement social, science pivotale dans laquelle convergent et de laquelle émanent le branches diverses de la physique et de la métaphysique consiste dans la connaissance des *passions* sensitives affectives, distributives, ressorts moteurs, et dans l détermination du mode pratique des relations industrielles, civiles, commerciales, qui sont les grands rouages du mécanisme social. Le degré d'harmonie auquel le mécanisme peut être élevé, de même que le degré de bien-être et de dignité auquel l'homme peut atteindre est toujours en raison du degré d'affinité que les ressorts et les rouages sociaux ont entre eux.

Les trois rouages sociaux (industrie, administration, commerce) ont pour objet commun la production, la distribution, la consommation. Le rouage industriel qui concourt, comme chacun des deux autres, à l'essor de toutes les passions, mais qui se rapporte plus spécialement au ressort sensitif, est à peu près nul chez les Sauvages. Il se restreint pour eux à l'exercice de la chasse et de la pêche; il se borne à satisfaire les besoins les plus grossiers du sens du goût; il laisse les quatre autres passions sensitives en état de viduité. C'est là son caractère de malfaisance négative. Quand le produit de la chasse ou de la pêche fait défaut, ce qui arrive périodiquement chez les Sauvages, le rouage industriel change de direction; ce n'est plus aux fauves que l'homme fait la guerre; c'est à l'homme lui-même, et la malfaisance devient positive.

Les privations qu'éprouve le Sauvage, sa stupidité, sa cruauté, proviennent donc principalement de l'insuffisance du rouage industriel qui n'est point en affinité avec le ressort sensitif, et qui dès-lors fausse la gravitation en mouvement passionnel ou social.

Le même faussement, parmi les Sauvages, résulte aussi de l'anarchie où sont laissées leurs relations civiles, rouage qui a plus particulièrement pour objet l'essor des passions affectives, ambition, amour, famillisme, amitié. Cet essor sous-entend toujours les droits de propriété et autres accords que la loi civile règle d'ordinaire. Tels sont le mariage qui tient à l'essor de l'amour, l'hérédité qui se rattache à l'essor du famillisme, etc. Chez les Sauvages, l'ambition a pour unique voie l'emploi de la violence, parce que là où aucun système d'hiérarchie ne règle les droits à l'avancement, la force est la loi suprême. L'amour, le famillisme, sont traités comme l'ambition. L'amitié est privée d'essor, par suite de l'impérieux besoin auquel l'industrie ne subvient pas, et qui fait de chaque individu dénué l'ennemi de son voisin pourvu. Les relations commerciales ou distributives sont à peu près inconnues dans cette période sociale où elles se bornent au troc direct.

Cependant la liberté brute dont jouit le Sauvage, l'insouciance qui naît de cette liberté et de la restriction des besoins passionnels, comprimés et réduits au plus faible élancement, la demi-attraction que comportent ces dispositions de mécanisme, tout concourt à inspirer au Sauvage une aversion extrême pour l'état barbare ou civilisé, dont les rouages industriel et commercial permettent, il est vrai, plus d'essor aux passions sensitives, mais sont tellement organisés que cet essor ne profite qu'à un petit nombre de privilégiés, au détriment des masses tenues dans un état de contrainte de labeurs fatigants, de privations souvent moins supportables au cœur de l'homme que le mal-être accidentel où peut se trouver le Sauvage.

Dans la société dite Barbarie, le rouage industriel subvient déjà aux besoins sensitifs de tous genres ; les mets délicats, les logements commodes, les somptueux vêtements, la musique, les parfums, le faste, procurent le bien-être matériel aux riches et aux puissants. Une sorte d'affinité s'établit ainsi entre le ressort passionnel et le rouage social. Mais le véhicule est la contrainte, forçant des esclaves au travail par voie de châtiment. Conduite à contre-sens des exigences essentielles de la nature humaine chez les neuf dixièmes de la population, l'industrie n'est encore là, comme chez les Sauvages, qu'un rouage de malfaisance pour les masses, malfaisance *négative* quant à l'état de privation où elles sont tenues, *positive* quant à l'emploi du châtiment, de la terreur pour leur faire exécuter le travail répugnant.

Les relations civiles, chez les Barbares, ménagent aussi plus d'essor aux passions affectives. La classification en castes, en fonctionnaires de divers degrés, la distinction des grades, moins d'incertitude dans la possession des richesses, et quelques chances d'en acquérir sans recours à la violence, constituent, pour l'exercice de l'ambition, autant de voies qui ne sont point ouvertes aux Sauvages. L'amour, le famillisme, l'amitié, ont, chez les Barbares, un essor analogue à celui de l'ambition.

Leurs relations commerciales ne sont pas nulles comme chez les Sauvages. Elles prennent de l'activité, de l'extension, bien qu'elles se renferment dans le trafic proprement dit. De même que les deux autres, ce troisième rouage est faussé par la contrainte, subverti par les spoliations qui le frappent ou le menacent incessamment.

Dans notre Civilisation, les trois rouages sont moins dégradés qu'en Barbarie. Mais si l'industrieux ne travaille plus forcément, comme à Tunis ou en Russie, pour échapper au knout, au châtiment, le véhicule, pour avoir changé de nature, ne cesse point d'être cruel et odieux, puisqu'alors l'industrieux travaille toujours forcément afin d'échapper à la famine. Si le travail, les talents, les fatigues de l'apprenti ou de l'ouvrier profitent plus à un maître qu'à lui-même, au moins cet ouvrier, quand il est doué d'aptitude, a-t-il, pour devenir maître à son tour, des chances que n'offre point le système d'esclavage personnel usité chez les Barbares.

En Barbarie, la reconnaissance des droits naturels et civils est très-restreinte. En mécanisme civilisé, cette reconnaissance prend de l'étendue. Nous la voyons même dépasser, sous divers rapports, sa juste mesure, bien que, sous d'autres rapports, elle n'accorde pas même le nécessaire. Dans le rouage industriel, par exemple, il y a pleine licence pour les constructions et fabrications nuisibles aux passions des sens; on bâtit librement pour priver un voisin des jours et points de vue; on corrompt impunément l'air qu'il respire; on l'assourdit par des ateliers à marteaux ou autres fléaux de l'ouïe ; on falsifie ses aliments, le tout selon le principe qui, sous le nom de *libre concurrence*, constitue le rouage commercial ou distributif en anarchie. Et tandis qu'on organise ainsi deux rouages, le commercial et l'industriel, pour l'exercice désordonné des droits naturels, cent obstacles imposés aux relations civiles entravent le rouage passionnel ou politique.

L'instruction est refusée à tel enfant pauvre, de peur qu'elle ne devienne pour lui une voie de fortune; l'union conjugale est rationnellement, aussi bien que par les mœurs, interdite ou blamée, entre le riche et le pauvre, entre le roturier et le noble, le juif et le chrétien ; l'ami devenu riche et puissant ne peut plus décemment avoir d'intimité avec son ami resté chétif ; le fils élevé aux honneurs est embarrassé d'avouer son père dédaigné. Le préjugé règne, et c'est simplement à l'appréciation du préjugé, non pas pour le dominer et s'en affranchir, mais pour savoir ne point le heurter, pour s'habituer à le souffrir, qu'aboutissent nos études historiques et politiques, c'est-à-dire nos sciences sociales, telles qu'elles ont été conçues et appliquées jusqu'à ce jour.

Il n'en saurait être autrement. Dans la Civilisation, de même qu'en Barbarie et en Sauvagerie, le mal, comme nous l'avons vu en traitant de la déviation du destin et de la religion de rigueurs, résulte de l'état d'incohérence où vivent les individus, où sont tenus les goûts, les volontés, les travaux. Quand on ne parvient à obtenir quelque bien-être qu'autant qu'on réprime en soi les passions, ou qu'on froisse plus ou moins les passions d'autrui, chose inévitable en l'absence d'une heureuse combinaison des intérêts, la science doit consister à connaître les voies susceptibles de conduire à ce but de répression avec le plus de certitude et le moins d'inconvénients. Ne pouvant éviter à l'individu d'être en guerre avec lui-même, en guerre avec les commensaux de son propre ménage; éviter aux familles, aux corporations ou professions diverses, aux communes, aux provinces, aux nations, d'être en guerre entre elles, il ne s'agit plus que de régulariser cette guerre, d'atténuer sa malfaisance.

L'homme naît dans la richesse ou dans l'indigence ; sa vie est laborieuse ou s'écoule dans l'oisiveté. Si l'on peut se dispenser d'un travail répugnant pour arriver à la possession des choses nécessaires à la vie, la science alors consiste à savoir bien conserver cet avantage et bien se prémunir contre l'ennui d'une existence sans activité industrielle. L'homme le plus apathique, le plus indolent par caractère, éprouve encore le besoin d'occupations quelconques, plus ou moins excitantes. La vie, c'est le mouvement ; tel demeure inerte par l'unique raison que l'occupation vers laquelle son goût naturel le porterait, ne se présente point à lui, ou lui est présentée avec des accessoires qui, la lui rendant désagréable, font naître en lui la répugnance. Alors force est à l'oisif, qui ne peut pas plus que le travailleur s'affranchir de l'impulsion passionnelle, d'avoir recours à cent fantaisies bizarres, plus ou moins vexatoires pour autrui ; et nous voyons surgir ces flaneurs, ces musards, bourrus, parasites, ces fâcheux de tous les genres, qui, faute de trouver en eux-mêmes une plénitude de vie qu'ils n'y cherchent point, sont le fléau des gens occupés et laborieux. Dire que le tort en est à eux, c'est dire vrai assurément ; mais jusqu'à quel degré s'élève la gravité de ce tort ? Il n'est pas exclusif ; la société au sein de laquelle vivent les oisifs et scissionnaires est fautrice, non moins qu'eux-mêmes peut-être, car son incohérente organisation est telle qu'elle comporte tous les travers de ce genre sans pouvoir les absorber, ou plutôt les faire tourner au profit individuel de celui qui s'y livre, au profit collectif de ceux qui ont à en souffrir.

Faute de sentir le besoin d'employer son activité native à un travail lucratif, et naturellement porté à éluder, à fuir ce qui pourrait lui donner du souci, l'oisif dirige cette activité dans le sens le plus en rapport avec sa manière d'être. Il impose aux autres le fardeau qu'il ne saurait porter lui-même ; les ennuis qu'il cause sont pour lui le grand moyen de se soustraire à son propre ennui, qui est inséparable de l'état d'inertie industrielle où il végète. Il est intrigant, médisant, caustique, joueur, parce que le jeu, le caquetage, l'intrigue, sont les grandes occupations de la société au milieu de laquelle il vit ; parce que ce sont les voies qui, dans l'orbite où se meut cette société, conduisent, à peu près seules, au but qu'elle se propose, la création de sinécures, de plaisirs qui ne coûtent ni fatigues de corps, ni tourment d'esprit. Supposez que de telles voies ne lui soient point ouvertes ; qu'au lieu de protéger la faconde de l'oisif, d'en assurer le succès, la société n'estimât et ne fît réussir que le mérite réel, le travail utile ; vous verriez aussitôt l'oisif virer de bord, changer d'opinion et adopter une ligne de conduite tout-à-fait opposée à celle qu'il suit aujourd'hui.

Si la force des choses le fait incliner aux travers qu'on lui reproche, lui rend à peu près inévitable la fainéantise, s'accolant à l'habitude de se désennuyer avec les ennuis qu'il impose à autrui, les mêmes circonstances sociales obligent plus encore l'oisif à recourir à de fâcheux moyens pour conserver sa fortune et l'accroître. Est-il célibataire et quelque peu prévoyant? l'expérience lui a bientôt appris le danger de la confiance ; les fraudes, les soustractions, les déceptions de tous genres qu'on lui fait éprouver, l'ont bientôt rendu égoïste, avare ; il n'aura plus d'humanité qu'en paroles ; son cœur sera froid, parce qu'il n'aura pu soutenir l'ingratitude, ou aura vu l'ingratitude là où il n'y a en effet qu'une direction ou absortion différente des pensées et des affaires. Le riche est-il marié, a-t-il femme et enfants? ce n'est plus pour lui seul; c'est en surcroît pour eux qu'il doit se tenir en garde contre l'astuce de ses voisins, de ses concurrents, fournisseurs, fermiers, ouvriers. Tous ont des intérêts plus ou moins opposés aux siens; tous, comme lui-même, aspirent au bien-être et ne sauraient se faire grand scrupule d'y parvenir à son détriment, car ils apprécient autrement qu'il ne fait leurs mérites et leur droit.

Dans l'intérieur de son propre ménage, le riche, non moins que le pauvre, doit être attentif sur ses enfants, sa femme, dont la loi civile lui a conféré le droit de gérer les biens, de diriger la conduite et les actions. S'il est prudent et économe, et que ses commensaux subordonnés soient d'humeur différente, il y a guerre ouverte, ruse contre ruse entre eux et lui. S'il est dissipateur ou seulement incapable de veiller à leurs besoins, il les plonge dans la misère. Dans les deux cas son sort caractérise la lymbe de discordes et de collisions où gémit la grande majorité des familles.

Les difficultés qu'éprouve le riche sont en redoublement chez le pauvre. Pour le pauvre, il ne s'agit plus seulement de conserver un patrimoine, d'échapper aux ennuis de l'oisiveté; il faut qu'il se crée du bien-être, qu'il atténue l'ennui, les fatigues de travaux de trop longue durée. Chercher et savoir atteindre ces avantages est la grande affaire du pauvre. A cet égard chaque profession, chaque métier a ses voies et ses secrets spéciaux; mais, dans tous les états, le pauvre en revient toujours, d'une part, à réduire le plus possible les consommations de ses enfants, de sa femme, puis les siennes propres, s'il ne se laisse point aller à une folle ou stupide imprévoyance; d'autre part, à grossir son gain le plus possible et le moins incommodément possible, c'est-à-dire, selon le commun usage, en faisant payer le plus cher qu'il peut ses services ou ses produits, par le rentier, l'entrepreneur, le consommateur. C'est là qu'en dernière analyse doit toujours venir et vient toujours aboutir la pratique des sciences. Toute personne qui, dans le mouvement industriel, n'utilise point ses connaissances mathématiques, physiques, chimiques, littéraires, pour la conservation et l'accroissement de sa fortune, est notoirement tenue pour dupe ou insensée, et mérite d'être traitée ainsi. Elle méconnaît le véritable objet de la science, qui est de concourir à l'atténuation du mal; elle stérilise, elle annihile la science.

Mais il arrive rarement que ce que fait l'individu pour atténuer son mal-être, ne contribue point à causer ou augmenter le mal-être d'autrui. Si, en raison, soit du prix coûtant de matières de bonne qualité, soit d'un temps plus long mis à la fabrication, il y a moins à gagner sur tel produit ayant une valeur loyale, que sur tel autre exigeant moins de travail et de frais, le producteur préférera nécessairement émettre une qualité mauvaise plutôt qu'une bonne qualité. Aussi l'ouvrier ou le fabricant met et doit mettre sa science à réduire ses dépenses d'achat et de main-d'œuvre, sans se soucier trop de la qualité, sauf les apparences qu'il conserve de son mieux, et à se faire néanmoins payer au plus haut prix.

En vain les économistes prétendent que la libre concurrence est remède efficace à cette impulsion de fraude. Leur raisonnement est un sophisme. Quand la concurrence, telle qu'elle se pratique dans notre civilisation, est livrée à l'arbitraire des individus, avec faculté à chacun de sophistiquer à peu près impunément; quand l'accaparement, la déperdition, le chômage calculé, l'agiotage, l'usure, la banqueroute, le salaire décroissant, la contrebande, la piraterie, en un mot la SPÉCULATION, moyens et conséquences inévitables de cette concurrence se maintiennent, elle ne saurait être que mensongère, complicative, subversive; elle s'exercera au profit des plus adroits et des plus rusés qui se soucient peu des lois, toujours impuissantes, éludées, atteignant au plus un coupable sur cent ou mille.

Parcourez un matin le marché aux comestibles. Vous y verrez des milliers de paysans arrivant chargés de fruits, de légumes, de volailles qu'ils apportent péniblement, un à un; ils perdent la moitié de la journée dans une marche de plusieurs lieues, venue et retour, et courent la chance de mévendre. Les offres sont-elles plus nombreuses que les demandes, ces petits marchands improvisés n'aspirent, comme leurs grands modèles, qu'à s'exclure l'un l'autre; on les voit faire leurs ventes au rabais, souvent à perte, ou forcés de laisser ce dont ils n'ont pu se défaire en consignation à des revendeurs qui se ménageront le gros profit. S'il y a plus de demandes que d'offres, l'inconvénient est inverse; ce sont les acheteurs qui sont à la merci des vendeurs, toujours habiles à rançonner le chalant. Dans les deux cas, c'est à qui mentira le mieux, à qui saura le mieux surfaire.

Combien doit souffrir l'homme clairvoyant, non dépravé par les habitudes mercantiles, quand il observe ces marchés et foires où se fait le menu commerce! Il y voit disséminés, sur les bras, le dos ou la tête d'une foule d'hommes, de femmes, d'enfants venus de loin, une infinité de petites charges de grains, de fruits, de légumes, de gibier, dont le transport, auquel eussent suffi quelques attelages d'ânes, aura exténué trois cents personnes. Il y voit cette multitude perdre de longues heures dans l'attente, exposée au froid, à la pluie, au soleil, ardente à obtenir, sans trop scruter la valeur réelle, les vendeurs un haut prix, les acheteurs un rabais, et le plus souvent regagner le logis en maugréant contre la perte du temps, un trop payé, une mévente. L'observateur de son côté gémit sur ce mode absurde, le plus anti-économique qu'on puisse imaginer, où une population entière s'absorbe en minutieuses négociations, qu'un petit nombre d'intervenants auraient aisément opérées si les ventes et les achats eussent été faits par les délégués de grandes manutentions domestiques, et non par les représentants, la plupart malhabiles, de mille petits ménages discordants.

La science du commerce se renferme tout entière dans ce cercle vicieux. Ce qui s'observe en menus détails aux foires et marchés, se reproduit en extension progressive dans les boutiques, magasins, comptoirs des divers degrés d'importance; c'est toujours, en dernière analyse, l'art d'acheter en baisse et de vendre en hausse, la complication la plus grande, la fourberie fatale; fourberie, ne le taisons pas, obligée, excusable, autant que peuvent et doivent l'être la barbarie du militaire en guerre, les momeries du moine, les *erreurs* du juge, les subtilités de l'avocat, les méprises du médecin, les perfidies du courtisan, le pédantisme de l'écrivain, la grossièreté du manant. Chacun suit naturellement l'impulsion qu'il reçoit de la force des choses, des nécessités où le mouvement social l'assujétit.

Cependant le commerce est le principal élément de ce rouage du mouvement social que l'on nomme la DISTRIBUTION. « Le commerce est pour le corps social, dit Fourier, ce qu'est le sang pour le corps humain. » Si le sang vicié fait éruption en lèpre, la lèpre industrielle est frappante dans les corruptions qu'étale le commerce. Surtout en Angleterre, ces corruptions se montrent dans toute leur laideur, ce pays étant celui où le mercantilisme s'est élevé au point culminant. Là, les onze douzièmes de la population laborieuse n'ont point de lendemain. Réduit à l'état de prolétaire le travailleur y a pour toute fortune un salaire au rabais, insuffisant, arraché pour seize à dix-neuf heures de torture journalière dans des bagnes qualifiés fabriques, mais hideux à l'égal des prisons.

En face de ces misères, que fait le gouvernement britannique? Il lève une taxe des pauvres, sorte de prime d'encouragement à l'avarice du fabricant, à la paresse de l'ouvrier; puis en dernier lieu, le grand savoir, la raison suprême est toujours l'intervention du gendarme. Ainsi les lois et ordonnances aboutissent à renforcer l'action mercantile, à rendre le sort des masses de plus en plus intolérable, dans le même temps où les progrès des sciences physiques, les perfectionnements des arts industriels, accroissent les moyens d'atténuer le mal inhérent à l'indigence. C'est la féodalité mercantile vexatoire et ignoble infiniment plus que n'a pu l'être et ne l'a été la féodalité nobiliaire.

On s'en prend à l'impéritie des gouvernements, aux allures de la religion de mystères et de rigueurs. Hélas! prédicants et gouvernants font tout uniment ce qu'ils savent, ce que les doctes leur ont appris. Tant que les historiens et les publicistes n'auront pas découvert les correctifs de l'incohérence sociale, n'auront pas même consenti d'en tenter la recherche, les reproches faits aux rois et à leurs ministres pécheront par la base. Les chefs des peuples font aujourd'hui ce qu'ont fait leurs devanciers dans le passé. Ils sacrifient les droits, les intérêts, le bien-être d'une partie plus ou moins nombreuse de la nation, pour sauver la nation en masse, pour assurer la sécurité de l'autre partie qui, si elle n'était pas privilégiée, demeurerait dans l'impuissance de se livrer aux études, de se vouer aux progrès des sciences, des arts, de l'industrie, pour les besoins de la régie du globe terrestre, pour l'exaltation de la vie, de la destinée humaine.

La minorité ainsi privilégiée agit conséquemment à

son principe. Elle opère sur elle-même en répétant c qui se fait pour la nation prise collectivement. Elle es formée de deux classes, l'une possédant la richess matérielle, et généralement peu pourvue quant au: facultés de l'esprit et aux bonnes qualités du cœur l'autre riche d'intelligence, de grandeur d'âme, mai mal partagée quant au lucre. Celle-ci a mission plu spéciale de conserver le dépôt des sciences et des arts d'en agrandir le domaine; souvent elle s'en acquitte d la même façon dont usent les marchands dans la pra tique du commerce : bien des lettrés, des artistes, on grand soin de farder leur ignorance ou leurs plagiat pour faire triompher leurs œuvres personnelles, san s'inquiéter beaucoup s'ils sont dans le vrai ou dans l faux.

« On remplace perpétuellement le travail de chacu
» par celui de chacun, au lieu de réduire les travau
» isolés en un seul et commun travail. Chacun veu
» faire un ouvrage, au lieu de se réunir à tous pour e
» achever un seul, et l'intelligence inégale et brisé
» des individus s'épuise en vain où devrait régner l'in-
» telligence homogène et compacte de l'espèce. »

De cette incohérence dans la culture des sciences e des arts, naît la confusion qui a inspiré le mot de Barthélemi sur nos grands dépôts littéraires : « Ce
» bibliothèques, prétendus trésors de connaissance
» sublimes, ne sont qu'un dépôt humiliant de contra-
» dictions et d'erreurs. Cette abondance d'idées n'es
» qu'une disette réelle. »

En effet, la philosophie qui a inondé le monde de se volumes, se complaît éternellement dans les abstractions. Les faits positifs, surtout ceux qui se rapportent aux nécessités essentielles du bien-être de l'homme, semblent lui avoir paru trop peu dignes de ses veilles. Elle élude l'observation de ces faits, elle méconnaît leur importance, comme si elle craignait de se voir mise en défaut par les difficultés de l'étude. Elle veut que ses amants se repaissent d'illusions; elle ne tient guère compte que d'une catégorie d'hommes, la classe des puissants, des riches, qui toujours furent en infiniment petit nombre; enfin elle bannit de ses enseignements l'immense majorité des âmes, qu'elle laisse sans éducation, et qu'elle traite de vile multitude, de stupide vulgaire. Narguant la détresse qui règne dans les rangs où elles se recrutent, les académies philosophiques mettent au concours : « *Le tableau du bonheur qu'on trouve dans la culture des lettres;* » et pourtant elles savent très-bien que ce bonheur n'est autre que « la » pauvreté et tous les dégoûts imaginables, détraction, » plagiat, asservissement, avilissement! »

De la préoccupation des philosophes et des moralistes, obstinés à concentrer uniquement leurs pensées sur les abstractions idéologiques, sur les formes des gouvernements, à accepter comme immuable le fait social fortuit tel qu'il se présente à eux dans le ménage de famille réduit au plus petit nombre possible de consorts, en s'abstenant de mettre en question si cette base de la société est réellement conforme à la nature de l'homme, et en se bornant à montrer ce qui, cette donnée admise, doit être considéré comme *vice* ou comme *vertu;* de cette préoccupation générale sont résultées les aberrations sans nombre des sciences philosophiques. Les esprits méthodiques, décidés à n'admettre que ce qui est rigoureusement exact, et rebutés de résultats aussi décevants, ont, de leur côté, trouvé plus commode de taire que d'approfondir ce genre d'étude. Pour échapper aux difficultés que leur présentaient les faits sociaux, ils se sont attachés exclusivement aux faits physiques et métaphysiques. Avec l'aide des mathématiques, langue transcendante déjà très-perfectionnée, ils ont fait faire aux connaissances de cet ordre des pas immenses, substituant la chimie à l'alchimie, l'astronomie à l'astrologie, la logique pure à la scolastique, la physiologie au charlatanisme, analysant les éléments, décomposant les corps, abordant chaque chose par toutes ses faces, observant attentivement, sans prévention, constatant au lieu d'imaginer; puis, dans une synthèse irréfragable, ces docteurs nouveaux ont établi, aussi sûrement que le comporte l'intelligence inégale et brisée des individus, le corps de leur science spéciale.

Fatalité bizarre et funeste! les hautes sciences mathématico-physiques, qui nous ont révelé à la fois le monde sidéral et l'intime composition des substances constitutives de notre globe, les inventions admirables qui ont élevé si haut l'art nautique, les arts graphiques et mécaniques, les beaux-arts, la littérature, grandes gloires de l'humanité, viennent en simples accessoires du bonheur de l'homme; elles ne contribuent au bonheur que d'une manière plus ou moins médiate et indirecte, et néanmoins ce sont elles dont, à notre époque, les progrès ont été le mieux garantis, les plus rapides, les plus étendus! Qu'importait de connaître si bien le système du ciel décrit par Galilée, Copernic, Newton, quand, dans le même temps, on négligeait jusqu'au dédain l'étude de la base du système social rationnel, base qui, notoirement, gît dans l'infime constitution domestique, où sont, latents ou agités, les premiers éléments du bien-être, les premiers ferments du mal-être de l'homme ! Que nous importe de savoir en combien de minutes la lumière du soleil arrive à la terre, de combien de lieues Saturne est distant de Jupiter, quand nous ignorons comment le ménage doit être organisé pour que nous y vivions dans l'aisance, dans la concorde, nous, nos femmes, nos enfants, nos frères, en combinaison, et non en opposition d'intérêts avec tous les humains nos consorts. Quelle folie d'employer vingt-cinq siècles à la recherche de la génération des idées, du siége de l'entendement, des lois de la gravitation, et de ne point prendre souci de la voie naturelle et juste où tout individu aurait les moyens de subvenir aux plus pressantes exigences de la vie, l'instruction, l'heureux essor des passions de chacun et de tous !

A cette exploration dont jamais, dans le passé, l'urgence ne se fit sentir aussi vivement que de nos jours, nos hommes forts se croient très-méritants de préférer leurs éternelles et décevantes élucubrations politiques. Partout ils semblent incapables d'aller en avant et ne savoir que rétrograder. Les constitutionnels remontent aux premières phases de la civilisation; ils veulent faire le bonheur des vieilles nations d'Europe au moyen d'un régime de liberté garantie par des pouvoirs pondérés; régime de sénats plus ou moins aristocratiquement élus, qui purent s'ajuster aux petits Etats de Sparte et d'Athènes, qui conviennent encore aux nations neuves, comme celles de Nord-Amérique, mais dont l'existence, de longue ou courte durée, chez les vieilles nations, en Angleterre, en France, en Allemagne, en Espagne, en Italie, a tant multiplié et envenimé les dissidences, assuré les effrayants progrès de la fiscalité, livré le pays aux fureurs des partis! De leur côté, les absolutistes, non moins rétrogrades que leurs rivaux, tentent la restauration des vieilleries de servage, d'obscurantisme, de monarchie pure, de théocratie, tous moyens inconciliables avec la liberté, avec la diffusion des lumières qui va sans cesse croissante.

Combien il est plus facile et plus efficace d'opérer d'abord sur les fondements de l'édifice social, puis de remonter par degré à l'appropriation du faîte, que de s'aheurter ainsi à remanier ce faîte, en laissant la base viciée et décrépite! Les essais alternatifs de république, de monarchie pure ou mitigée, ont été assez renouvelés depuis trois mille ans sans atteindre le but, pour convaincre pleinement qu'en passant d'un mode à l'autre, ou en les combinant avec un grand soin, on se borne à renverser ou déplacer telles sommités sociales au profit de telles autres, et à laisser les masses dans le malêtre. L'indigence, les astuces, les maladies, les discordes, les crimes, ne sont ni moins fréquents, ni moins intenses. Interrogez-les, ces masses : après comme avant une grande révolution, quelque empressement que mette le gouvernement nouveau à faire ce qu'elles ont désiré, elles répondront que leurs misères persistent. D'un côté, ouvriers et fermiers continuent de maudire les difficultés des temps, l'insuffisance du salaire, les excès de travail, l'avarice et les ruses du fabricant ou du propriétaire. D'autre part, propriétaires et fabricants n'ont point cessé d'endurer l'insolvabilité, la grossièreté, les négligences, les prétentions, les tromperies de leurs fermiers et manœuvres. Et pourtant ces relations d'affaires remplissent l'heure qui court, la journée, le mois, l'année; tandis que l'action politique ne se fait sentir qu'à de longs intervalles, et encore, le plus souvent, par cela seul qu'on la provoque ou qu'on y a recours.

La constitution de l'Etat, la pondération des pouvoirs, les lois politiques, auraient atteint toute la perfection imaginable dans le sens des penseurs en crédit, qu'inévitablement leurs résultats différeraient peu de ceux observés de tout temps. La longue expérience de l'Angleterre a mis cette vérité de fait en toute évidence; l'avortement des moyens auxquels cette nation tant vantée a eu recours, se perpétue sous nos yeux. Que n'espérait-on pas de l'émancipation des catholiques d'Irlande? Elle a été octroyée, et les calamités industrielles, familiales, politiques, demeurent les mêmes. Le prétexte des plaintes et des émeutes change; rien de plus. On promet encore au peuple anglais la réforme parlementaire : autre leurre dont le plus sûr résultat se bornera à déplacer le scandale des élections, en substituant aux bassesses du trafic des bourgs pourris les bacchanales où deux candidats rivaux versent à flot l'ale, le vin, le rhum, prodiguent les fallacieuses promesses et font assaut de corrompre les masses d'électeurs. Les honorables membres des fidèles communes (c'est la qualification que leur donne le souverain) n'auront ni moins de vénalité, ni moins d'astuce. Un Walpole pourra toujours se vanter d'avoir dans son porte-feuille le tarif de toutes les consciences du parlement; un député sera toujours fondé à dire à ses commettants : « Je vous ai achetés cher, il faut bien que je vous revende cher. »

On est homme, on est père, époux, ami, ambitieux, avant d'être député. Les plus patriotiques résolutions, les plus beaux sentiments moraux sont bientôt ébranlés dans le tourbillon des honneurs, des richesses et des intrigues. La résistance est difficile aux séductions d'une cour brillante, aux amorces du ministère, au désir de se créer une fortune ou d'accroître celle qu'on a pour soi et les siens. Quelle sottise de ne point assurer notre bien-être, celui de nos enfants, de tout ce qui nous est cher, quand il n'en coûte que quelques bénévoles complaisances, désirées par le souverain lui-même, fort naturelles et louables assurément aux yeux de quiconque en profite ou espère en profiter un jour, et quand l'infaillible majorité ne s'en fait pas scrupule? L'exemple fut toujours contagieux. Ne se soustrait pas qui veut à tant d'entraînement; et d'ailleurs n'est-on pas en mesure de compenser par de merveilleuses paroles une conduite universellement tolérée en faveur de celui qui s'écrie : « J'ai six enfants!... j'ai fait le bien de parents très-méritants, de cent malheureux qui gémiraient dans le besoin si je ne les avais pas pourvus d'emplois! »

Cela peut être dit sans légitimer la supposition qu'aucun député n'est consciencieux et ne s'acquitte loyalement de son mandat. Il y a, il y aura toujours des députés intègres, mais en faible minorité.

Vouloir la vertu, définie générosité, loyauté, droiture, et rendre sa pratique à peu près impossible, tel est le perpétuel cercle vicieux dans lequel s'acculent nos sciences politiques. Si elles avaient constaté la loi naturelle qui régit la création entière, au lieu de prétendre arbitrer une loi dont la première condition est que l'homme se conformera à ses exigences, et non pas qu'elle sera elle-même conforme aux exigences essentielles de la nature humaine, depuis longtemps on serait sorti de ce *monde à rebours* (comme dit le peuple avec une extrême justesse d'expression), et entré dans le *monde à droit sens.*

Dans le monde à droit sens, l'organisation domestique d'abord, puis l'organisation industrielle, commerciale, politique, seront calquées sur les besoins indéfectibles de l'homme, sur ses instincts, ses goûts, ses passions, en contre-partie des conditions d'où résulte la subversion actuelle, où il faudrait, ce qui sera impraticable à tout jamais, que l'homme limitât, dénaturât, comprimât ses passions et ses besoins, selon l'intempestive législation qui en défend l'essor, qui refuse de reconnaître que ces besoins et ces passions sont tels que le Créateur les a voulus dans sa profonde sagesse, et qu'il ne doit être question que d'en chercher et déterminer scientifiquement les voies.

Est-il si difficile d'observer, en début d'études sociales, que sur une masse de quinze cents individus, pris au hasard, cent au plus ont aptitude naturelle à diriger un mouvement d'ensemble, une exploitation économique et prospère? que néanmoins tout individu peut et doit être apte en telle branche de fonctions, en telle spécialité, mais que peu sont doués de facultés ou capacités suffisantes pour intervenir dans le plus grand nombre des occupations diverses, sinon dans toutes? Ce point de fait reconnu, l'absurdité de notre base domestique actuelle devient évidente. Elle impose à chaque homme ou femme le soin de pourvoir à tout dans son ménage : ainsi, chaque individu est censé habile à conduire prudemment les affaires, à demeurer en constante sympathie avec les trois ou quatre consorts que le mariage, la parenté ou le caprice du sort lui assigne, à élever sagement ses enfants!... Eh! législateurs étourdis! combien de familles, combien d'individus avez-vous rendus honorables et heureux avec ce système contre-nature? ses résultats sont incessamment devant vos yeux; ils vous frappent à chaque pas; vous en souffrez à chaque minute, et vous tardez encore à convenir que la seule organisation sociale naturelle sera nécessairement un ordre combiné, où, régis et gérants, chacun s'occupera de ce qui pourra lui plaire, se livrera sans nul inconvénient pour soi ou pour autrui à ses propres impulsions spontanées; où ceux que leur caractère exclut de l'éducation des enfants n'auront point à s'en mêler; où ceux qui répugnent aux détails domestiques, au tracas des affaires, ne savent que les embrouiller ou les mettre en péril, n'auront point à s'en soucier; où les réunions les plus variées s'offriront sans cesse à quiconque devra fuir l'insupportable et glaciale monotonie du ménage réduit au plus petit nombre possible de coopérateurs.

Tant que l'ordre combiné naturel restera inconnu, inabordé, l'égoïsme devra être ce qu'il est, invariablement attentif à tout sacrifier à ses exigences, puisqu'il n'y aura pas d'autre voie pour arriver à la satisfaction des goûts, des besoins, des nécessités de la vie.

En substitution à l'incohérence générale régnante, supposez une combinaison rationnelle des agents de la production, de la distribution, de la consommation. Dans ce régime nouveau, l'individu devra pouvoir suivre librement son penchant, ne prendre conseil que de sa capacité. Avec un rôle spontanément choisi pour l'exécution du labeur, on se sera ménagé une part de bénéfice dans vingt ou trente œuvres différentes se relayant l'une l'autre. Participant et intéressé dans ce grand nombre d'occupations productives, on ne courra plus le risque de manquer d'ouvrage et de pain; l'impéritie de tel malheureux ne sera plus à redouter pour lui et pour les siens; chacun pourra aisément éviter de s'entremettre, comme il le fait maintenant par nécessité et avec dégoût, dans l'exercice de fonctions répugnantes, ingrates, stériles. En toute branche d'industrie, on trouvera son compte à faire le bien d'autrui en faisant son propre bien.... C'est ce que nous aurons à exposer dans le chapitre où il sera traité de la Science lumineuse.

LOI DE CONTRAINTE.

La Loi, définie mise en acte des enseignements de la Science et des maximes de la Religion, est en ce sens aussi l'expression de la volonté générale. Dans la déviation du destin, avec une religion de mystères et de rigueurs, avec une science incertaine et confuse, les voies de la loi sont inévitablement coërcitives. Elle dit à l'homme : « Ton propre bien, le bien de tes semblables, est au prix de tes privations, qualifiées vertu, économie, sagesse; au prix de la soumission avec laquelle tu conformeras ta conduite aux prescriptions des Codes, des mœurs, des usages convenus, basés sur l'organisme de la société tel qu'il existe, et t'acquitteras d'un travail n'offrant qu'ennuis et fatigues. » Tel est le seul texte que puisse déployer alors la loi, parce que seul il est dans le vrai. C'est l'application du suprême commandement religieux : «Porte ta croix, et marche!» C'est l'explication du saint mystère de la croix, symbole si vénéré, si répandu dans les campagnes, si mal compris dans les villes. Partout sa vue doit être atterrante, car elle rappelle à la fois le sort du juste dans nos sociétés subversives, la résignation devenue parmi elles l'unique voie de salut, et témoigne ce que sait et peut l'autorité, quand sa haute et dernière raison, son suprême recours est le supplice. Tant que nous ne saurons être positivement ni justes ni heureux; tant que nos voies d'atténuation du mal seront le mensonge, la ruse et la violence, grands et petits, érudits et ignorants, valets et maîtres, acceptons, portons de bonne grâce, honorons, adorons la CROIX.

Oui, c'est un spectacle répugnant, hideux, honteux; oui, ces voies sont cruelles, inhumaines, contre nature. Mais telle est l'irrévocable conséquence d'une science incertaine, d'une religion de rigueur, de la déviation du destin. Le principe de la loi de contrainte étant admis, toutes les oppressions et misères qui en découlent revêtent un caractère de légitimité. La raison du plus fort devient à tous égards la meilleure, puisqu'elle seule peut fonder et maintenir l'ORDRE alors possible. Dans le ménage, les intérêts communs, le lien conjugal, la retenue filiale, tout serait compromis, si le père n'avait pas le droit de contraindre ses enfants, leur mère, ses domestiques, à l'obéissance. Sans un tel droit de contraindre, exercé tantôt à l'aide des verges infligées à l'enfant, à l'esclave, tantôt par privation du travail et du salaire ravis à l'ouvrier, ou par emploi de la prison, des fers, du sabre, du gibet, envers les fainéants et réfractaires; sans la pratique de ces ignobles moyens, la cohésion sociale serait nulle. La sûreté des personnes, des propriétés, les avantages communaux, nationaux, de même que les avantages domestiques, ne se maintiendraient point. On a dit que si la science commerciale consiste à acheter en baisse et à vendre en hausse, la science gouvernementale se résout à tenir la grande majorité désarmée sous le joug d'une minorité armée. Ce ne sont pas là seulement des vérités de fait;

ce sont, de plus, des nécessités indéniables. Le ménage, la corporation, la nation, le gouvernement doivent les subir, à peine de n'être pas.

La loi de contrainte atténue le mal en pourvoyant l'industrie du seul véhicule qu'elle comporte quand l'exercice en est répugnant, quand les bénéfices sont arbitraires, incertains, bornés, pour les travailleurs, à un salaire sans proportion avec la valeur ou le produit réel de l'ouvrage exécuté, de la fatigue endurée. Alors il faut que l'ouvrier puisse être forcé au travail, que l'entrepreneur ou le chef se façonne à exercer la contrainte sans émotion d'humanité, sans même se douter que le travail et la jouissance de son produit intégral soient les premiers droits de l'homme. Le chef ou entrepreneur est lui-même contraint d'employer l'oppression, puisqu'il ne saurait autrement atténuer son propre mal-être, accroître son bien-être, concourir au maintien de l'ordre général, que tout relâchement met en péril. L'oligarchie, l'aristocratie, contre lesquelles on a tant déclamé, non sans raison, se reproduiront donc toujours sous des formes plus ou moins fâcheuses, comme des conditions essentielles de l'existence sociale, tant que l'humanité pataugera dans ses périodes sauvage, barbare, civilisée. Pour former les colléges électoraux d'éléments non aristocratiques, pour admettre tous les citoyens au droit conscient et utile de suffrage, en un mot pour que le peuple cessât d'être classé en roturiers et en nobles de titre ou de fait, il n'est qu'un moyen, c'est de sortir de ces périodes subversives.

Jusque-là, vouloir et maintenir l'abaissement et la

sujétion des masses, sera le DROIT de la minorité investie du pouvoir et des richesses; de même que s soumettre, obéir, observer l'ordre légal, sera le DEVOI de la majorité pauvre et subjugée. Le sentiment intim de sa dignité, de l'injuste abjection à laquelle on l voue, ne sera pas détruit dans l'homme classé au dernier rang. Souvent on voit l'inférieur tenter de secoue le joug, de s'élever au rang des dominateurs. Il réussit quelquefois; mais sitôt qu'il a gagné cet échelon la force des choses lui fait adopter les opinions et le voies naguère si détestées de lui. La force des chose ne lui permet point de conserver, bien moins encor d'appliquer ses vues et ses sentiments du temps passé Son rôle a changé comme ses besoins et ses idées on changé. Désormais il trouve équitable ce qui auparavant était inique à ses yeux. C'est ce qui explique pourquoi les révolutions, soit qu'elles se renfermen dans l'enceinte du palais où siége le pouvoir, soit que s'étendant au dehors, elles bouleversent une grand ville, une province, un vaste empire, le monde entier n'aboutissent d'ordinaire qu'à un revirement de position sociale pour un plus ou moins grand nombre d familles.

En atteignant leur but d'assurer le seul ordre possible dans un état social incohérent, les nécessités née de la loi de contrainte amènent leur contre-effet nature et décevant. Elles organisent un conflit général, bizarre, curieux, dont un Démocrite peut passer sa vie à se divertir, s'il est permis de s'amuser du spectacle de tan de calamités. Chaque industriel étant attaché aux intérêts d'une seule entreprise, d'une seule profession, i arrive que tout le monde souhaite, on peut dire forcément, quelque malheur public. Les soldats, les officiers surtout, désirent la guerre; les rentiers qui ont emmagasiné leur blé, voudraient, pour le bien vendre, voir manquer la récolte prochaine; les gens de police souhaitent des émeutes où ils puissent se rendre importants, se signaler, mériter de l'avancement; les gens de loi souhaitent force procès; les médecins force maladies, épidémies; les architectes, charpentiers, maçons, force incendies; les vitriers, les couvreurs, force grêle et tempête, brisant les fenêtres, renversant les cheminées, enlevant les toits; les accapareurs de tous les genres invoquent la disette; les fabricants d'étoffes, tailleurs, cordonniers, marchands, veulent l'usure rapide des vêtements; il n'est pas jusqu'à certains entrepreneurs et préposés, faisant des vœux pour qu'il survienne de fréquents enterrements, surtout dans la classe riche, où les héritiers ont à faire de grandes dépenses pour les pompes funèbres et les aumônes. Et ici se confirme l'exactitude de la parole évangélique : « Tu vois une paille dans » l'œil de ton voisin, et tu ne vois pas une poutre dans » le tien? » Le militaire reproche au fournisseur son avidité et ses fraudes; le médecin incrimine l'esprit de chicane de l'avocat, qui, de son côté n'est pas en reste de glose sur les prétentions cupides du médecin. Aucune profession n'échappe à la critique acerbe. Chacun s'y livre contre un voisin, un concurrent, une industrie qu'il a en aversion, qui le gêne ou qu'il dédaigne. On trouve vilains et coupables les tours de métier qu'on observe, quand on ne se doute pas des méfaits de son propre métier.

Pour se maintenir en possession, la minorité qui dispose du pouvoir et des richesses doit veiller à ce qu les causes du conflit général se perpétuent. Elle es ferme sur son axiôme politique : « Qui veut dominer » divise. » Longtemps avant que lord Byron l'écrivît elle savait, cette minorité, que : « Le pouvoir ne gou» verne que par la discorde; sa ressource est dan » l'alternative de la ruse et de la force. » Toutes ce considérations, ces haines réciproques des profession diverses, sont pour les hommes autant de moyens de s subjuguer les uns les autres, d'équilibrer la contrainte Devenues des habitudes, des nécessités, la plupart de injustices ne surprennent point, passent inaperçue sous les yeux de l'indifférence.

L'une des plus cruelles de ces dépravations est cell qui redouble la misère du pauvre en le privant de bienfaits de l'éducation comme il l'est déjà des dons d la fortune. Au riche seul est acquis le privilége d'avoi une éducation distinguée, de se donner, de donner ses enfants autant de maîtres qu'il en désire, de cultive autant de branches d'instruction qu'il lui plaît, d'acquérir ainsi pour lui-même et de procurer aux sien des connaissances étendues à l'aide desquelles on accroî indéfiniment son héritage. De son côté, au contraire le pauvre n'a rien, ni jouissance pour le présent, n espoir pour l'avenir. A sa naissance, la société lui dit « Tu es fils de prolétaire; tu seras prolétaire, vivan du travail de tes mains. Tu peux avoir en toi un organisation parfaite; en toi peuvent être déposés le germes des plus hautes facultés; il serait possible qu'e favorisant leur développement on te fît devenir u homme de génie, un Descartes, un Kant, un Napoléon. N'importe ; tu es né ouvrier, tu resteras ouvrier ; on étouffera ta jeune intelligence, on rétrécira ta pensée, on la comprimera pour la tenir au niveau d'une truelle ou d'un rabot. Ce n'est point à toi, c'est au fils du magistrat qu'il appartient d'être magistrat, fût-il un sot dépourvu de sens moral, et toi homme meilleur et méritant. »

Cependant le but auquel tendent ces odieux mais inévitables procédés sociaux, n'est pas toujours atteint. Aujourd'hui comme dans les temps passés, les statistiques judiciaires constatent que l'une des grandes causes de multiplicité, de gravité des délits et des crimes, est le manque d'éducation, qui, pour être moins absolu, n'est pas moins terrible. Si plus de gens savent lire et écrire, chez le grand nombre c'est plutôt une occasion de fausser davantage ses idées, que de se mettre en état d'apprécier avec plus de justesse ce qui est le bien et ce qui est le mal, de repousser le mal, de pratiquer le bien. S'il est de l'essence des demi-mesures de ne faire qu'empirer le mal, une demi-instruction aboutit souvent au même résultat. Quiconque sait lire et se plaît à lire, incline plus ou moins à préférer les livres qui flattent ses goûts, l'encouragent à s'y livrer, lui apprennent à mésestimer les règles qui le gênent, les autorités qui maintiennent ces règles dans l'intérêt de l'ordre. Soit donc qu'ils aient reçu l'instruction dite primaire, soit qu'ils ne l'aient point reçue, soit encore qu'aucune éducation n'ait pu laisser en eux des impressions profondes, parce que leur caractère naturel n'était, par aucune voie usitée, susceptible de se façonner à l'observance des règles, les scissionnaires ou gens en rupture ouverte avec les lois et les mœurs vagabonds, prostituées, filous, voleurs, brigands connus et inconnus, de tout ordre et de tous degrés sortiront toujours, pour la plupart, des classes dont le degré d'aisance ne comporte point le loisir des heureuses études et des relations honnêtes qui éclairent l'intelligence, agrandissent l'âme, ennoblissent les sentiments. La contrainte est plus insupportable aux hommes des classes pauvres, parce qu'ils n'ont pas été longuement exercés à la prévoyance, à la prudence, à l'art de conduire à bonne fin de lucratives affaires. Quand l'occasion se présente à ces hommes de dérober furtivement ou violemment ce qu'un travail pénible et opiniâtre ne leur procurerait jamais ; quand ils se persuadent qu'on ne saurait, par punition, leur faire un sort plus malheureux que celui qu'ils endurent, ils ne résistent pas toujours à la tentation ; le penchant naturel les entraîne dans la seule voie que l'organisation sociale leur laisse de se satisfaire.

Les scissionnaires sont criminels; mais la société est-elle innocente de leurs crimes? Assurément non. C'est elle qui, par l'organisation qu'elle adopte, maintient le défaut d'éducation, place l'homme dans ces fatales conjonctures où les passions, ressorts de son existence, ne trouvant point de voies d'essor appropriées à leurs exigences naturelles et indéfectibles, prennent la seule impulsion qu'elles puissent suivre, ou se livrent à la COLÈRE, effet de toute passion entravée, colère fougueuse étouffant toute raison contraire à la sienne propre. C'est alors une sorte d'aliénation mentale qu'excusent les hommes calmes assez avancés pour voir dans ces fureurs les ressauts des souffrances de l'âme malade, analogues aux souffrances physiques du corps après une blessure.

Un examen sans prévention et suffisamment approfondi fera nécessairement reconnaître que les conflits, les discordes, les collisions, causes principales des maux et des crimes qui rongent la triste humanité, sont moins souvent dus à la volonté sciemment mauvaise des individus, qu'aux opinions et coutumes qui régissent la société. Un jour viendra où la plupart de ces coutumes et opinions, aujourd'hui réputées sages, paraîtront absurdes à l'égal du duel, jadis en si grand honneur, jugé si raisonnable par nos pères, et qui, désormais, aux yeux de toute personne pourvue de tact judiciaire, est purement un acte d'insensés.

Veut-on chercher la cause de la plupart des infanticides? On la trouve dans le déshonneur si déplorablement attaché à la chose la plus innocente, peut-être, la plus conforme au vœu de la nature et de son auteur, à l'œuvre la plus honorée quand elle a été précédée des formules qui légitiment l'essor de la passion vertueuse et noble de faire le bonheur de celui qu'on aime et de devenir mère. Que cet injuste préjugé de déshonneur s'anéantisse; que partout la maternité illégitime soit tolérée, honorée comme elle l'a été de tout temps et l'est encore, dit-on, en Suède et en Egypte; que la société trouve et pratique le moyen de ne plus laisser à la charge d'une mère indigente ou inhabile, l'éducation, le sort présent et à venir de l'enfant, et l'on n'entendra plus parler d'infanticide. Déjà la prévention s'affaiblit;

les jurés sont aussi attentifs à découvrir des motifs d'excuse, des circonstances atténuantes, qu'à user de sévérité contre une pauvre fille, plus digne de commisération pour les souffrances qu'elle a endurées, pour les cuisants remords qui l'accablent, pour la cruelle alternative où elle a succombé par horreur de la honte, qu'elle n'est rigoureusement punissable.

La lecture de l'histoire est attachante; la lecture des romans l'est plus encore, parce que les événements imaginaires ou non qui y sont habilement décrits éveillent de vives émotions. Le cœur humain se plaît à trouver en ces récits l'expression de ses désirs et de ses craintes, l'exposé des causes auxquelles il peut devoir ses peines ou ses plaisirs. C'est donc avec juste raison que la majorité des lecteurs, surtout les femmes et les enfants, préfèrent le roman à l'histoire. Bien conçu et bien écrit, le roman dépeint mieux, il éveille et excite mieux nos sympathies; il présente la nature prise sur le fait. On y suit avec charme le jeu des passions; l'infortune intéresse; les tableaux du bonheur enchantent. On a pleine conviction que ce bonheur est idéal, qu'on ne le goûtera jamais au sein de nos misères; mais on a le sentiment qu'on aurait été capable d'en jouir, que le bonheur est possible, qu'il n'est qu'entravé, ajourné. Les métaphysiciens modernes qui révoqueraient en doute cette possibilité du bonheur, ne seraient point de bonne foi. Eux-mêmes la constatent quand ils posent en principe qu'aucune idée n'arrive dans l'esprit de l'homme si elle n'a d'abord frappé ses sens. Avec cette doctrine, force est d'admettre que, nécessairement, à une époque inconnue, le bonheur fut une réalité, puisque sans cela il ne se retrouverait point dans l'intelligence, ou, si l'on veut, dans l'imagination de tous.

Tableaux exacts des opinions et des mœurs, des vices et des vertus, les romans et l'histoire mettent en évidence que ces vertus et ces vices, ou, ce qui est la même chose, le bonheur et le malheur de l'homme, sa dignité ou sa dégradation, ne tiennent pas moins aux erreurs, aux défauts de l'organisation sociale, qu'à la volonté mauvaise de l'individu. La loi dispose-t-elle que la couronne royale, placée sur une seule tête, sera héréditaire; qu'à la couronne royale héréditaire seront exclusivement attribués l'éclat, le rang, le pouvoir suprême? L'indomptable ambition, fortement excitée par ce fatal appât, sera impuissante à se maîtriser; si le meurtre est sa seule voie pour arriver au trône, elle y aura recours, et Sémiramis fera périr Ninus, et Ninias immolera Sémiramis.

Alexandre, César, envahissent l'univers connu, parce qu'à la conquête militaire sont attribuées la gloire la plus brillante et la plus haute fortune. Que l'organisation sociale pacifique et industrielle se substitue à l'organisation oppressive et guerrière; que le travail utile, rendu plus attrayant que ne l'est un grade d'officier, soit honoré à l'égal du courage déployé dans la bataille et des succès obtenus par les armes, alors le noble repos du vainqueur oisif se prélassant sur ses lauriers et se faisant servir par des esclaves, ne sera plus qu'un ridicule. La prétendue vertu des héros sera à son tour considérée comme un vice, vice plus réel, plus coupable que ne l'est la fourberie du valet qui s'enrichit ou seulement se désennuie en trompant son maître, parce que cette voie lui est seule ouverte, comme la voie de la conquête est seule ouverte à l'ambition du guerrier. La conquête causant de plus grands maux parmi les hommes que n'en peuvent faire les tours d'adresse d'un Scapin, il est palpable que le vice des héros est plus nuisible, et par conséquent doit être plus sévèrement puni que la fourbe des valets. L'essor vicieux accuse la distribution en maîtres et valets, en oppresseurs et opprimés, vainqueurs et vaincus, beaucoup plus qu'il n'induit la méchanceté follement supposée issue de la nature du cœur humain.

Ce n'est pas ici le lieu de démontrer comment les séductions, les débauches, les adultères d'un Alcibiade sont les conséquences de la loi de contrainte prise pour principe de l'ordre, de même que les ravages guerriers d'un Alexandre, les meurtres des rois, de leurs sujets, et les meurtres juridiques sont dus au règne de cette dure loi. Les immoralités passées et présentes, se rapportant aux amours, seront excusées et justifiées lors de l'exposition des moralités futures dans les chapitres traitant de la loi d'attraction, de la science certaine, de la religion transfigurée.

Qu'il nous suffise ici d'insister sur l'accord des romans et de l'histoire à confirmer la vérité énonçant que les causes du mal-être et des torts de l'homme dépendent des assujétissements où la société le place, non moins que des dispositions essentielles de l'homme lui-même. Dans Corinne, tous les obstacles au bonheur, toutes les douleurs actives, sont dus aux futiles préventions d'un père, et au respect illusionnel du fils pour de dernières paroles échappées au délire peut-être d'une débilitante agonie. Dans Mathilde, les poignantes souffrances de Malek-Adhel et de son amante découlent de l'idée étroite que chacun s'est faite de sa religion, d'une foi limitée et restrictive, faussant le jugement autant qu'elle violente la nature. Dans Ivanhoë, c'est l'exagération d'un sot esprit de parti, et le respect déraisonnable voué aux abus de l'autorité paternelle, qui font tout le mal. Ainsi, presque toujours le nœud d'un roman ou d'une histoire tient à un préjugé, à une opinion fausse, à quelque vice de l'organisme social consacrant la contrainte.

L'AUTORITÉ, réelle, irrécusable, est le juste droit acquis à la force sur la faiblesse. L'autorité est bonne, utile, éminemment bienfaisante, quand l'homme qui la revêt sans contradiction et avec l'assentiment général déploie une supériorité incontestée, prouve en toute circonstance qu'aucun autre n'est plus que lui clairvoyant, habile, équitable, ne présiderait plus loyalement ni mieux que lui aux choses où l'on ne peut se passer d'un chef. Mais ce n'est pas ainsi que, dans la déviation du destin, sous le règne de la contrainte, l'autorité est et peut être entendue. Alors les peuples, forcés de se donner des maîtres, les maîtres, à leur tour et sous peine de se voir dépouiller des avantages dont ils jouissent, forcés de tromper et d'opprimer les peuples, dénaturent à l'envi l'autorité en la confiant ou la laissant aux mains de la médiocrité que la naissance ou l'intrigue a élevée au pouvoir. Dans tous les temps, cette sorte de subversion fut frappante; jamais ses conséquences n'ont été plus fâcheuses qu'en ce XIXe siècle. Sous quelque rapport qu'on l'envisage, dans quelque branche de l'organisation sociale et à quelque degré de la hiérarchie qu'on l'observe, on voit l'autorité presque toujours aux mains de ceux qui devraient recevoir l'impulsion plutôt qu'être chargés de la donner, et qui trouveraient, comme tout le monde, plus de convenance et de profit, même pour eux, à suivre le commandement qu'à prétendre commander.

Les souverains en possession de régler les destinées de l'Europe depuis nos grandes catastrophes, n'ont guère su que mettre leurs trônes en péril. Avec leur folie de vouloir arrêter ou comprimer le mouvement à l'aide de vieux systèmes politiques vermoulus, ils chancèlent bientôt, puis tombent tour à tour. Les législateurs, ministres, diplomates, de même que les rois, vont aussi de déceptions en déceptions. Dans l'infatuation orgueilleuse qui d'ordinaire les dirige, ils ne comprennent point ce que personne n'ignore parmi le peuple. Il leur reste à apprendre qu'avant tout, par forme de préparation, il faut cesser de faire abstraction des besoins et du bonheur individuels et s'occuper sans délai de pourvoir, autrement que par des ateliers de charité et de vains débats oratoires, au bien-être de toutes les classes, en commençant par les plus disgrâciées et les plus souffrantes. Chercher, découvrir, appliquer les moyens de ce bien-être, voilà la tâche qu'il est urgent de s'imposer et d'accomplir; voilà ce qui seul peut combler les vœux de tous, faire éviter les guerres, prévenir les émeutes, rendre facile l'action des gouvernements.

Ce ne sont point les hommes occupés, laborieux,

instruits, vivant dans l'aisance, ayant un présent et un avenir, en un mot les hommes heureux, que l'on voit ourdir des bouleversements, prendre part aux désordres. Ils ont plus à perdre qu'à gagner dans les révolutions; ils aspirent à vivre en sécurité, à employer leur bien-être acquis et à l'accroître. Quand il s'agit d'extirper les ferments de trouble, de s'acheminer avec sûreté vers l'époque où les armées tiendront campagne, non plus pour détruire, mais pour exécuter les grands travaux industriels, restauration des déserts, desséchement des marais, défrichement des landes, assainissement des steppes, reboisement des monts, encaissement des fleuves, le premier pas à faire est d'assurer un sort tolérable, avec amélioration progressive, à ces multitudes de prolétaires, sortes de machines vivantes, non dignes du titre de citoyens, et en qui l'homme se montre à l'état brut, grossier, abject.

Quelle autorité de tels êtres, ceux surtout qui, parmi eux, sont parvenus à sortir de la fange, quelle autorité peuvent-ils reconnaître dans les gouvernants et les fonctionnaires des divers grades dont la science et les œuvres demeurent stériles ou n'aboutissent qu'à une augmentation du mal-être des déshérités! Les chefs des peuples tiennent ou laissent, sans s'en émouvoir, la moitié des femmes dans la pire des privations, en leur interdisant les amours et la maternité illégitimes, et ne leur donnant point d'époux légaux. Leur unique secret pour obtenir du travail est d'affamer l'industrieux en l'induisant à se charger d'une famille, femme, enfants, père, mère, frères, sœurs, dont les besoins le forceront

à s'interdire toute insouciance, tout repos. « Ils lui font
» supporter seul les corvées dont le riche est exempt
» de droit ou de fait, et, par contre, le privent seul des
» droits naturels, chasse, pêche, etc., dont le riche est
» en possession; ils lui font contracter en pleine santé
» des maladies par excès obligés, par vacation forcée
» à des travaux dangereux; quand, dénué de tout,
» dans le cas de maladie, ils lui donnent un asyle, c'est
» dans le triste hôpital, en compagnie des moribonds,
» où souvent encore on refuse de l'admettre; ils lui
» enlèvent son fils, l'appui de son industrie, pour les
» milices dont encore le riche est exempt de droit ou
» de fait; ils le privent de la protection des tribunaux,
» car il n'y a point de justice pour le pauvre, qui n'a
» pas même de quoi consulter et réclamer, et qui, s'il
» le tentait, échouerait contre un riche adversaire en
» mesure de le traîner d'instance en instance. » Enfin, pour le consoler de tant de disgrâces, les chefs des peuples n'accordent à l'industrieux que des leurres de systèmes représentatifs, de suffrages-universels, dont le plus sûr résultat est de multiplier les impôts, de les revêtir d'un caractère de légalité qui interdit toute plainte; des leurres de droits d'homme libre, de protection paternelle. L'autorité, depuis le monarque jusqu'au garde champêtre, n'ayant pas à sa disposition le millième des moyens qu'il faut avoir pour protéger et secourir efficacement tous les malheureux qui souffrent, est impuissante à alléger leur détresse et plus encore à y mettre un terme.

Qu'on s'étonne donc peu de voir l'autorité tomber dans le discrédit. Elle a perdu son ancien prestige; son inhabileté, ses recours aux mesures conservatrices ou rétrogrades dont l'impuissance frappe les yeux et les esprits, ne sont plus de notre temps. Tandis que le pouvoir s'accroche au vieux machiavélisme, le monde progresse, les moyens surannés de gouvernement échouent devant les justes exigences des gouvernés.

Un pouvoir, l'autorité judiciaire, conservait de l'estime dans l'opinion publique. Il perd ce relief depuis qu'il sévit avec si peu de science et de fondement réels contre les prétendus délits de la presse, les conspirations folles, affaires dans lesquelles, accusateurs et juges, n'ont pas toujours de leur côté la supériorité intellectuelle et morale sous les divers rapports de l'éloquence, de la générosité des sentiments, de la haute portée des vues.

La seule autorité puissante aujourd'hui, et d'autant plus puissante qu'elle s'exerce sans conteste, ou du moins sans qu'on réussisse à lui mettre des freins efficaces, est, en dehors des pouvoirs constitués, aux mains des écrivains, maîtres de la publicité, qui savent la faire aboutir, et aux mains des financiers en possession des gros capitaux. Ces deux puissances tiennent le monde littéraire et scientifique et le monde industriel sous leur joug. Ce ne sont plus les rois, ce sont les banquiers qui décident de la guerre ou de la paix. Ce ne sont point les doctes honnêtes et probes, ce sont les potentats, le plus souvent intrus, des journaux et des écoles, qui font, au gré de leur intérêt ou de leur caprice, sombrer la vérité et triompher l'erreur. Ceux-ci annihilent les œuvres du génie en taisant ou dénigrant ses découvertes; ceux-là neutralisent l'industrie en la frustrant des fonds avec lesquels elle eut réalisé ses plans et fait sortir du néant les merveilles agricoles et manufacturières. Dispensateurs actuels de la plupart des services pour la direction desquels l'autorité publique fut inventée et établie, ces régents des lettres et de l'industrie sont malveillants et despotes autant qu'en leur temps le furent les inquisiteurs de la foi, les seigneurs de la féodalité. La défense de l'opprimé d'autrefois fut, peut-être, moins difficile à faire entendre que ne l'est la défense de l'opprimé de nos jours.

Régulariser, faciliter, accélérer les relations, agir en utiles *distributeurs* pour le plus grand avantage des *producteurs* et des *consommateurs*, concourir à déterminer l'appréciation la plus juste des œuvres de l'intelligence, telle est la mission vraie des hommes du commerce et des hommes de la presse. En leur qualité d'intermédiaires, ils sont égaux sinon subordonnés, jamais, à juste droit, supérieurs à ceux qui ont recours à leur ministère. Quand, dans la participation aux avantages, dans le partage des bénéfices, le moindre lot arrive au travailleur qui produit et consomme, et la part la plus forte à l'intermédiaire qui distribue, c'est un contre-sens frappant ; la justice est subvertie. Il faut être faussé autant qu'on l'est dans la civilisation actuelle pour supporter sans dégoût la vue d'un ordre de choses où, d'un côté, les gros émoluments, les honneurs, la renommée, sont pour le folliculaire qui débite des réminiscences, arrange d'adroits plagiats, et l'obscurité, le dédain, la misère pour le génie qui invente, mais qui n'est point admis à entrer en scène. Sous ce rapport nos conditions ne sont pas meilleures qu'aux temps où Galilée, Chr. Colomb, Bacon, Descartes, Vico, étaient tenus hors d'état de se faire connaître et écouter. D'autre part, le parallèle des agents de change, courtiers, agioteurs, boutiquiers, avec les magistrats, administrateurs, cultivateurs, fabricants (ouvriers ou chefs), est tout au désavantage de ces derniers. Aux loyaux producteurs, la grande fatigue et le mince salaire; aux adroits distributeurs, le gros gain et la moindre fatigue.

Telles doivent être les conséquences d'un ordre politique et industriel régi par la loi de contrainte, loi inhérente à une science confuse, à une religion austère, à la déviation du destin. Le jour est venu de sortir de cet indigne cercle vicieux, dont l'issue, facile et sûre, n'est plus une découverte à faire, comme on le verra dans nos chapitres spéciaux.

En terminant celui-ci, sur la Loi de contrainte, observons que la nécessité de cette loi tient surtout à l'arbitraire, qui, dans le faux destin, préside et doit présider à la répartition des produits. Quand le producteur réel n'a pour sa part que la moindre partie de la valeur qu'il crée; quand la meilleure part est pour le maître ou propriétaire, pour le commerçant ou distributeur, les travailleurs frustrés inclinent, sans pouvoir l'éviter, au mécontentement, aux tentatives, presque toujours perfides ou violentes, dans lesquelles ils croient pouvoir placer l'espérance d'un redressement. De là vient que, s'il faut employer la force, la contrainte, c'est parce que l'arbitraire est base de répartition. Le premier pas à faire dans la voie améliorante sera donc de substituer, en répartition, la justice à l'arbitraire. Il y aura justice quand chacun prendra sa part des produits telle que l'aura faite son concours ou intervention.

Pour opérer la production en quelque genre que ce soit, trois choses sont indispensables :

1° Le *capital*, c'est-à-dire la matière à mettre en œuvre, les instruments de labeur, les vêtements, logements, vivres, dont il faut se munir pour être en état d'agir;

2° Le *travail* ou main-d'œuvre, fatigue et temps employés à élaborer le capital, à le rendre fécond, à recueillir le produit;

3° Le *talent* ou meilleure direction de la main-d'œuvre, plus avantageux emploi du capital, action de la tête comme le travail est action des membres.

Ces trois éléments de la production sont aussi les trois facultés industrielles du producteur, en raison desquelles a lieu son concours ou intervention. La répartition proportionnelle à ces trois facultés peut seule mettre fin à l'arbitraire ; seule elle amènera l'abolition de la Loi de contrainte. A la répartition proportionnelle sera dû l'heureux avènement de la Loi d'attraction.

TRANSITION.

Nos trente siècles historiques montrent comment les religions, les sciences, les lois, disséminées et divergentes, ont fait progresser l'humanité en l'amenant de la Sauvagerie brute à la haute Civilisation atteinte de nos jours en Europe. De son côté l'état présent des choses témoigne qu'un huitième au plus du genre humain goûte les splendeurs de la Civilisation, et que chez ce huitième une immense majorité gémit dans la souffrance. Le monde attend impatiemment que la Loi, la Science, la Religion soient unitarisées, coordonnées, synthétisées, et distribuent à tout homme, femme et enfant, la richesse, la liberté, la justice, nécessités premières de la vie normale de chaque individu comme de l'ensemble des humains.

A quelles conditions, par quels procédés rendra-t-on définitivement positives la Religion, la Science, la Loi, et les fera-t-on aboutir à la réalisation du bien dont le désir est universel? En vain nous avons cherché dans les traditions et les bibliothèques la solution de ce culminant problème. Nous n'y avons pas même pu saisir des éléments à utiliser pour introduire une solution. Il fallait, redisons-le toujours, non pas imaginer des dogmes, des formules, des règles arbitraires et en imposer le joug à la nature humaine; le devoir strict était d'étudier sainement et à fond la nature humaine ses tendances, spontanéités, exigences indéfectibles en un mot ses passions, telles qu'elles sont sorties d la volonté du Créateur ; le bon sens était de déduire d la nature des passions les principes à combiner e règles, en formules, en dogmes, et d'instaurer le règn de ces principes.

Là se trouvait la vérité salutaire. Ignorée des docte à diplômes elle ne pouvait surgir de leurs livres cata logués ou de leurs traditions orales. Enfin, elle fu saisie au commencement du XIXe siècle, et son premie jet apparut dans un modeste in-octavo, imprimé à Lyon en 1808. — Soit étourderie ou méprise involon taire, soit malveillance jalouse, les dispensateurs de l publicité méconnurent la découverte. Ils la redoutèren peut-être, et renouvelant le jeu de leurs devancier du temps du Christ, ils tinrent la lumière sous l boisseau.

La lumière ne s'éteignit point. Approfondie, éla borée dans de fortes études, l'invention de CHARLE FOURIER, dont le *Prospectus* de 1808 fut une simpl annonce, a été amplement développée en 1822, dan le *Traité de l'association domestique-agricole;* en 1829 dans le *Nouveau monde industriel*, et depuis lors jus qu'à ce jour dans les autres œuvres de l'auteur, dan la *Réforme industrielle*, la *Phalange*, la *Démocrati pacifique*, journal quotidien, et dans les nombreuse publications de l'Ecole sociétaire ou phalanstérienne.

La théorie due au génie de Fourier embrasse tou ce qui existe ; elle ne laisse inexpliqué et en dehor de sa sphère aucun être, aucun phénomène, aucun question. C'est l'exposé du mouvement universel observé dans ses ramifications infinies, l'indication et la discussion des causes et des effets. Des classements nécessairement très-diversifiés, des vues et des vérité neuves et inattendues, se pressant, se confirmant l'une l'autre, ont étonné les esprits bornés ou timides qui ont reculé devant l'étrangeté du langage. Les esprits vastes et hardis qui savent que l'insuffisance des systèmes scientifiques et philosophiques du passé vient de ce qu'aucun d'eux n'est COMPLET, ont été plus courageux. Les difficultés de l'étude ne les ont pas arrêtés, et ils ont reconnu que le système de Fourier est le premier qui ait rempli la grande condition, le premier qui se soit présenté réellement complet.

L'accomplissement de cette condition étant admis, il resterait à prouver que l'Inventeur ne donne point les jeux de son imagination pour le vrai système de la nature, et qu'il a fait la découverte de ce système en dissipant, par la force de sa conception, l'épaisse nuit, les voiles d'airain dont se sont plaints dans tous les temps, dont se désolent encore les hommes les plus instruits. Les prétentions de Fourier se bornent en effet à CONSTATER CE QUI EST. Il ne se présente ni comme fondateur de religion ou d'école philosophique, ni comme législateur. Il dit modestement : « Voilà les causes; voilà les effets. » Il procède, pour parvenir à la connaissance intégrale de chaque chose, comme le chimiste procède pour en acquérir la connaissance partielle. Le chimiste étudie les corps en eux-mêmes, s'occupant peu ou ne s'occupant point de leurs rapports généraux soit entre eux, soit avec l'ensemble de ce qui existe, du rôle qu'ils remplissent dans l'immensité, du motif et du but des créations. L'Inventeur de la théorie des QUATRE MOUVEMENTS (1), considère toutes les choses dans leurs combinaisons universelles aussi bien que dans leur essence; il en montre l'objet et les emplois. Dans l'infiniment petit comme dans l'infiniment grand, rien n'échappe à son investigation. Il ne dit pas seulement ce qui est, mais aussi ce qui doit être, ce qui sera. Les détails auxquels il descend par l'analyse, l'ensemble auquel il remonte par la synthèse, se confirment mutuellement dans ses spéculations; ses données entrent en coordination parfaite, et chaque fois qu'une preuve mathématique est applicable et désirée, l'Inventeur la donne, à moins qu'on ne soit pas assez avancé dans la connaissance de ses théories pour bien comprendre cette preuve, cas particulier où il se borne à la faire suffisamment entrevoir. S'il n'a pas tout dit, tout publié, la faute n'en est point à lui; c'est au monde lettré, surtout à ses meneurs, à se l'imputer, puisque de son vivant ce sont eux qui l'ont privé de moyens suffisants de publicité.

Dans l'impuissance de contester avec justesse le fond et les déductions lumineuses de la Théorie, les critiques, outre le reproche de laisser beaucoup à désirer, reproche dont on vient de voir l'inconséquence, les critiques ont argué du peu d'attrait qu'offre le style de l'Inventeur, de l'écart où il se tient des usages litté-

(1) 1. Le mouvement instinctuel.
2. Le mouvement aromal.
3. Le mouvement organique.
4. Le mouvement matériel.

LE MOUVEMENT PASSIONNEL OU SOCIAL est le pivot des quatre autres, pivot ou collectif toujours sous-entendu.

raires reçus, de la surabondance de ses transitions, digressions, redites; surtout de l'amertume avec laquelle il tance l'orgueil et la nullité des philosophes. Il est jusqu'à des amis de l'Inventeur qui ont incliné à s'associer à ces reproches; ils y ont même ajouté celui de ne vouloir pas agir en mettant mieux son enseignement à la portée de tous, de la manière qu'ils considéraient comme la plus avantageuse pour se produire dans le monde et s'attirer des partisans. Ces griefs seraient déraisonnables même dans le cas où, ce qui n'est point, ils seraient fondés. Ceux qui les élèvent s'abusent. Comment perdent-ils de vue que même un dieu de l'Olympe ne saurait être à la fois Jupiter et Mercure? L'un n'est point tenu de remplir les fonctions de l'autre. Le devoir de l'Inventeur est de faire la découverte, de la donner, s'exprimât-il en patois; le devoir des écrivains de profession est de suppléer pour la propagation de la découverte, aux formes qui, susceptibles de l'accélérer, n'ont pas été utilisées par l'Inventeur. Plus avancés dans la science universelle, les critiques seraient honteux des reproches qu'ils élèvent. Ils sauraient que nécessairement le monde est formé d'individus; que les facultés départies aux individus-hommes doivent être tellement disséminées parmi eux que l'un ne puisse en quelque sorte se passer des autres; que tous et en tous sens soient portés par la nature même de leurs besoins essentiels et réciproques à former les combinaisons, les accords sociaux les plus multipliés; qu'enfin, si un inventeur ne peut à lui seul tout vouloir et tout faire, s'il lui est indispensable, pour réaliser l'œuvre qu'il a conçue, d'avoir nombre d'aides, de courtiers, de disciples, c'est pour son plus grand bien à lui, et pour le plus grand bien de chacun et de tous.

Où seraient l'utilité, le mérite et la gloire de ceux qui, sans s'élever au premier rang comme inventeurs, sont aptes néanmoins à s'acquérir renommée et fortune comme émules ou continuateurs? Où serait leur carrière, si, à lui seul, le maître faisait tout? Platon eût-il paru, aurait-il jeté tant d'éclat et acquis sa haute célébrité si le génie de Socrate ne l'eût point inspiré? Qu'eussent été les Paul, les Chrysostôme, les Augustin sans les inspirations du Christ? Que les critiques consentent à y regarder de près, à s'éclairer avant de juger; bientôt ils reconnaîtront la marche providentielle, et le peu de valeur de leurs reproches faits au style et à la méthode de Fourier.

Il est trop urgent de mieux employer un temps précieux. Qu'on s'attache davantage à s'instruire qu'à épiloguer, à saisir la profondeur des vues, la justesse des calculs de l'Inventeur, qu'à lui chercher de vains torts. Pour pénétrer dans le monde, la vérité nouvelle avait deux grands obstacles à vaincre : l'indifférence d'abord; puis, quand l'attention a été éveillée, la prévention tenant à des difficultés supposées insurmontables, prévention née de ce que dès l'abord on s'imagine qu'il s'agit de révolutionner les peuples à l'instar de 1688, 1789, 1830 ou 1848, de réformer violemment des usages et mœurs séculaires, de CHANGER LES PASSIONS, de substituer des anges aux hommes.

La prévention cédera, se transformera en enthousiasme, le jour où la droiture et la vérité auront enfin prévalu. La difficulté d'exécution disparaîtra dès l'instant où la question, abordée franchement de très-près, sera enfin dégagée du nuage qui l'obscurcit vue de loin. Tous ces changements de mœurs, d'usages, de passions dont on s'effraye niaisement, se réduisent à la formation d'une simple entreprise industrielle, du genre de celles qu'on voit organiser et réussir chaque jour. Fonder, avec les modifications rationnelles que réclame le mécanisme des travaux et des relations domestiques, une exploitation à la fois agricole, manufacturière et commerciale, établie sur une lieue carrée au plus, et se constituant au minimum de 500, au maximum de 1,800 individus (hommes, femmes, enfants), toute l'affaire se borne là.

C'est l'antipode des réformes opérées si péniblement et de si longue main, pour passer d'un régime despotique tel qu'il se maintient à Constantinople, au régime mitigé de Pétersbourg; du système absolutiste de Vienne au système représentatif de Bruxelles ou de Londres. Ces décevantes transformations ébranlent, durant des siècles, l'Europe, le monde entier. Pour les préparer et consommer, il faut, à force d'élucubrations, détruire de vieilles croyances, en inculquer de nouvelles, marcher dans la voie la plus difficile, qui est d'éclairer et convaincre préalablement les intelligences, c'est-à-dire élever à l'instruction un peuple dont chaque citoyen a pour vivre *trente-deux centimes et demi par jour!* Il faut que l'instruction mette ces pauvres gens en état de goûter les subtilités d'un légitimiste, d'un constitutionnel ou d'un républicain, sur les droits et les devoirs de l'homme libre qui meurt de faim, sur le sublime avantage de vivre sous les lois votées par une assemblée de représentants issus du suffrage universel, et non par une chambre aulique à la nomination d'un empereur; vraies fumées de liberté, dont les partis désillusionnés devraient être las d'endurer les leurres.

Ce n'est point par des subtilités adressées à des esprits sans capacité pour les comprendre, mais par des faits parlant aux sens, qu'on instruit rapidement les masses et qu'on les amène aux améliorations désirables. Le PHALANSTÈRE (habitation d'une *Phalange* ou association domestique) offrira aux yeux toutes les vertus civiques en action; il mettra en évidence les moyens pour tous et chacun d'être riche, éclairé, indépendant, heureux. Parmi beaucoup d'hommes, fort honorables d'ailleurs, peu croiront à ces moyens de bien-être avant de pouvoir en contempler la réalisation, surtout à une époque où tant d'éducations ont été faussées; le nombre est faible de ceux qui sont doués à un haut degré de la faculté d'abstraire, de saisir mentalement une conception vaste et puissante et ses chances de succès. Les têtes mathématiques sont rares, même dans le monde qui peut se livrer aisément à l'étude des sciences.

Heureusement il n'est point nécessaire, pour la fondation d'une Phalange, de faire entrer dès l'abord la persuasion dans beaucoup d'esprits. La conquête d'un seul homme ayant crédit et renom, suffira pour réunir en peu de temps la compagnie fondatrice actionnaire, dont les bénéfices seront vingt fois mieux assurés que ceux des fermes en pleine prospérité qui se multiplient dans la Grande-Bretagne. Toute la difficulté tient à trouver le fondateur entre les dix mille capitalistes qui sont en position de le devenir, de pourvoir aux constructions de bâtiments et aux préparatifs des cultures et des fabriques. Ces préliminaires remplis, les demandes d'admission aux travaux, tables et logements, seront, en un instant, triples et quintuples du besoin. On aura plus à se soucier d'éconduire les postulants que d'en chercher et exciter.

L'organisation d'une Phalange étant purement industrielle, ses occupations et ses mœurs se conciliant avec les idées religieuses et politiques du pays où elle s'établit, ses formes et son but n'ayant rien de commun avec les procédés des affiliations secrètes, clubs démagogiques, etc., tout s'y faisant au grand jour, le gouvernement, le clergé, les tribunaux n'auront point sujet de s'en inquiéter. Ils trouveront en elle, au contraire, les avantages qu'ils ont en vain espérés pendant vingt siècles du petit ménage familial incohérent. La Phalange paiera ses impôts à jour fixe, sans qu'il soit besoin de poursuivre et contraindre aucun de ses membres, les contributions se prélevant sur la masse des produits avant la répartition des bénéfices ; les sociétaires vivant dans l'aisance ne seront point turbulents, point portés aux émeutes ; tous recevront une bonne éducation, une instruction positive qui leur fera *bien connaître et aimer Dieu ;* tous observeront volontiers les lois en vigueur, parce qu'aucune nécessité ou même une simple occasion ne s'offrira à eux de les enfreindre. Dès lors, magistrats et prêtres n'auront pas de motif de sévir contre ces sociétaires ou seulement de les blâmer. Loin de là, le beau idéal qui a pu être imaginé en fait de civisme, sera par eux réalisé sous les yeux des gouvernants à leur grand contentement.

La Phalange harmonique s'accommode donc de tous les gouvernements. Que le souverain s'appelle Alexandre, César, Louis, Mahmoud ou Guillaume; que le système politique soit absolutiste, aristocratique ou démocratique, il ne lui importe à elle; ses associés sont dans une position telle qu'ils peuvent indifféremment remplir les devoirs de l'humble sujet ou du citoyen actif. Dans l'un ou l'autre cas ils jouiront, comme aujourd'hui, de la faculté de subvenir par leur travail aux choses nécessaires à la vie; ils seront mieux qu'aujourd'hui en position, et on les verra infiniment plus empressés de se faire estimer et aimer des chefs des peuples, par leur attention à se rendre utiles, leur excellent ton de société, leur patriotisme, grandes qualités essentiellement caractéristiques du bien-être et de l'indépendance du *Phalanstérien*.

La fondation d'une seule Phalange décidera la réforme sociale de tout le genre humain, parce que dès l'instant où l'on aura devant les yeux le spectacle de tant de richesse, d'éclat moral et spirituel, d'harmonie, de bonheur, on sera sous le charme, on voudra jouir soi-même comme on verra jouir. L'imitation de proche en proche sera rapide; en quelques années, elle aura fait le tour de la terre, car les Sauvages et les Barbares sont hommes de la même nature que les Civilisés. Si nos méthodes d'oppression, nos astuces et nos misères, nos sbires et nos gibets, notre orgueil et notre cupidité, font horreur aux peuples répandus sur les plus fertiles et les plus vastes contrées du globe, les produits de nos arts industriels et de nos beaux-arts les enlèvent; ils font ce qui est en leur pouvoir pour les posséder. Leur accession générale sera donc facile et spontanée le jour où, dépouillés de ce qui leur inspire la crainte, la méfiance, le dégoût, la haine, nous nous présenterons à eux ornés de ce qui leur plaît, en mesure de leur prodiguer tout ce qui les charme, et où nous réaliserons cette prodigalité. Le premier Phalanstère fondé, sera, quant à son effet heureux dans le monde, comme la goutte de vaccin inoculée sur un point presque imperceptible du corps humain; un atôme de fluide énergique introduit dans la circulation la transforme en peu d'instants. Ainsi s'effectuera l'avènement de l'humanité entière à l'unité sociale, à la concorde universelle. Pour amener ce grandiose résultat, il aura suffi d'une modeste initiative qui peut être tentée aujourd'hui, demain, sans remuer les opinions, troubler les consciences, diviser les familles, heurter rudement les préjugés, spolier qui que ce soit, porter ombrage à aucune autorité, à aucune possession, croyance ou profession. Quelle folie, quel aveuglement criminel, s'il est volontaire, que dédaigner, repousser, ou seulement retarder la fondation de la première Phalange!

Hommes puissants du jour, qui vous targuez d'être positifs et philanthropes, et de ne prêter l'oreille à aucune utopie, reconnaissez que la pire des utopies est la vôtre, quand vous prétendez parvenir à consolider une organisation nationale tolérable, à garantir le règne des lois, le bien public et privé, tandis que vous n'avez à mettre en jeu que des éléments de désordre, avec une population composée, aux quatre cinquièmes, de gens qui n'ont point de lendemain, sont esclaves d'un écu, ne vivent et ne peuvent vivre que dans le vice et l'abjection ! Décidez-vous enfin à sortir de l'illusion dont il vous est honteux de n'être pas désabusés au bout de vingt siècles d'expérience.

Et vous, hommes pieux, qui n'avez point douté de la Providence et qui avez foi aux promesses révérées de l'Evangile du Christ, rappelez-vous les textes : « L'avènement du *Fils* de l'homme (du bonheur auquel l'homme *donnera l'être*), sera comme l'éclair qui part de l'Orient et se fait voir jusqu'à l'Occident. — « Le royaume du ciel est semblable à un grain de sèneve qu'un homme prend et sème dans un champ. C'est la plus petite des graines; mais, quand elle a poussé, c'est le plus grand des légumes; il devient un arbre, et les oiseaux du ciel viennent se loger sur ses branches. » — Le royame du ciel est semblable à un trésor caché... « Il ressemble à un marchand qui cherche de belles perles, et en ayant trouvé une d'un grand prix, plein de joie, il va vendre tout ce qu'il a, et l'achète (Matth. XXIV, 27; XIII, 31, 32, 44, 45). »

Le trésor caché est découvert; la perle est trouvée; le grain de sènevé vous est offert; hâtez-vous de le semer. Abstenez-vous d'imiter les Pharisiens des temps passés, et faites qu'on ne puisse dire aussi de vous : « Ce peuple m'honore des lèvres, mais leur cœur est éloigné de moi, et le culte qu'ils me rendent est vain et frivole, puisqu'ils enseignent des maximes et des ordonnances humaines (*ibid.* xv, 8, 9). » Les ordonnances et maximes humaines sont celles qui créent des légions d'impies, en vouant à l'ignorance, à l'indigence, au malheur, l'immense majorité de frères dont elles ne font point les colonnes, mais les matériaux bruts de l'église qui attendent qu'on les sorte des fanges de la carrière.

Ainsi exprimés dans notre première édition, en 1832, ces vœux et cet appel n'ont pas été exaucés. Comme toute autre entreprise de propagande tendant à la diffusion d'idées neuves, surtout quand ces idées choquent des habitudes et préjugés séculaires, l'œuvre de l'Ecole sociétaire a suscité les clameurs des lettrés en possession les uns des chaires officielles, les autres des faveurs du public. Une lutte s'est engagée, et elle a été vive, entre les novateurs et les champions de l'esprit stationnaire.

En 1841, l'Académie française décerna le grand prix Monthyon à l'auteur du livre intitulé : *Etudes sur les Réformateurs contemporains*. Avec l'approbation unanime de l'illustre compagnie, l'académicien rapporteur fit entendre ces paroles :

« Les révolutions politiques ont pour conséquence
» inévitable d'affaiblir tout ce qui maintient les sociétés
» dans leurs conditions permanentes d'ordre et d'har-
» monie. C'est à la suite de ces mouvements impétueux
» que l'esprit humain sort de la règle où git sa force,
» et s'aventure dans le domaine idéal d'un perfec-
» tionnement absolu, d'une félicité inaltérable, que
» l'homme poursuivra toujours dans le monde visible,
» et qui fuira toujours devant lui. Tant que ces excur-

» sions intellectuelles restent à l'état de théorie, elle
» peuvent exercer utilement l'esprit philosophique qu
» en dégorge, par degrés, ce qu'elles portent en elle
» d'idées saines et praticables; mais lorsqu'elles s
» traduisent, sans préparation, en faits positifs
» lorsqu'elles se manifestent brusquement par d
» téméraires tentatives de réalisation, le danger de
» vient imminent. Les liens sociaux se relâchent, le
» croyances salutaires s'éteignent dans le doute; l
» mépris de la tradition amène le mépris de tou
» principe moral; le présent se détache violemmen
» du passé, et se précipite vers un avenir plein d
» menaces. Depuis dix ans, la situation périlleuse d
» notre ordre social se révèle par l'inquiète agitatio
» des esprits, par le choc des systèmes et le désordr
» des pensées. Au nombre des causes actives qui pré
» parent les jours douloureux d'anarchie, il fau
» mettre en première ligne l'apostolat avoué et publi
» de la révolte contre les lois fondamentales de l
» société, je veux dire, la répression des mauvai
» instincts, la sainteté du mariage, l'autorité du pèr
» de famille et le droit de propriété. »

Autant de phrases, autant de méprises, non sens o contre-sens devant la théorie proposée par Fourie dont il est question dans le volume du lauréat. — C que déjà nous avons exposé, ce que nous exposeron encore établit assez que la tendance de cette théori n'est en aucune sorte d'affaiblir la foi dans les né cessités dites loi de contrainte, religion austère, etc. s'agissait, il s'agit toujours, non de dénier ces né cessités trop incontestables, mais de montrer qu'elles r sont point des conditions irrévocablement permanentes; que l'ordre et l'harmonie attribuées par le rapporteur à l'observation de la règle en vigueur n'ont rien d'effectif, sont utopies pures; que l'homme a autant la puissance que le devoir de poursuivre la recherche et l'introduction du perfectionnement, de la félicité dans le monde visible; qu'après avoir expliqué comment et pourquoi, dans le passé, le domaine de la vérité, du bien et de la justice est resté idéal, a toujours fui devant l'homme, l'inventeur de l'attraction industrielle dégage, par degrés, les idées saines et praticables, les déduit des faits positifs, met en évidence que les tentatives de réalisation n'auront rien de téméraire, rien de dangereux; qu'enfin, bien loin de susciter la révolte contre les lois fondamentales de la société, l'épreuve sociétaire, limitée à une petite bourgade, n'aura pas à réprimer les mauvais instincts, parce qu'elle en extirpera le germe et en préviendra l'essor; aux discordes, haines intestines, sévices, adultères, dont chaque jour les tribunaux retentissent et dont se constitue le sort des dix-neuf vingtièmes des couples conjugaux, elle substituera la sainteté réelle du mariage; elle transformera la tyrannie forcée du père de famille en exercice le plus doux de sa légitime autorité; le droit de propriété, que nos codes et nos coutumes rendent si décevant et stérile, deviendra par elle fermement stable et d'un usage constamment aisé et fructueux.

Plus clairvoyant et plus judicieux que le rapporteur dont nous redressons les singulières méprises, le lauréat de l'Académie française a reconnu la haute valeur de la plupart des données de Fourier. Dans son parallèle des réformateurs contemporains, il déclare que « Fourier a pour lui la date et la supériorité des idées, » et qu'évidemment l'avantage lui reste. »

Mais, il dit aussi : « L'association agricole est une » idée féconde qui se réalisera tôt ou tard, quand le » fractionnement du sol aura porté tous ses fruits. » Les moyens de Fourier n'auront peut-être jamais les » honneurs d'une application vraiment sérieuse, mais » on lui empruntera certainement son principe. Ainsi, » quant à l'organisation des intérêts, le novateur aura » laissé quelques traces de son passage, et le bruit qui » se fait autour de son nom n'aura pas été vain. En » revanche, le mécanisme auquel Fourier veut sou- » mettre les passions sera moins heureux. C'est une » prétention très-grande que d'aspirer à les faire con- » courir toutes au bonheur des sociétés, et cette pré- » tention aurait besoin de s'appuyer sur une base plus » solide que ne l'est la loi d'équilibre imaginée par » Fourier. Voilà le côté faible de ses idées ; c'est » pourtant celui que l'on défend avec le plus de » chaleur. On a voulu l'élever à la hauteur d'une » démonstration mathématique, et en faire le point » de départ d'une science exacte. Par un procédé » d'analogie plus ingénieux que fondé, Fourier a » traité les passions comme un musicien traite les » notes de la gamme, comme un physicien traite les » couleurs du prisme. Rien n'est plus décevant que » cette méthode. Le monde moral ne saurait être » l'objet d'une science positive ; il est trop mobile, » trop divers pour que l'intelligence humaine puisse » le dominer dans son entier. Bien des passions ont

» échappé à Fourier dans cette analyse, et si son monde
» de fantaisie pouvait se réaliser, il y naîtrait sans
» doute des passions nouvelles qui tromperaient et dé-
» joueraient ses calculs. Sa loi *sériaire* ne doit donc
» être regardée que comme un jeu d'esprit qui ne
» manque ni de nouveauté, ni de grâce. L'imagination
» peut la revendiquer : la science n'a rien à y voir. »

S'il n'a pas été suggéré par le besoin de ménager les préjugés dominants, spécialement ceux de MM. les académiciens; si, comme nous en sommes très-persuadés, il est tenu de bonne foi et exprime une conviction sincère, ce langage témoigne que l'écrivain lauréat de 1841, qui siége maintenant à l'Institut, n'a point compris les principes fondamentaux, a très-peu ou fort mal saisi, soit le fond, soit la portée des théories qu'il interprète.

Fourier ne veut nullement soumettre les passions à un mécanisme arbitraire. Le mécanisme qu'il indique en grands détails est précisément le jeu spontané des passions elles-mêmes, le résultat logique de leur libre essor, constituant la loi d'équilibre, non pas imaginée, mais simplement constatée par l'inventeur. Il faut s'élever à la hauteur de cette conception et s'abstenir d'avancer à la légère, comme on le fait, que cette loi n'est point une base solide, que le procédé d'analogie qui en est le corollaire obligé manque de fondement. En quoi cette base et ce fondement font-ils défaut, selon vous, comme démonstration mathématique et point de départ d'une science exacte? Vous ne le dites point, et nous cherchons vainement à le deviner. Le monde moral, ajoutez-vous, ne saurait être l'objet d'une science positive, parce qu'il est trop mobile, trop divers pour que l'intelligence humaine puisse le dominer dans son entier. Comment donc : y a-t-il moins de mobilité et de diversité dans le monde physique que dans le monde moral? Cependant l'intelligence humaine embrasse l'univers dans l'immensité de son ensemble et de ses ramifications. La science du monde moral qui, au moment présent, se meut devant nous, peut et doit être aussi positive que l'histoire ou science du monde moral des temps écoulés. Est-ce que vous n'admettez point le positivisme de l'histoire dont tous les événements sont révélateurs des exigences, de la marche et des produits des passions? Quelles sont donc les passions que vous déclarez avoir échappé à Fourier? — Vous êtes mis au défi d'en préciser une seule. Votre supposition de la naissance de passions nouvelles qui, trompant et déjouant les calculs, seraient inaccessibles aux attaches de la loi sériaire, prouve une seule chose, l'insuffisance de la notion que vous avez conçue de la nature, du but et de la portée de cette loi.

Vous êtes moins éloigné du vrai quand, dans vos conclusions générales, vous dites :

» Fourier a fort ingénieusement analysé les éléments
» de l'activité humaine et les instruments de la pro-
» duction sociale. Il accorde une place au capital que
» repoussent à la fois la communauté absolue d'Owen
» et la gestion par main-morte de Saint-Simon; puis,
» ajoutant à cet élément indispensable de la production
» l'action des bras et l'action des intelligences, il pro-
» pose d'associer les hommes en *capital, travail* et

» *talent*. Comme point de départ, c'est là évidemment » ce qu'on a trouvé de mieux, et ne dût-on à Charles » Fourier que cette définition simple et précise, il » aurait encore la gloire d'avoir fourni le premier mot » concluant pour l'organisation de l'avenir industriel.

» Car l'avenir, c'est du moins notre espoir, appar- » tient à l'association. Seule elle pourra apporter un » remède efficace aux vices de la culture morcelée, à » l'éparpillement des forces sociales, aux chocs quo- » tidiens dans lesquels elles s'annulent et s'absorbent, » aux sacrifices que conseille une concurrence dé- » réglée. Elle aura seule la puissance de terminer la » longue querelle qui se perpétue entre le principe de » la liberté et le principe de l'autorité. Dans le monde » des passions, dans le monde des intelligences, dans » le monde des intérêts, l'harmonie ne se fondera que » par l'association. »

Ici est évitée avec un soin très-louable l'inadvertance généralement commise, qui consiste à confondre l'idée d'association avec l'idée de communauté. On ne saurait être trop attentif à distinguer l'une de l'autre. Rien n'est plus opposé à l'association que la communauté. Celle-ci est un amalgame confus des intérêts individuels ; l'autre doit porter à l'infini la distinction de ces intérêts. Sous le despotisme, les sujets sont tenus en communauté négative, partagent un sort commun, ne font qu'un devant le souverain, sont soumis en commun à ses volontés, n'ont aucun pouvoir touchant leurs intérêts collectifs. La communauté prend un caractère positif, le droit de cité s'établit, quand les sujets acquièrent la liberté de s'occuper en commun de leurs intérêts en contact et d'y pourvoir. L'idée de la communauté, d son existence, est toujours inséparable de l'idée de l confusion et souvent de la lésion des intérêts individuels.

Il en est de la communauté conventuelle, de l communauté conjugale, militaire ou autre, comme d la communauté urbaine ; toutes sacrifient forcémen les intérêts d'une partie de leurs membres aux intérêt d'une autre partie. L'époux ou l'épouse, le citoyen, l moine, le soldat, dans leurs communautés respectives sans pouvoir s'y soustraire, concourent à des travaux subviennent à des dépenses, s'acquittent d'obligation qui n'ont pas pour eux d'utilité directe, qui leur déplaisent, qui leur nuisent. Telle femme voit sa dot e ses épargnes dissipées par son mari légalement invest de l'administration des biens du ménage ; tel mari, nonobstant son titre d'administrateur légal, est ruiné par sa femme. Ici le bernardin qui ne boit que de l'eau voit les ressources de son couvent épuisées pour garnir la cave de fûts de bordeaux et de bourgogne. Dans telle commune le citoyen qui peut-être paye la plus forte cote d'impôts, voit la meilleure part des deniers de le caisse municipale consacrée à l'érection d'un monument auquel il n'attache aucun intérêt, aucun mérite, dont il ne peut tirer aucune utilité. L'abnégation du soldat va jusqu'à se faire tuer pour l'intérêt de sa communauté régimentaire. Néanmoins presque tous les penseurs qui, avant et depuis Fourier, ont proposé l'association, ont, dans leurs spéculations, empiré les conditions de l'oppressive communauté.

Dans l'association véritable, loin de se mélanger, de

e confondre, de se sacrifier ou seulement se subalerniser les uns aux autres, les intérêts individuels loivent demeurer clairement distincts, et les volontés s'exercer pour le plus grand bien de tous, selon l'impulsion naturelle et libre de chacun, sans jamais s'imposer ou se froisser réciproquement. Le service n'est plus commandé, il est voté ; on ne l'ordonne plus, il s'exécute spontanément, après avoir été spontanément consenti et réglé. Dans ce régime, chaque individu contribue aux seules choses auxquelles il adhère de plein gré ; il jouit ainsi de l'indépendance ; il peut se livrer à ses goûts, à ses affections sans avoir à s'inquiéter de son sort, encore moins du sort de ses enfants, femme, mère, père, sœurs, frères, nièces et neveux, avec lesquels il cesse d'être en communauté pour les chérir plus sincèrement, et qui tous, comme lui, ont travail, capital et revenu assurés. L'homme de l'association ne dispose ni de la personne, ni des biens de ses consorts ; mais ses consorts ne disposent pas davantage de ses biens et de sa personne. Ayons incessamment présentes à l'esprit ces importantes distinctions : l'association est la contre-partie, l'antipode de la communauté et de la promiscuité ; l'individu, passif dans la communauté, est actif dans l'association.

Le lauréat Monthyon de 1841, académicien actuel, classe des sciences morales et politiques, aurait pu et aurait dû tenir compte de ces vérités plus fortement qu'il ne l'a fait. Il a écrit : « Ce qui frappe le plus dans » les livres de Fourier, c'est la puissance des études » et l'étendue des lectures qu'ils supposent. Fourier » touche à toutes les sciences exactes ou naturelles

» avec autorité, avec supériorité; il touche à la lit
» rature par une foule de citations ingénieuses,
» l'histoire par les preuves qu'il y puise, à l'indust
» par des observations pleines de portée et de sei
» aux mathématiques par les déductions sévères qı
» leur emprunte, à la philosophie par un systè
» d'agression constant qui témoigne clairement qı
» l'a interrogée sous tous ses aspects. » — Toutefo
« Fourier ne s'était pas fait illusion sur le sort de s
» œuvre : il connaissait les hommes, comme sa
» entière l'a prouvé; mais, sachant mieux qu'un au
» que sa théorie glisserait sur les intelligences or
» naires, il espérait que tôt ou tard elle frapper
» l'attention d'un homme riche ou puissant, d'
» banquier ou d'un grand seigneur, qui le sait? pe
» être d'un roi. Ce qu'il fallait à Fourier, c'étai
» moins des hommes sympathiques à ses idées, que
» moyens de les réaliser ; il ne visait pas à fonder u
» école; mais il aspirait à une expérience. Il espér
» que la magnificence des résultats, la beauté d
» solutions, leur ordonnance scientifique, la pom
» des plans, leur grandeur, leur utilité, détern
» neraient en sa faveur, ou une intervention fastueu
» ou une grande coopération financière. Il patient
» ainsi, faisant peu de bruit, parce qu'il se croy
» tous les jours à la veille d'une épreuve décisive
» Ni l'aristocratie de naissance, ni l'aristocratie d'a
» gent ne prirent garde aux merveilles semées da
» les volumes de Fourier. Quel intérêt auraient-el
» pu avoir, ces deux puissances, à changer le mor
» dans lequel on leur a fait une si belle part? Elle

» règnent, que leur faut-il de plus? »... — « Les dé-
» veloppements curieux, inouïs, immenses, qui de-
» mandaient un grand effort de méditation et une
» énergique puissance d'isolement, furent les seuls
» côtés par lesquels on consentit à envisager les
» théories de Fourier. Les parties sérieuses furent dé-
» daignées, mais on s'arrêta sur des bizarreries de
» détail qui prêtaient au sarcasme. On s'occupa de
» Fourier pour en rire; mais ce fut là tout. Le rire est
» mortel en France. Il ôte la faculté et le désir d'aller
» au cœur des choses. »

L'éloge des œuvres de Fourier, les torts des puissances financières et littéraires qui les ont méconnues et dédaignées, ont été exprimés ainsi dans les meilleurs termes. Il eût été digne du lauréat de 1841, il appartient encore à l'académicien de 1860 d'être conséquent avec lui-même en conformant sa conduite à son langage. Pourquoi ne l'a-t-il pas fait? Pourquoi continue-t-il de s'abstenir? Il lui en coûterait si peu d'insister sur l'opportunité d'un examen approfondi et de la mise à l'essai des données de la théorie phalanstérienne qui, à son sentiment, comme on vient de le voir, ont une valeur réelle.

Depuis 1842, l'Ecole sociétaire s'est épuisée en grands efforts pour mettre ces données en lumière et à la portée de tous. Elle a repoussé les calomnies, rectifié les erreurs, précisé la vérité avec des arguments si péremptoires que, finissant par s'apercevoir de la stérilité de leur système de dénigrement, les champions des vieilles routines et des vieux abus jugèrent qu'il ne leur restait plus qu'à interdire la publicité aux modernes propagateurs. L'interdiction a été imposée. On cherche à la maintenir indéfiniment; y réussira-t-on? Non, car :

« A la persévérance il n'est rien qui résiste, »

et la fallacieuse réaction verra ses menées devenir impuissantes. Les intelligences qui se sont ralliées aux idées de Fourier, et qui désormais se rencontrent partout, persisteront à militer avec ardeur. Elles veulent, elles sauront répandre avec fruit les axiômes qu'il a mis au jour. Rendus aisément accessibles à tout homme ayant quelque peu de désir et de bonne foi, ces axiômes deviendront si nets et si fermes que l'astuce et la détraction perdront toute chance de prévaloir plus longtemps contre eux. C'est pour prendre notre part de concours à ce mouvement, c'est pour nous acquitter de notre tâche selon nos forces que nous écrivons. Nos premiers chapitres ont offert au lecteur la partie négative des Transactions. Pour préluder à la partie positive, précisons ici quelques notions fondamentales :

Dieu, Créateur et souverain Seigneur de toutes choses, comme s'exprime le catéchisme catholique, Dieu se manifeste dans ses œuvres et demeure insondable dans son essence, ainsi que l'ont professé les théologiens, d'accord en ce point avec les philosophes. En cette situation ne pouvant contempler Dieu dans sa personne, nous sommes aptes à le connaître dans ses œuvres ou manifestations phénoménales, et en premier lieu dans les lois qui régissent l'ensemble et les détails des créations, lois qui, dès-lors doivent être e sont manifestement les caractères, les attributs révélateurs de Dieu aussi bien qu'elles sont les régulatrices de l'univers.

Procédant à un classement par degrés, analysant d'abord au nombre de cinq les attributs de Dieu les plus généraux et les plus évidents, Fourier les énonce :

1. *Direction intégral du mouvement.*
2. Economie de ressorts.
3. Justice distributive.
4. Universalité de Providence.
5. Unité de système.

Directeur suprême du mouvement, seul maître, seul créateur et distributeur, Dieu gouverne toutes les parties de l'univers, entre autres la plus noble, celle des relations sociales. La législation des sociétés humaines doit donc être l'ouvrage de Dieu et non des hommes. Les hommes ont à chercher, découvrir et instaurer le code social que Dieu a dû composer et a composé pour eux.

Le type Economie de ressort se trouve dans les réunions sociétaires les plus nombreuses, ayant pour moteur l'attraction passionnée dont l'emploi épargne les complications, frais et pertes du régime de contrainte.

La Justice distributive assure au peuple un *minimum* croissant en raison du progrès social, après avoir garanti au pauvre la faculté d'obtenir du travail.

L'Universalité de Providence supprime tout emploi de la violence, offre un régime industriel fortuné accessible à tous les hommes, sans exception du Sauvage qui est le plus rapproché de la nature brute, de l'oisif riche, raffiné et blasé, de l'ignorant hébêté, du savant dévoyé, du scissionnaire, de l'infirme.

L'Unité de système implique l'emploi de l'attraction qui est l'agent connu de Dieu, le ressort des harmonies sociales de l'univers, depuis celles des astres jusqu'à celles des insectes.

Ainsi déduits des attributs ou caractères notoires de Dieu, les éléments de la connaissance de ses plans régulateurs du mouvement social, se présentent lumineux et fixes. Par cette connaissance l'homme est muni d'une boussole sûre pour la recherche de ses voies, d'une pierre de touche infaillible pour l'essai et la vérification des moyens d'harmonie de ses rapports avec toute la création.

Munis de nos boussole et pierre de touche nous constatons que la Sauvagerie, la Barbarie, la Civilisation subvertissent la destinée humaine, parce que leurs rouages sont diamétralement opposés à l'Universalité de Providence, à l'Economie de ressorts, à la Justice distributive, à l'Unité de système.

Quels peuvent être les modes sociaux plus avancés que le mode civilisé? Comment les sociétés d'ordre supérieur s'organiseront-elles pour être conformes aux indications d'harmonie tirées des caractères ou attributs de Dieu?

C'est la solution de ces questions que nous avons à essayer et que nous esquissons dans les chapitres suivants.

LOI D'ATTRACTION.

Vivre en société et vivre de son travail, tel est en une ligne l'état normal de l'homme. La loi de la société peut être la contrainte, le travail peut être répugnant, comme nous l'avons expliqué. Sous l'empire de la loi de contrainte l'homme souffre, accomplit mal, ou plutôt n'accomplit point sa destinée.

Il fallait substituer dans la société la loi d'attraction à la loi de contrainte. Ce n'était point aux physiciens-astronomes, c'était aux moralistes-physiologistes à faire les premiers la découverte de la loi d'attraction. Le sens commun voulait que l'acquisition progressive des connaissances humaines eut son point de depart, non dans l'étude du mouvement sidéral ou matériel, classé le quatrième au tableau (page 146), mais dans les données du mouvement pivotal ou passionnel dont l'importance est la plus haute et la plus immédiate pour l'homme.

Pour accomplir sa mission obligatoire, le moraliste devait d'abord constater les modalités, ressorts, besoins essentiels, en un mot les PASSIONS de l'homme, puis en déduire les combinaisons habiles à satisfaire les exigences passionnelles. Eclairée par les fanaux divins, par les enseignements tirés de l'Economie de ressorts, de la Justice distributive, de l'Universalité de Providence, de l'Unité de système, la recherche de ces combinaisons eut, dès le début, mis hors de doute que leur base doit être l'attrait à l'exclusion de la violence. Appétit, élan spontané, la passion, en effet, veut pour milieu une forme sociale conforme à sa tendance, à sa nature propre, et dans ce milieu seul la passion peut aboutir à la production du vrai, du bon, du beau, du juste.

L'Economie de ressorts, dit Fourier, exige surtout que Dieu choisisse pour moteur l'attraction passionnée, dont l'emploi lui garantit douze économies que l'on ne trouve pas dans le régime de contrainte; ce sont :

« 1. Boussole de révélation permanente, car l'attraction nous stimule en tous temps et en tous lieux par des impulsions aussi fixes que celles de la raison sont variables.

» 2. Facultés d'interprétation et d'impulsion combinées, ressort apte à révéler et stimuler à la fois.

» 3. Concert affectueux du Créateur avec la créature, ou conciliation du libre arbitre de l'homme obéissant par plaisir, avec l'autorité de Dieu commandant le plaisir.

» 4. Combinaison du bénéfice et du charme par entremise de l'attraction dans les travaux productifs.

» 5. Epargne des voies coërcitives, des gibets, sbires, tribunaux, qui deviendront inutiles quand l'attraction conduira au travail, source du bon ordre.

» 6. Elévation de l'homme au bonheur des animaux libres qui vivent dans l'insouciance, ne travaillant que par plaisir, et jouissant parfois d'une grande abondance où notre peuple, malgré ses fatigues, ne parvient jamais.

» 7. Garantie d'un *minimum* refusé aux animaux libres, et dont on aura le gage dans les immenses produits du régime sociétaire étayé de l'équilibre de population.

» 8. Bonheur assuré à l'homme, dans le cas où la sagesse de Dieu serait moindre que la nôtre; car ses lois exécutées par attraction nous assureraient une vie heureuse, au lieu de la contrainte que nous imposent les constitutions en vigueur.

» 9. Intégralité de Providence par révélation des voies de bonheur social, ajoutée à la révélation des voies de salut des âmes fournie par le Messie et l'Ecriture sainte.

» 10. Garantie de libre arbitre à Dieu, faculté à lui de régir l'univers, y compris le genre humain, par l'attraction, seul ressort digne de sa sagesse et de sa générosité.

» 11. Récompense des globes dociles par le charme du régime attrayant, et punition des globes rebelles par l'aiguillon de l'attraction toujours persistant.

» 12. Ralliement de la raison avec la nature, ou garantie d'avènement à la richesse, vœu de la nature par la pratique de la justice et de la vérité, vœu de la raison.

» Unité interne, fin de la guerre interne qui met dans chacun la passion ou attraction aux prises avec la sagesse et les lois sans moyen de conciliation.

» Unité externe ou avènement au bien sous la direction du ressort d'attraction, le seul employé par Dieu dans les harmonies visibles de l'univers.

» Il suffit de ces belles propriétés de l'attraction pour

prouver qu'un Dieu économe de ressorts n'a pas pu opter pour la contrainte, voie adoptée par les législateurs civilisés et barbares, et que c'est dans l'étude de l'attraction qu'il faut chercher le code social et industriel de Dieu. »

Fourier a cherché et a trouvé ce code divin sous l'empire duquel le jeu libre des passions est harmonisé, le travail transformé en plaisir, la surabondance des richesses acquise à tous et à chacun. C'est une coordination sériaire des divers essors de l'activité humaine, identique à la coordination que présentent toutes les créations dont le spectacle frappe nos yeux.

Nous aurons à disserter sur l'association en régime sériaire et sur ses effets touchant l'harmonie des passions quand nous traiterons de la Science lumineuse. Disons ici comment la série fait perdre à l'industrie son caractère répugnant et substitue dans le travail de l'homme le véhicule de l'attrait aux errements de la contrainte.

Quand rien n'altère ou ne détourne les impulsions naturelles du nouveau-né; quand, au contraire, dès ses premiers jours, l'éducation favorise l'essor des instincts et des goûts spontanés du petit être, nous le voyons ardent à se mouvoir, à discerner, à saisir tout ce qui lui est accessible. A mesure qu'il se développe, l'enfant sent ses goûts et ses instincts devenir une vocation. Il a, plus ou moins prononcés, des penchants pour telles occupations, des aversions pour telles autres. Si, comme aux temps passés et au temps présent, ces penchants et aversions ne sont ni observés, ni guidés, ni employés aux œuvres utiles, à la production industrielle, l'activité incompressible du jeune âge tourne à la malfaisance, au ravage, à la destruction, ou, cédant au dégoût qu'entraîne toujours la compression, cette activité s'affaisse en lassitude, et la fainéantise lui succède.

Ces déplorables résultats sont évités, l'éclosion des vocations et leur bonne marche sont assurées dans le régime sociétaire, parce qu'organisée en série, comme toute autre branche d'industrie, et confiée aux personnes, en groupes nombreux, vouées par inclination passionnée à l'accomplissement de ce genre de service, l'éducation est entièrement conforme aux aspirations et aux moyens naturels de l'élève.

Les groupes d'instituteurs combinent leur œuvre avec celle des groupes d'instructeurs en agriculture, arts, sciences ou métiers. Tous à l'envi s'appliquent à rendre les ateliers sains, propres, commodes, élégants, à les munir des meilleurs outils, à y réunir les maîtres et apprentis les plus sympathiques entre eux par affinité caractérielle et affinité industrielle. Chacun est mis en position de choisir, parmi des occupations infiniment variées, celles qui flattent ses goûts, d'y prendre part ou de les quitter librement, de telle façon que, distribués en courtes séances, ses travaux se suivent en agréable contraste, l'un délassant de l'autre, et alternent avec des plaisirs ou des repos habilement ménagés. En se livrant à l'exercice de ces travaux où l'on n'est intempestivement distrait ni par les fâcheux, ni par l'inquiétude, on a la certitude de concourir à créer des produits abondants, d'excellente qualité, de haute valeur, et d'avoir pour soi et pour les siens une juste part de ces produits proportionnelle à ce concours en capital, travail, talent, part qui, évidemment, enrichira tout intervenant.

Telles sont, en analyse la plus brève, les conditions qui, franchement remplies, substitueront dans la pratique du travail la loi d'attraction à la loi de contrainte. Les livres de Fourier et de l'Ecole sociétaire présentent sur ces choses tous les développements désirables. Pas un homme judicieux et de bonne foi, cédant au témoignage de sa conscience intime, n'en a contesté la pleine justesse et la haute valeur; pas un n'a déclaré qu'elles failliraient à lui donner satisfaction, à rendre sa vie de labeur heureuse. Aussi a-t-on remarqué le soin avec lequel, peureux ou envieux, les contempteurs de la découverte de Fourier et le lauréat de l'Académie française s'abstiennent de discuter et même d'énoncer le problème du travail attrayant et sa lucide solution. Quand par hasard ils les mentionnent en quelques mots, c'est pour en dénaturer l'idée et arguer d'une impossibilité d'exécution dont ils se gardent de tenter la démonstration, car ils y échoueraient.

Le libre choix des fonctions, la courte durée des séances, le confort des ateliers, l'intervention de collaborateurs polis, aimables, avec lesquels on est lié d'amitié, l'insouciant exercice parcellaire, la garantie d'un lucre largement rémunérateur, auront sur les déterminations de l'adulte et du vieillard une influence non moins puissante que sur les déterminations de l'enfant. Tous les âges seront ardents à s'acquitter joyeusement des travaux utiles. Cessant d'être la crainte du châtiment ou de la privation, crainte ingénieusement décorée de la qualification de devoir, le stimulant de cette brillante activité sera le plaisir.

Adam continuera de gagner sa vie à la sueur de son front, selon le texte biblique; mais cette sueur ne témoignera plus la fatigue et la souffrance; elle sera de même aloi qu'aux bals, aux jeux, aux exercices libres qui nous charment et nous rendent contents.

Il y aura dans l'avenir comme dans le passé et le présent des gens qui, soit pour se livrer à des recherches spéciales, à des méditations absorbantes, soit par inertie native, indifférence ou retard d'éclosion de leurs vocations, s'abstiendront de prendre part aux labeurs sociétaires. A ces personnes, comme aux infirmes dépourvus d'aptitude, aux enfants du premier âge et aux indigents sans ressource, l'association assure un minimum de sustentation, charge insignifiante pour elle. Pourvu de ce minimum, aucun associé ne reste, en aucun temps, en dehors d'une existence honorable. C'est l'une des conditions fondamentales du régime d'attraction.

En jouissance du minimum dès le jour de sa naissance, l'enfant croît et s'instruit, insoucieux, heureux au sein du mouvement sériaire, de telle sorte que ses facultés naturelles se développent dans les meilleures conditions. Ses penchants respectés, ses aptitudes bien observées et bien dirigées pour que leur concours à la création des produits de tous les genres atteigne le plus haut degré d'efficacité, tournent ainsi à la pleine satisfaction de son intérêt privé et de l'intérêt public. Aussi arrive-t-il qu'en fin de compte le minimum est une simple avance dont l'association est toujours amplement dédommagée.

En général les travaux agricoles, artistiques, scientifiques, domestiques sont aisément rendus attrayants ; mais il en est qui, choquant les sens, froissant certaines délicatesses, soulèvent une répugnance naturelle. Tels sont le curage des égouts, l'enlèvement des immondices, les fumures, le service des infirmeries, boucheries, buanderies, etc. En civilisation ces occupations sont réputées abjectes; elles sont imposées aux condamnés des bagnes et des pénitenciers, ou, à leur défaut, aux nécessiteux les plus disgrâciés du sort, à moins qu'il ne s'y attache un gain sordide comme celui des bouchers, ou que les honneurs et l'éclat religieux acquis si justement aux sœurs hospitalières ne soient prodigués dans les infirmeries.

Au Phalanstère toute occupation répugnante de sa nature est acceptée, est recherchée par les groupes qu'animent passionnément le sentiment pieux et le noble orgueil de ne souffrir, dans le mouvement sociétaire, ni la présence d'obstacles quelconques à ses harmonies, ni la survenance d'aucun motif de mépris ou de désaffection de la part d'une partie quelconque des associés contre une autre partie. Plus un groupe déploie de dévouement à s'acquitter de cette mission salutaire, plus haute est la récompense honorifique que lui décerne la Phalange. Sous le nom de *Petite-Horde*, proposé par Fourier, la corporation d'enfants approchant de la puberté, vouée spécialement aux services répugnants, a le pas sur toutes les autres séries de groupes, et reçoit la première, avant le monarque lui-même, le salut de vénération dû au mérite actif le plus éminent en utilité.

Les compagnies ou séries industrielles, sans excepter la Petite-Horde, ont, pour leurs courtes séances, des heures de réunion fixées à l'avance, de telle sorte que, dans l'emploi de sa journée, tout sociétaire a le choix de ses occupations, les varie autant que ses goûts l'exigent, avec pleine garantie que son travail sera toujours fructueux, toujours largement rétribué. Etant intervenu dans les labeurs d'une foule de séries, y ayant fonctionné passionnément, y étant investi des grades, décoré des insignes acquis par ses mérites réels, le sociétaire sera vivement intéressé aux succès de toutes les séries; il voudra qu'aucune d'elles n'ait lieu d'être ou seulement de se supposer lésée, et que toutes soient harmoniques et prospères.

De nouvelles mœurs, naissant de ce fortuné régime, viendront mettre fin à la duplicité philosophique séculaire; l'antinomie des deux systèmes qui de tout temps se sont disputé et se disputent encore le monde, l'un donnant l'intérêt pour guide et le bien-être pour but; l'autre assignant pour but le perfectionnement moral et l'affranchissement intellectuel, et pour guide le dévouement, l'abnégation, le sacrifice aux convictions, ce manichéisme suranné et fatal n'aura plus de raison d'être. L'utilité ne sera plus d'un côté, le devoir de l'autre; il ne s'agira plus d'opter entre être heureux et honnête. La vie, dans le mouvement sériaire, sera honnête et heureuse à la fois, et les vaines déclamations et protestations contre les appétits grossiers, contre l'abdication morale qui résulte de l'idolâtrie matérialiste, n'y auront plus de sens. L'essor mêm des appétits, prétendus grossiers, en pourvoyant l'indispensable création des choses utiles, produira e effet le perfectionnement moral et l'affranchissemer intellectuel; car, s'opérant dans les conditions de vérit de concorde, de justice et de bien-être, cet essor ser esentiellement le dévouement le plus pur, supprimar toute nécessité d'abnégation et de sacrifice.

Au monde à rebours, selon la locution proverbial où présentement, comme nous l'avons exposé e dissertant sur la loi de contrainte, chacun n'exerçar qu'une seule profession, s'ahurit dans la monotonie court incessamment le risque de manquer d'ouvrage e par suite de pain, fait son bien du mal d'autrui, sou haite forcément des désastres à ses concurrents, à se voisins, à quiconque lui ménagerait, par sa maladie, s ruine ou sa mort, une chance de quelque lucre; à c monstrueux monde à rebours se substituera le monde droit sens, où, loin qu'il y ait à lutter contre cent can didats pour obtenir un mince emploi, cent emplois digne d'envie seront offerts à la libre option de chaque candidat

La faculté de cette option, la certitude qu'elle entraî nera la création de gros bénéfices enrichissant le tra vailleur qui aura concouru à les produire, seront pou tout enfant, femme, homme la garantie d'une com plète et insoucieuse indépendance. Cette condition d l'existence humaine est l'un de nos vœux les plu ardents, de nos besoins les plus impérieux. Avec l'in- dépendance ainsi acquise à tous nos semblables, e d'abord à nos proches, comme à nous-mêmes, la possi- bilité sera comprise, la parfaite convenance sera reconnue pour chacun de suivre uniquement et sans inconvénient ses penchants spontanés dans les choix d'amitié et d'amour. Les liens qui résulteront de ces choix n'occasionneront plus, au sein des familles, les dissidences et discordes dont s'alimentent leurs douleurs. Un fils de bonne maison n'encourra plus le danger d'être ruiné par un faux ami, par une maîtresse frivole et trompeuse; la jeune fille dépendra d'elle-même, n'aura plus à subordonner la pureté des affections à la nécessité de se ménager des ressources pécuniaires; le père n'aura plus à sévir contre la paresse ou les déportements de son enfant, ni l'enfant à lutter contre l'indifférence ou l'avarice du père. Mères, pères, filles, fils, sœurs, frères, amants, époux, amis, tous, dispensés de charges pour subvenir aux besoins ou aux caprices les uns des autres, maintiendront leur dignité en se livrant avec autant de sécurité que de bonheur aux naïfs épanchements du cœur, à l'essor de passions ayant revêtu le caractère des sentiments les plus nobles.

Le régime sériaire ayant la propriété de munir d'éducation, d'instruction, de bon ton l'ensemble des associés sans exception d'aucun d'eux, tous, riches et pauvres, jeunes et vieux, grands et petits, seront honorables dans leur tenue et présentables dans les salons de tous les degrés. Comme nous l'avons dit en mentionnant la Petite-Horde, le plus infime, le moins favorisé du sort peut s'élever aux premiers honneurs par ses actes de dévouement religieux. Alors les hautes alliances pourront encore être recherchées; mais les mésalliances ne choqueront plus personne. L'opinion se modifiera comme se seront modifiées les mœurs. Elle tiendra en estime quiconque se recommandera par sa conduite, et, s'il en surgit, les gens peu recommandables seront en nombre infiniment réduit.

L'un des procédés dont l'emploi établira l'entière indépendance de tout homme, femme, enfant, consistera dans le soin avec lequel l'AVOIR de chacun d'eux en héritage, dons, legs, minimum, dividendes dans les groupes de travailleurs, sera constaté au grand-livre de la Phalange. La gérance maintient cet AVOIR sans confusion ou communauté avec celui du père ou de la mère, de l'époux, du tuteur, des parents ou des amis. La propriété est individuelle dans le sens le plus absolu. Nul n'a le droit ni la possibilité de disposer du bien d'autrui. Si la loi ou la coutume défère à l'époux l'administration des biens de sa femme, au père la gestion de la fortune de sa fille, la gérance sociétaire n'a point à se soucier de l'exercice de ces sortes de priviléges; elle ne tient pas moins ouvert à son grand-livre le compte-courant et le bilan de l'enfant, de l'épouse. Elle le peut sans porter atteinte à aucun droit légal ou conventionnel. En un tel ordre de choses, on le conçoit aisément, le *chacun pour soi, chacun chez soi,* si cher aux hommes positifs réputés prudents et sages par excellence, se combine au mieux, sans nuire à qui que ce soit, avec les convenances de la masse et de chacun des sociétaires. Quant aux relations de famille, maternité, paternité, filialité, fraternité, conjugalité, loin qu'elles puissent être gênées le moins du monde, elles seront, par ces combinaisons, rendues plus faciles, plus loyales, plus désintéressées et plus agréables. Dans le régime sociétaire, et dans ce régime seulement, la propriété et la famille sont reconnues, protégées, exaltées autant que peut le désirer le plus timoré conservatisme.

La réforme n'aura en aucune sorte porté sur la constitution de la famille. Seule la constitution du ménage sera modifiée d'une manière éminemment profitable. Dans le ménage actuel, morcelé, incohérent, isolé, insipide, réduit au moindre nombre possible de consorts, anti-économique pour la production et la consommation, anti-social en ce qu'il met inévitablement en opposition d'intérêts ses membres entre eux et lui-même avec les ménages qui l'entourent, l'individu est accablé de sujétions, de privations, de fatigues. Elles sont extrêmes chez l'indigent; elles se font sentir et multiplient les ennuis à tous les degrés de l'aisance.

Elles disparaîtront comme par enchantement dans le ménage sociétaire. La production industrielle y est doublée, quadruplée par l'élan des travailleurs. A la lourde et ingrate journée d'exercice d'un métier unique, ils auront substitué dix ou douze, par fois vingt ou trente occupations variées, lucratives, à courtes séances, tenues en compagnies amicales. Le service domestique n'attachera plus la personne à la personne, et se dépouillera de tout caractère dégradant. En Asie, en Grèce, à Rome, on a vu l'esclave pourvoir à tous les besoins de la maison. Aucun genre d'ouvrage ne lui était étranger. Il fabriquait étoffes, vêtements, chaussures; il préparait les aliments, en s'acquittant d'abord du gros travail, mouture des grains, abattage des bestiaux, puis vaquant aux détails culinaires. Un grand progrès s'est accompli lors de la substitution du valetage à l'esclavage, et de l'établissement des tisserands, tailleurs, cordonniers, meuniers, bouchers, qui, en se ménageant pour eux et leurs familles de bonnes conditions de lucre et de liberté, ont notablement réduit les embarras des maîtres et les soucis des serviteurs.

Mais ces serviteurs, mais la généralité des femmes, forcées d'être ménagères, la plupart malgré elles, attendent avec un vif désir que le progrès se complète, et les affranchisse de la dépendance. Pleine satisfaction leur sera donnée par le régime sociétaire. De même que les jardins, parcs, étables, ateliers divers, les cuisines et les appartements auront, dans ce régime, leurs séries de groupes travaillant passionnément, pourvoyant en perfection à tous les menus besoins domestiques.

Ainsi l'activité humaine s'ennoblira dans tous ses essors. Chacun alors jouira entièrement de sa spontanéité, n'aura plus de subordination à subir, satisfera ses penchants, ses goûts, ses attractions, en rehaussant sa dignité. Dans un groupe sériaire, quelle que soit son occupation, nul n'est tenu de faire ce qu'il n'aurait pas librement consenti. L'intervention est proposée, acceptée, refusée à volonté. Le caractère de l'autorité y est purement consultatif, et cet ordre de choses a d'autant moins d'inconvénient, qu'à défaut de trouver sa convenance dans tel groupe, on peut aller s'adjoindre à tel autre qui fonctionne dans le voisinage, au même moment.

Sous le régime de la loi de contrainte et de son inséparable accessoire, la fausseté, un recours habile au mensonge et à l'astuce conduit d'ordinaire à un succès plus rapide et plus sûr qu'il ne s'obtient dans la voie de la vérité et de la délicatesse. Il y aura contre-marche absolue sous le régime sociétaire, parce que la droiture et la loyauté y auront seules chance d'aboutir au profit.

En même temps que s'amenderont les voies d'accès aux richesses et aux honneurs, les rapports et les liens entre les sexes s'épureront. Douée d'aisance et d'indépendance, la femme, dans la détermination de son choix, n'aura plus à consulter le vide de sa bourse avant le tact de son cœur. Elle n'aura plus à redouter les fallacieuses séductions, à se prémunir contre des embûches perfides, parce qu'aucun homme ne voudra encourir la déconsidération infaillible dont il serait frappé, si seulement il se permettait de hideuses tentatives. La ruse, la luxure, l'adultère n'auront plus cours. On respectera jusqu'au scrupule la décence, la pudeur, la probité dans l'amour, toujours en raison de ce que seule la voie de la vérité et de la pureté sera féconde en succès et en bien-être. Force agréable sera de suivre cette voie où toute cause de conflit est évitée, où toute issue est fermée à la tromperie, car l'organisation sériaire n'en comportera pas d'autre.

Alors la femme ne subira plus la nécessité de concentrer ses pensées et déployer ses facultés en vue d'un but unique, la conquête d'un mari ou d'un amant. Chez elle comme chez l'homme, la phase de l'adolescence, second âge de la vie, aura l'amour pour passion dominante, sans qu'il en résulte du préjudice ou des entraves dans l'essor des autres passions. L'équilibre de la population devant s'établir par les procédés naturels et honnêtes qu'indique pertinemment la théorie sociétaire, les cas de maternité n'atteindront plus au chiffre excessif qui si souvent fait la désolation des ménages ; les conceptions deviendront rares et la période de fécondité aura peu de durée (1). Les unions et les procréations, toutes légitimes, seront constatées dans le cours de cette période. Dans les trois autres âges, enfance, virilité, vieillesse, les deux sexes, avec leurs forces et leurs aptitudes respectives, vaqueront concurremment à toutes les occupations productives, artistiques, scientifiques, administratives, éducatrices qui subviennent à l'ensemble des besoins. Ici se trouvera clos l'interminable débat sur l'égalité des sexes : les choses sur lesquelles s'exerce l'activité humaine, cessant d'être partagées de telle sorte que les unes sont, souvent sans nécessité ni convenance, l'apanage de l'homme à l'exclusion de la femme, les autres le fardeau de la femme à l'exclusion de l'homme ; chaque sexe intervenant à son gré en toutes fonctions, sera pleinement en droit de se considérer comme valant l'autre, comme tenant à son tour le haut rang en tout et partout où une supériorité spéciale lui est acquise ; chaque sexe sera de toutes voix reconnu fondé et admis à se prétendre, dans le mouvement social, aussi utile, aussi important que, de son côté, son émule peut l'être à juste titre.

(1) Voir dans les livres de Fourier et de l'Ecole sociétaire où elles sont amplement développées, la position et la solution du grand problème de l'équilibre de population.

La souveraineté individuelle, dont il est tant parlé au temps présent, deviendra ainsi une réalité. Son exercice ne sera plus neutralisé en grande partie comme il l'est dans les pays qui la possèdent, en Suisse et en Amérique, où quelques combinaisons politiques assurent au citoyen une liberté plus ou moins large, mais le laissent voué, et plus encore sa femme et ses enfants, soit aux atteintes de la misère, soit, sous de nombreux rapports, à la dure sujétion. Pour le simple particulier comme pour le potentat, la souveraineté existe là seulement où ses volontés, toujours opportunes, s'accomplissent sans gêne, où, avec garantie de la sécurité insouciante, ses moyens de jouissance surabondent.

Autant les progressistes préconisent la souveraineté individuelle, autant les conservateurs vantent, sollicitent et patronnent l'usage de la mutualité. Mais telle qu'elle a été conçue et mise en pratique, la société régulière de secours mutuels est insuffisante bien plus encore que ne l'est, pour la souveraineté individuelle, la commune suisse ou américaine. Elle se borne, cette société mutuelle, à prémunir ses membres contre les frais éventuels de maladie et d'enterrement! Ainsi restreinte, la prévision frise le ridicule. La vraie, la seule efficace mutualité se trouve, comme la souveraineté privée, dans l'organisation intégrale, dans la garantie du minimum, et nulle part ailleurs.

Il appartient en effet au régime de la loi d'attraction et de son véhicule essentiel, le mouvement sériaire, d'accueillir sans en repousser aucune les aspirations convergentes ou divergentes des partis divers, avancés, stationnaires ou rétrogrades, et de les satisfaire toutes. Ce régime ne méconnaît la légitimité d'aucune tendance de l'âme et des sens. Il a des fortunes et des gloires pour toutes les ambitions. L'adage « tous sont appelés peu sont élus » n'y est plus de mise. Chez lui tous sont appelés et tous sont élus. Habitué dès sa naissance à mesurer avec justesse la portée de ses moyens, à ne s'abuser ni sur le degré de sa capacité, ni sur la valeur réelle de ses mérites, chacun, sans y faillir et sans rester au-dessous ni s'élever au-dessus de la convenance, se placera spontanément au rang le plus utile pour soi-même et pour autrui ; ce classement des personnes sera d'autant plus facile et d'autant mieux accepté que, parmi les groupes très-nombreux qu'elles formeront, chaque homme, femme ou enfant aura nécessairement la chance d'exceller dans plusieurs d'entre eux, d'y être premier, et se consolera ainsi, par compensation, de se voir second, troisième, dernier dans d'autres groupes.

Et voilà comment, avec le rouage constitué par l'organisation sériaire, « l'attraction, force qui anime tous » les êtres et leur donne la première réalisation, se » manifeste en loi d'équilibre ; » — comment « l'égalité » se crée sans aucun abaissement de ce qui est élevé. » Doté du minimum, le paria devient homme honorable ; le bourgeois voit se doubler et quadrupler l'aisance dont il est déjà nanti ; les avantages de position et de fortune dont jouissent le capitaliste, le noble, le haut fonctionnaire s'accroissent indéfiniment.

Alors l'individu exerce ses droits politiques ou en délègue l'exercice avec la même souveraineté dont il use pour s'affilier aux groupes producteurs ; les sociétaires les plus compétents forment, par l'élection, les groupes de gérance, de comptabilité et tous autres chargés de pourvoir aux dispositions d'ensemble, de telle sorte qu'aucun service d'utilité commune ne fasse défaut, et en tout et partout c'est la spontanéité, la passion, l'attraction qui règlent le mouvement.

Les lois naturelles de ces combinaisons, toujours déduites des principes fondamentaux, Economie de ressorts, Justice distributive, Universalité de providence, Unité de système, sont précisées en grands détails dans les livres de Fourier.

On y voit comment, « dans la Phalange d'essai, les enfants qu'on traite aujourd'hui de paresseux, de mauvais sujets, auront dès la première quinzaine pris parti dans quantité de fonctions utiles, corporelles et intellectuelles, où ils développeront leurs facultés avec une émulation qui frappera de confusion les pères eux-mêmes ; »

Comment « l'enfant aura eu raison de refuser des études présentées à contre-sens du vœu de la nature, qui exige des séries et groupes à courtes séances, et des ateliers en miniature adaptés aux goûts et aux convenances de l'enfance ; »

Comment, dans ces groupes et séries, « les enfants n'ont et ne doivent avoir aucune connaissance du lien de paternité ou famillisme, les affections qu'on prétend leur inculquer sous le nom d'amour filial n'étant que des liens d'amitié et de préférence amicale (il est de haute importance pour la bonne éducation, la santé, la chasteté de l'enfant, qu'il soit maintenu jusqu'à la puberté dans une ignorance complète sur les passions et relations d'ordre conjugal et materno-paternel); »

Comment, dans la Phalange, « un enfant serait regardé comme estropié social, s'il n'était pas, dès le premier âge, exercé à l'esprit de manœuvre ou ordre mesuré, et comment on fait de tout enfant un prodige de dextérité et d'intelligence en l'élevant sur un théâtre à jouer l'opéra, à y figurer dans quelques détails, car l'unité d'harmonie passionnelle n'a pas d'emblème plus parfait que l'opéra, voie d'initiation à tous les arts et sciences d'agrément, comme la cuisine est ressort d'initiation aux sciences industrielles, chimie, physique, agriculture, manufacture; »

Comment se justifie « le goût du merveilleux et des féeries, que la nature nous donne à tous, en dépit de quelques raisonneurs; — Comment nous est réservée la féerie composée dans le mécanisme sériaire, et comment les dames et le petit peuple, dans leur penchant pour la magie, n'ont d'autre tort que la modération ou désir des prodiges simples; »

Comment, dans l'ordre sériaire, étant « bien payé pour s'être bien diverti, plus on se divertit plus on s'enrichit; en effet, celui qui figurera le plus activement dans les repas, les amours, les danses et jubilations de cet ordre combiné, sera l'homme le plus précieux au corps social et le plus largement rétribué dans la répartition des bénéfices industriels; »

Comment avec le commerce véridique « le bon sucre sera d'un quart moins coûteux que la farine; on aura quatre livres de belle cassonnade pour trois livres de farine, et, à dose égale de fruits et de sucre, les confitures fines coûteront moins que le pain; on aura environ trois livres de confitures fines pour une livre de pain; »

Comment s'établissent et se perpétuent « entre associés la vérité en relations d'affaires, le libre choix du travail varié à toute heure au gré de qui le fait, et la justice en répartition, trois conditions liées de telle sorte que chacune est inséparable des deux autres; »

Comment avec l'attraction industrielle « on n'est plus obligé de contenir le peuple par les sbires et les supplices, d'organiser un petit nombre d'esclaves qu'on appelle *soldats* pour museler et retenir au travail la multitude désarmée qu'on appelle *salariée;* »

Comment s'acquiert l'art «d'utiliser chacune des passions qu'on a vouées au mépris, et de prouver à chacun que ses penchants, réputés vicieux en civilisation, deviennent plus utiles en harmonie que les vertus comédiennes révérées aujourd'hui; »

Comment « l'attraction nous pousse à admirer les auteurs de nos maux, les conquérants guerriers et destructeurs que la raison condamne, et comment se justifie cette admiration; »

Comment « le commerce véridique se substituera au commerce mensonger, la concurrence réductive à la concurrence complicative, la dignité à l'abjection; »

Comment les sciences et les arts atteindront le plus haut lustre, les artistes et les savants seront comblés de fortune et de gloire; comment s'opérera la fusion des classes, se formeront les accords sympathiques, les ralliements directs, indirects, ascendants et descendants de tous les goûts et de tous les caractères, en un mot comment se généralisera et s'affermira la satisfaction suprême de tous et de chacun.

Ainsi est déroulée, dans toute son évidence et dans tout son éclat, la genèse universelle :

« Une seule force dans la nature : l'attraction;

» Une seule loi : l'équilibre;

» Une seule idée : la notion d'équilibre, en autres termes la connaissance des rapports ou de la raison des choses, à laquelle se ramène toute philosophie;

» Un seul sentiment : l'amour;

» Une seule religion : le respect de la vérité et de l'intégrité des rapports personnels et réels, la JUSTICE. »

SCIENCE LUMINEUSE.

» *Rien ne subsiste*, disaient les anciens sages : *Tout*
» *change, tout coule; tout devient;* par conséquent
» tout se tient et s'enchaîne; par conséquent encore
» tout est opposition, balancement, équilibre, dans
» l'univers. Il n'y a rien, ni en dehors, ni en dedans
» de cette danse éternelle; et le rhythme qui la com-
» mande, forme pure des existences, idée suprême à
» laquelle aucune réalité ne saurait répondre, est la
» conception la plus haute que puisse atteindre la
» raison.

» Comment donc est-ce que les choses se lient et
» s'engendrent? Comment se produisent et s'éva-
» nouissent les êtres? Comment se transforment les
» sociétés et la nature? Tel est l'unique objet de la
» science (1). »

Nulle part nous n'avons trouvé, vainement nous avons tenté d'établir nous-même une formule énonçant avec plus de précision que celle-là les conditions et le but en dehors desquels il n'y a point de connaissances exactes, soit au physique, soit au moral. Puisqu'en effet l'unique objet de la science est de démontrer comment se transforment les sociétés, c'est-à-dire comment s'opère le mouvement social, reprenons les

(1) PHILOSOPHIE DU PROGRÈS, programme par P.-J. Proudhon, 1853.

termes nets du grand problème et abordons-en résolûment la solution :

Restreinte au plus petit nombre ou étendue au plus grand nombre de personnes, toute société humaine a nécessairement pour double fin la propagation et la sustentation de l'espèce. Elle y pourvoit en formant des groupes. Les groupes de famille propagent, les groupes d'industrieux sustentent.

L'indispensable constitution des groupes est le fait de l'essor spontané des quatre passions affectives : l'Amour forme les groupes conjugaux ; le *Famillisme* (passion de maternité, paternité, fraternité, *filialité*), les groupes de parents; l'Amitié et l'Ambition les groupes organisateurs des travaux, créateurs et distributeurs des produits de tous les genres.

De même qu'ils résultent uniquement de l'essor des quatre passions affectives, les groupes d'amitié, d'amour, d'ambition, de famille, résument en eux tout l'ensemble des groupes sociaux procréateurs et sustentateurs.

L'essor de toute passion a deux éléments; le spirituel ou moral, et le matériel.

L'amitié a pour éléments l'affinité caractérielle et l'affinité industrielle;

L'amour, la copulation et la céladonie;

L'ambition, la gloire et la fortune;

Le famillisme, la consanguinité et l'adoption.

Forment le groupe d'amitié les personnes de l'un et de l'autre sexe qu'une inclination naturelle, étrangère à l'amour, entraîne les unes vers les autres, soit par sympathie réciproque de goûts, soit pour vaquer ensemble aux mêmes occupations utiles ou agréables. Ces personnes, dans le jeu des accords d'identité et de contraste de leurs caractères respectifs, rivalisent en pairs et compagnons de zèle et d'habileté, avec confusion des rangs comme nous le voyons dans les ateliers, dans les réunions cordiales de plaisirs ou d'affaires;

Forment le groupe d'amour, les personnes de sexes différents portées à s'unir conjugalement;

Forment le groupe d'ambition, les personnes de l'un et de l'autre sexe que leurs aptitudes et leurs penchants naturels appellent à organiser, à régir les branches diverses et l'ensemble des hiérarchies industrielles, administratives, commerciales et autres, où règne la distinction des rangs, où se conquièrent les hautes dignités, les grandes fortunes;

Forment le groupe de famille, les personnes qu'unissent les liens du sang et celles qui ont contracté des adoptions.

De même que le groupe de famille est comme un dérivé du groupe conjugal, le groupe d'ambition est comme une extension du groupe d'amitié. Dans notre civilisation le clergé, l'armée, la judicature, l'université, les dicastères des divers ordres, sont des groupes ou plutôt des séries de groupes d'ambition.

Ainsi conçus, les groupes nés spontanément de l'essor des quatre passions affectives sont, en science sociale, des données aussi élémentaires, aussi positives et distinctes qu'en science arithmétique sont les quatre règles : addition, division, multiplication, soustraction; en science géométrique les quatre sections coniques :

cercle, ellipse, hyperbole, parabole; aussi marquées que le sont les quatre saisons de l'année, les quatre âges de la vie; enfin aussi sommaires que les quatre éléments des anciens, terre, eau, air, feu, dénommés selon les périphrases modernes : solides, liquides, fluides pondérables, fluides impondérables.

Dans le passé et le présent les groupes sociaux ont plus concouru à empêcher ou atténuer, parfois à étendre le mal qu'à réaliser le bien, parce que le mode de leur institution a dû être et a été établi en conformité du régime de contrainte qui engendre infailliblement l'incohérence et la fausseté. En conséquence, soit à l'intérieur, entre les membres dont ils se composent, soit à l'extérieur, entre eux, ces groupes, livrés d'ordinaire aux divergences, aux inimitiés, aux conflits, sont à l'état subversif.

Pour élever le groupe social de l'état subversif à l'état harmonique, il faut donc sortir du régime de contrainte et passer au régime d'attraction.

La base du régime d'attraction est dans la forme constituante du groupe lui-même et ne saurait être ailleurs. Elle se déduit naturellement de l'essor spontané des trois passions distributives (pages 28, 29) comme la formation des groupes cardinaux provient de l'essor spontané des quatre affectives.

Le groupe social est attrayant et harmonique quand, à l'encontre des difficultés d'admission, des sujétions, insipidités, répugnances, misères, discordes qui caractérisent l'état du groupe actuel, il offre et ménage savamment, à tout homme, femme, enfant, les chances les moins incertaines de libre choix, de stabilité, d'agrément, de sécurité, de profits, d'avancement, de satisfaction complète.

Ces chances tiennent à la garantie, conférée à chacun, de se livrer, dans le groupe, à l'exercice pleinement libre des passions distributives, définies :

1. Esprit de parti et d'intrigue, mêlant les calculs à la passion, vaquant à tout avec réflexion et célérité, avec une fougue spéculative et réfléchie (*cabaliste*);

2. Cumul de plaisirs des sens et de l'âme, d'où naît un enthousiasme qui exclut la raison, fougue aveugle, opposée de la précédente (*composite*) ;

3. Variété périodique, diversité, changements de scènes, amenant des situations contrastées, des incidents propres à créer l'illusion, à stimuler à la fois les sens et l'âme (*alternante*).

Ce sont en effet ces trois distributives, passions incompressibles comme toutes les autres, qui suscitent, tantôt bonnes, tantôt mauvaises, toutes les manifestations des groupes subversifs, matrimoniaux, familiaux, amicaux, ambitieux de notre civilisation trompeuse.

Préposées à introduire et à maintenir l'équilibre dans les groupes harmoniques, les distributives le sont aussi et plus encore à établir la combinaison des groupes en séries et à coordonner les séries en phalange. Ainsi, par les distributives se balancent, se lient, s'engendrent, s'évanouissent tous les phénomènes sociaux. Fourier fait voir avec d'amples détails comment ce mécanisme se déduit de l'application des lois mathématiques adéquates aux caractères divins : Economie de ressorts, Justice distributive, Universalité de Providence, Unité de système.

« Un groupe régulier ou harmonique doit avoir de
» sept à neuf *membres* au moins, pour être susceptible
» de rivalités équilibrées. Il doit remplir les trois con-
» ditions suivantes :

» 1° Association spontanée sans lien obligé et sans
» autre engagement que celui des bienséances.

» 2° Passion ardente et aveugle pour une fonction
» d'industrie ou de plaisir commune à tous les *membres*
» du groupe.

» 3° Dévouement sans bornes aux intérêts du groupe;
» disposition à des sacrifices pour le soutien de la
» passion commune. »

Chaque membre ou associé sera rétribué par dividende et non pas salarié;

La rétribution sera proportionnelle aux trois facultés, *capital, travail, talent ;*

Les séances industrielles seront variées environ huit fois par jour, l'enthousiasme ne pouvant se soutenir plus d'une heure et demie ou deux heures dans l'exercice d'une fonction agricole ou manufacturière;

Cet exercice aura lieu en compagnie d'amis spontanément réunis, intrigués et stimulés par des rivalités très-actives ;

Les ateliers et cultures présenteront à l'ouvrier les appâts de l'élégance et de la propreté;

La division du travail sera portée au suprême degré, afin d'affecter chaque sexe et chaque âge aux fonctions qui lui sont convenables.

Dans cette distribution chacun, homme, femme ou enfant, jouira pleinement du droit au travail ou droit d'intervenir dans tous les temps à telle branche de travail qu'il lui conviendra de choisir, sauf à justifier de probité et d'aptitude;

Enfin le peuple jouira d'une garantie de bien-être, d'un minimum suffisant pour le temps présent et à venir, garantie qui devra délivrer chacun de toute inquiétude pour soi ou pour les siens.

Chaque groupe exerce quelque *espèce* d'une passion qui devient passion de *genre* d'une série passionnelle. Vingt groupes cultivant vingt sortes de roses forment une série de ROSISTES, quant au genre, et de *blanc-rosistes, jaune-rosistes, mousse-rosistes*, etc., quant aux espèces.

Une série ne peut pas s'organiser à moins de trois groupes, car elle a besoin d'un terme moyen qui tienne la balance entre les deux contrastes ou extrêmes. Elle s'équilibre fort bien aussi à quatre groupes dont les propriétés et relations se rapportent à celles d'une proposition géométrique.

Une série opérant isolément n'aurait aucune propriété en accord de passions; elle ne s'élèverait qu'aux accords de mécanique matérielle, division du travail, perfection des détails, etc., comme on le voit dans les grands ateliers où l'on distingue les fonctions en y appliquant divers groupes spéciaux : c'est voie de *succès matériel*.

Pour atteindre au *succès passionnel* ou mécanisme des passions, il faut mettre en jeu une masse de séries, au moins 50 à 60 et au plus 500; puis abréger tellement leurs séances que chaque sociétaire puisse figurer dans un grand nombre de séries, en fréquenter 50 à 60 s'il se peut, ENGRENER de l'une à l'autre; c'est la condition *sine qua non*.

Pour la remplir il faut spéculer sur le nombre. Si tel travail coûte 50 heures à un jardinier, mettez-y 50 hommes; ils n'auront d'ouvrage que pour une heure, et chacun pourra, dans le cours de 50 heures, vaquer à 50 fonctions au lieu d'une. Sur cet engrenage ou variété de fonctions repose tout le mécanisme des séries industrielles et de leurs brillantes propriétés en accords de passions.

Rien n'étant si mal connu que les passions, force nous est de reproduire ici les principes déjà énoncés aux pages précédentes 27 à 30. Les redites sont inévitables quand il s'agit d'établir le plus nettement possible les définitions et un classement exact. Donc, employant derechef l'échelle de tige et rameaux primaires, secondaires, tertiaires, etc., posée par Fourier, disons :

En tige une seule passion, l'UNITÉISME, tendance à l'unité (1) ;

En rameaux primaires trois passions, tendances au *luxe* (les sens), aux *groupes* (le cœur), aux *séries* (l'esprit).

(1) « L'Unitéisme ou passion de l'unité, est le but commun de toutes les autres. Par exemple, un paysan voudrait régler à son goût les affaires de son village ; s'il devient seigneur et maire du village, il voudra régler la province entière, y établir ce qu'il appelle BON ORDRE. Donnez-lui le commandement de la province, il voudra régir le royaume, devenir ministre. Faites-le ministre ou souverain, il voudra soumettre à sa loi les empires voisins et bientôt le monde entier. Ainsi l'Unitéisme est, sans qu'on s'en aperçoive, passion de tout le monde. Je viens d'en citer un emploi relatif à l'ambition ; je pourrais appliquer de même l'Unitéisme à chacune des autres passions et prouver qu'il est but commun de toutes. Un gastronome voudra régenter la cuisine universelle ; une petite maîtresse voudra régénérer les toilettes de Paris et de tout le globe, etc. » (Fourier).

En rameaux secondaires 12 passions, 5 sensitives, 4 affectives, 3 distributives;

En rameaux de 3e degré 32 passions; en 4e 130 passions; en 5e 405 passions, etc.

Ces points fondamentaux, extraits textuellement du Traité de l'unité universelle, font comprendre que la théorie, tant des passions (causes) que des modes réguliers et des résultats (effets) de l'essor des passions, embrasse tous les détails et l'ensemble des phénomènes sociaux, soit animiques et historiques, soit matériels et industriels, et que l'application de cette théorie pourvoit à tous les besoins, à toutes les exigences de la vie humaine.

Cependant des esprits réputés élevés, des génies qualifiés vastes, ont, avec l'approbation du monde lettré, frappé de dédain l'étude de ces détails infinis. Scruter, régler l'emploi de chaque instant, descendre aux minuties de la culture, de la cuisine, du métier, du ménage, ce sont, au jugement des hauts docteurs, bagatelles pures, indignes d'attention. Seules les sublimes spéculations de l'idéologie, de la métaphysique, de la diplomatie, de l'agiotage, revêtent un mérite en rapport avec la gravité des intelligences supérieures.

C'est précisément ce qui fait que les doctes de nos jours, dans leurs chaires, journaux, écrits officiels ou non d'économie politique, en sont encore aux incertitudes et aux confusions où se morfondait la scolastique arbitraire avant l'adoption des méthodes modernes qui, dans l'ordre des sciences chimiques, ont rendu les recherches si lumineuses et les découvertes si positives.

En socialisme ou science sociale exacte, comme en chimie, en anatomie, en physiologie, la vérité est atteinte quand l'analyse est poussée à l'extrême, quand la synthèse comprend la totalité des éléments intégrants, sans négliger les plus ténus, sans en laisser aucun au dehors de la spéculation. L'infiniment petit équivaut en importance l'infiniment grand, puisque l'un des deux n'est rien sans l'autre, puisque ce sont les extrêmes d'un même tout, et qu'en partant de l'un, si l'on avance ou l'on rétrograde sans dévier, on aboutit inévitablement à l'autre. Agissons en socialisme comme en chimie. Observons, saisissons la substance des âmes, c'est-à-dire la passion dans son essence, aussi nettement que nous constatons la substance essentielle des corps. Puis procédons en passionnel comme en matériel aux développements, aux applications ou emplois utiles de chaque chose, à tous les degrés de l'échelle.

La nécessité primordiale étant de pourvoir à la sustentation humaine, rappelons que celle-ci consiste dans la satisfaction des besoins physiques et moraux, et que les moyens de cette satisfaction sont créés par le travail, puis répartis par les soins des séries de groupes industriels ayant pour ressorts principaux les affectives Amitié et Ambition, et pour guides les trois passions régulatrices. Toutes et chacune les parcelles sustentatrices, à la production, au perfectionnement et à la distribution desquelles s'attachera l'action des groupes, devront être déterminées et classées au complet dans leur ordre naturel, ordre fixé par les nécessités des cinq passions sensitives : au goût les aliments, au tact les vêtements, à la vue les couleurs, à l'ouïe les sons, à l'odorat les parfums.

Quant aux aliments, chaque fruit, chaque légume, chaque céréale, chaque préparation culinaire, officinale ou autre, aura son groupe spécial. Pour toute chose ayant emploi utile ou agréable, il en sera dans les beaux-arts et dans les sciences comme dans les cultures et les métiers. Ainsi seront assurés, se combineront et marcheront à souhait les services, aux détails infinis, dont, encore une fois, le mouvement social se constitue en similitude parfaite du mouvement matériel et du mouvement organique, où les plus réduites ténuités ont leur raison d'être, méritent l'attention, et doivent être utilisées.

Pourquoi l'opulence est-elle si unanimement et si justement enviée? — Parce qu'elle garantit les moyens les moins précaires de satisfaction des sens, du cœur, de l'intelligence. Le riche a la faculté de multiplier et raffiner ses jouissances en assignant sans gêne à chacun de ses instants un emploi de son goût. S'il n'atteint pas toujours, ou plutôt s'il atteint rarement son but, la faute unique en est aux détails d'un régime domestique, industriel, récréatif incohérent, où, le plus souvent, ne se trouvent que les déceptions, la satiété, le vide.

A côté et en contraste de ce mal-être négatif, subi par la très-faible minorité pourvue de la richesse ou de l'aisance, est vouée au mal-être positif, à toutes les privations, sujétions et fatigues sans relai, la grande majorité pauvre dont le travail forcé absorbe tous les instants.

Pour l'opulent comme pour l'indigent, en tous temps

et en tous lieux, le bien-être dépend en effet du judicieux emploi de TOUS LES INSTANTS. La science est en défaut et n'a pas encore dit le premier mot de son utilité et de ses devoirs, tant qu'elle néglige d'aborder et de résoudre ce problème de l'emploi heureux et fécond de chaque heure, de chaque minute, assurant à tous les humains plein contentement du cœur, de l'intelligence et des sens.

Ce contentement, on l'a vu plus haut, est entièrement garanti dans le régime sériaire des groupes actifs. Pour l'homme qui a suffisamment compris la théorie et la facilité de l'application de ce fortuné régime, il est évident que la condition stricte de sa validité consiste en ce qu'il place et maintient constamment l'individu, enfant, femme ou homme, dans le plein exercice de sa liberté ou essor passionnel spontané. Cependant, quelques esprits ont conçu la réalisation sériaire comme devant avoir pour résultat de rendre l'homme machine, de le rabaisser au niveau d'un animal intelligent. La méprise est extrême et dénature étrangement l'idée de Fourier. Selon ces critiques, rechercher les combinaisons les plus propres à faciliter le développement complet de toutes les puissances de l'homme, à rétablir dans le monde moral l'équilibre et l'harmonie que nous admirons dans le monde physique, et appliquer ces combinaisons, ce serait « arracher de la » conscience cet attribut éminent de la liberté qui fait » résister l'homme aux suggestions des sens avec cou» rage, quelquefois avec héroïsme. » A entendre ce langage les sens n'ont et ne comportent que des suggestions mauvaises... La supposition est absurde; le but et la conséquence du régime sériaire seront précisément d'éclairer l'homme sur la nature des suggestions des sens, de le prémunir contre les mauvaises, de le stimuler à suivre les bonnes, en substituant en tout et partout l'impulsion bienfaisante et harmonique aux entraînements désordonnés et malfaisants.

Reprocher à Fourier de vouloir réduire la vie de l'homme à un jeu machinal, c'est prouver qu'on n'a pas lu ou qu'on a très-mal lu ses œuvres. Quiconque, avec un peu d'attention, prend connaissance de la 2e notice, 1re partie des Prolégomènes, et du traité abrégé du Libre Arbitre, demeure bientôt convaincu, s'il est de bonne foi, et avoue sans hésiter que nul autre auteur n'a défini la liberté avec plus de netteté, plus d'ampleur, n'en a développé les portées avec plus d'étendue, n'en a mieux précisé les droits et les voies d'essor. Il est du reste notoire que Fourier seul a montré ces voies de liberté toutes grandes ouvertes dans les séries passionnelles et fermées partout ailleurs.

Le régime sériaire garantit à la fois l'indépendance individuelle la plus complète et la sécurité parfaite de la société prémunie contre la survenance des écarts perturbateurs de l'individu. Habitué dès sa naissance à ne manquer de rien, à tenir avec justesse la mesure de ses droits propres et des droits d'autrui, à voir contrôlées au grand jour ses actions de chaque instant, contrôle exercé pour son avantage privé le plus certain, l'individu, loin d'être incité à des écarts, les aura d'autant plus en aversion, sera d'autant plus attentif à s'en abstenir, qu'il aura sans cesse en face l'infaillibilité avec laquelle, s'il péchait, le frapperait un cri unanime de réprobation, cri cent fois plus dégradant, insupportable et répressif que n'auront pu l'être et ne l'ont été, dans le passé, l'amende, la prison, l'échafaud.

Trente siècles de triste expérience ont trop prouvé l'impossibilité du règne de la vérité et de la justice parmi les incohérences du mode morcelé qui jusqu'à nos jours a caractérisé le mouvement social. Ce règne sera l'apanage du groupe de l'avenir, parce que, formé spontanément de personnes sympathiques, ayant les mêmes goûts, les mêmes vues, le même but, animées des mêmes fougues, et attentives à limiter chaque séance à la courte durée de leur enthousiasme occasionnel, ce groupe aura la plus grande facilité, aussi bien que le plus grand intérêt, à introduire et maintenir dans son sein les rigides conditions de la justice, de la vérité, de l'équilibre, et n'y faillira jamais.

A ce merveilleux résultat moral, le groupe, ardent à l'œuvre, ajoutera le perfectionnement matériel toujours croissant, parce que, s'exerçant sur une parcelle de travail en culture, art, administration, commerce, etc., il sera infiniment mieux que l'individu isolé en position de se livrer aux fortes études, de perpétuer les bonnes traditions, de répandre les lumières, de renforcer la certitude et d'étendre les conquêtes de la science.

Alors la métaphysique et la physique cesseront d'être en divergence, de se neutraliser et se nier l'une l'autre. Loin de là, chacun alternant incessamment des groupes de physiciens aux groupes de métaphysiciens sera, incessamment aussi, en mesure d'apprécier sans erreur l'abstrait et le concret, la pratique et la théorie qui, désormais, se rectifieront et se complèteront réciproquement, car les groupes combinés auront et peuvent seuls avoir au juste la notion du progrès; eux seuls sauront discerner les déceptions de l'absolu et se prémunir contre elles.

Un groupe spécial pourvoyant ainsi, avec justesse et diligence, à chaque détail de la production, de la distribution, de la consommation, soit au matériel, soit au moral, l'ensemble des groupes, c'est évident, avisera aisément aux moyens de satisfaire, sans en négliger aucun, les besoins sociaux de tout ordre, et renforcera la marche régulière et constante de ces moyens.

Alors l'industrie domestique assurant l'application et le maintien des règles de l'hygiène n'omettra rien de ce qui rend confortable la vie de l'individu. Chacun jouira des meilleures conditions pour le vêtement, qui comprend l'habitation et le coucher, compléments du vestiaire, et pour l'alimentation distribuée aux tables diverses copieusement servies. Si, sous ce double rapport de la nourriture et du vêtement, le riche, dans le régime des groupes, ayant conservé ses avantages séculaires, peut se donner et se donne les douceurs d'un luxe superflu, le pauvre est mis en possession d'un ample nécessaire, bien-être au moins égal à celui des gens aisés de la civilisation.

L'architecture, dans la conception de ses plans, prendra pour guide unique les convenances des individus, des groupes et des séries de groupes. Elle disposera les logements pour la plus grande commodité de chaque âge, vieillards au rez-de-chaussée, enfants à l'entresol, adultes à l'étage. Cette distribution sera telle que les réunions de groupes, les relations de toutes natures entre les sociétaires aient les plus grandes facilités, la plus complète indépendance, sous l'impulsion directrice des séries de groupes préposées à enseigner et faire observer partout, toujours, et par voie d'attraction, le bon ton, l'exquise politesse, la pureté réelle des mœurs. L'enfance, choyée comme elle doit ne cesser de l'être, par la tendresse maternelle et paternelle, sera tenue hors du contact des groupes conjugaux. A la vieillesse seront ménagés le calme et le repos selon ses besoins et ses désirs.

Oratoire, bibliothèque, théâtre, musée, ateliers, laboratoires, manutentions, écuries, étables, basses-cours, occuperont les locaux les plus favorables aux séances et aux travaux des séries de groupes, au régime sanitaire des personnes et des animaux, de même que les emplacements des cultures seront enfin déterminés comme le bon sens l'exige, en raison de la nature du sol et de son exposition pour obtenir les meilleures récoltes en qualité et en quantité.

L'étendue du territoire et les délimitations alvéolaires de la Phalange ou commune sociétaire seront, elles aussi, rationnellement fixées et feront disparaître les inconvenances extrêmes de presque toutes les circonscriptions actuelles. Le Phalanstère, groupe principal des bâtiments, sera au point le plus central de l'exploitation rurale qui opérera sur une superficie de 14 à 18 kilomètres carrés. La ligne périmétrique suivra, autant que possible, les crêtes des versants d'alentour, et les confins se confondront avec ceux des territoires des six ou huit Phalanges circonvoisines.

La Phalange est une agglomération de premier degré. Les mêmes considérations qui auront motivé le choix de l'emplacement de son centre et l'étendue de son territoire, guideront la Phalange dans le vœu qu'il lui appartiendra d'émettre pour former l'agglomération de second degré ou canton, comprenant trois ou quatre Phalanges. Le canton vote, selon le même mode, pour l'agglomération de troisième degré ou district, composé de douze Phalanges ; puis viennent, toujours dans le même système, les votes pour les circonscriptions rationnelles de province ou tétrarchat, 48 Phalanges, de pentarchat, 144, hexarchat, 676, heptarchat, 1,728, octarchat, 6,912, ennéarchat ou empire, 20,736, décarchat, 82,944, undécarchat, 248,832, dodécarchat, 995,328, enfin d'omniarchat régissant, au degré suprême, les 2,985,984 Phalanges que formera la population totale du globe quant elle aura atteint son chiffre complet et normal d'environ six milliards d'âmes, chiffre nécessaire pour l'élaboration des continents et des îles après la restauration des climatures équilibrées sous toutes les zônes par l'action unitaire du genre humain entier qui aura passé à l'état harmonique.

Quiconque a eu assez d'intelligence pour comprendre, assez de droiture pour s'avouer à soi-même, sinon à autrui, combien le groupe passionnel et industriel, tel que le définit Fourier, est conforme à la nature essentielle de l'homme, est aisé à réunir, est apte à former des accords, à subvenir en abondance à tous les besoins de sustentation et de propagation, à régler la production, la distribution, la consommation, et assurer la stricte observance des préceptes divins : Economie de ressorts, — Justice distributive, — Universalité de Providence, quiconque a ainsi reconnu, dans les principes les plus élémentaires de la science sociale, combien le procédé sériaire est lumineux et efficace, loin d'être ébloui par le grandiose de l'idée, n'éprouve aucun embarras à concevoir et admettre la grande facilité, disons la nécessité d'une vaste constitution hiérarchique, progressant de l'infiniment petit à l'infiniment grand, du groupe infime à la Phalange simple, et réglant la combinaison graduelle des Phalanges jusqu'au sublime omniarchat.

Là est l'unique issue par laquelle l'humanité puisse échapper aux incohérences, conflits et collisions de ses ménages, ateliers, villages, villes, nations et races du passé et du présent, substituer la politique loyale au machiavélisme diplomatique de tous les degrés, mettre et maintenir tout individu et toute collection d'individus en possession légitime de l'indépendance, de l'exercice des droits réels avec jouissance de la richesse et de la justice.

Le pouvoir aura cessé d'être le privilége conféré à l'homme ou usurpé par lui, de maîtriser son semblable. Sous le régime d'attraction, substitué au régime de contrainte, l'autorité légale, purement consultative et tutélaire, sera attribuée aux supériorités morales, intellectuelles, physiques, acclamées de toutes voix par les juges reconnus compétents. Les fonctions du souverain, exclusivement honorifiques, consisteront à présider les séances des séries de groupes qui mettront en pleine évidence le mal à éviter, le bien à faire, provoqueront, obtiendront par la persuasion seule l'option spontanée pour le bien.

La Phalange dans son intérieur, les réunions de phalanges en duarchat, triarchat, tétrarchat, etc., auront autant de souverains siégeant au trône et tenant le sceptre, qu'il devra y avoir de grandes séries ou dicastères dont l'existence sera nécessaire pour créer et maintenir l'unisson politique.

Classant les sceptres adaptés aux rameaux secondaires de son échelle des passions (page 198) et les spécialisant au nombre de seize, Fourier donne à leurs titulaires les dénominations suivantes :

Couples en titre d'unitéisme.

16. Le haut monarque et la haute monarque de caractère.

15. La haute monarque et le haut monarque de favoritisme.

14. Le haut pontife et la haute pontife du culte religieux (1).

(1) Parmi les seize couples souverains, deux seulement ont le caractère religieux. Pourtant l'ordre sociétaire, dans son ensemble, est l'emblème de la volonté divine; il est essentiellement religieux. Mais, de même qu'en métaphysique, Fourier ne s'engage pas dans l'inextricable terminologie du panthéisme; de même dans l'ordre politique, il distingue et sanctifie l'élément qui doit être distingué et sanctifié. Il ne donne le caractère religieux qu'à deux fonctions, types et modèles, qui s'exercent par dévouement, le culte de Dieu en lui-même et le culte industriel. Ces deux couples sacerdotaux sont en effet les pontifes de l'unité universelle et les pontifes de l'*attraction industrielle,* qui dirigent les corporations de DÉVOUEMENT. Ici se trouve respectée et consacrée la langue que l'humanité a toujours parlée et qu'elle ne veut pas changer.

13. Le haut pontife et la haute pontife du culte industriel.

Couples en titres de mécanisme.

12. Titre de charme faquir (1)... La haute vestale et le haut composite.

11. — d'émulation. Le haut savant et la haute savante... cabaliste.

10. — de raffinement. Le haut artiste et la haute artiste... alternante.

Couples en titres d'affection.

9. Amitié. Le haut roitelet et la haute roitelette (ENFANTS).

8. Ambition. Le haut césar et la haute césarine.

7. Amour. La haute fée et le haut fé.

6. Famille. La haute reine et le haut roi.

Couples en titres de sensualisme.

5. Goût. Le haut gastrosophe et la haute gastrosophe.

4. Tact. La haute ouvrière et le haut ouvrier.

3. Vue. La haute apparitrice et le haut appariteur.

2. Ouïe. Le haut musicien et la haute musicienne.

1. Odorat. Le haut parfumiste et la haute parfumiste.

Développements et éclaircissements.

N° 16. Les sceptres de ce numéro sont donnés par la nature; ils ne conviennent qu'à des caractères aptes à

(1) Le faquirat est une corporation de la passion amour.

surveiller et pratiquer dans une immense quantité de fonctions quelque parcelle très-raffinée.

Ainsi les plus bas souverains de caractère, qui sont ceux d'une Phalange, doivent à eux deux surveiller, chacun dans moitié des fonctions de la Phalange, une parcelle transcendante.

Ceux de duarchat surveillent 3 ou 4 Phalanges, de triarchat environ 12 Phalanges, de tétrarchat 48 Phalanges, et progressivement jusqu'au 13e degré qui surveille le globe entier, environ 3 millions de Phalanges.

La durée du règne dans ce degré est d'environ trente ans, car les souverains de ce genre ne peuvent pas exercer avant le plein développement des facultés, ni exercer tard quand l'âge et l'affaiblissement s'y opposent. — Ce ne sont pas des places briguées par de nombreux aspirants, car la nature donne fort peu de caractères aptes à ce rôle, où l'on échouerait sans la virtualité naturelle.

N° 15. Les titres de favoritisme sont donnés par élection et sans autre motif que la fantaisie, le charme que tels individus ont su répandre dans la Phalange, dans la région, dans le monde entier, dont ils ont parcouru les armées industrielles, car c'est là que les êtres distingués par le talent ou l'amabilité vont se faire connaître. Ici le féminin a le pas sur le masculin. La durée du règne n'est que d'un an, à cause du grand nombre de prétendants.

N° 14. Sceptres du culte religieux. Dans l'ordre sociétaire, l'amour de Dieu sera passion générale, parce qu'on jouira chaque jour de ses bienfaits dans 12 ou 15 séances de plaisir; séances fortifiantes de la santé de l'âme et du corps, dont la majorité sera en plaisir composé ou multiple, assemblant double charme pour les sens et l'âme. Le culte religieux, fondé aujourd'hui sur la crainte, le sera alors sur l'amour, et toute l'humanité voudra que les ministres des autels tiennent un des rangs suprêmes, et jouissent d'une des hautes souverainetés dans les 13 degrés. Déjà des femmes atteignent le rang de supérieure, d'abbesse, etc.; elles seront élevées, dans l'ordre futur, au même degré que les hommes, ainsi que cela s'est pratiqué dans plusieurs des anciens cultes, notamment chez les Celtes.

N° 13. Sceptres du culte industriel. L'industrie tenant le haut rang dans l'état sociétaire, ceux qui en sont les pivots obtiennent une des hautes souverainetés sacerdotales. Ce sont les *druides* et *druidesses*, chargés de présider à l'exercice des travaux répugnants qui sont exécutés comme fonction de haute philanthropie par une corporation tirée en majorité de l'enfance. On doit à cette corporation l'immense avantage de préserver d'avilissement les classes et fonctions subalternes, et de faciliter les relations amicales entre riches et pauvres. La corporation des petites hordes, sous la direction des druides, est le plus puissant des 28 ressorts de ralliement ou absorption des antipathies naturelles et sociales.

Viennent ensuite les souverainetés spéciales de l'échelle des passions. Chacune des 12 passions doit ouvrir chance de souveraineté à ceux et celles qui exercent la passion dans ses hauts raffinements, ses fonctions transcendantes.

Couples souverains 12, 11, 10, *en titre de mécanisme sociétaire.*

N° 12. Couple de charme. La haute vestale et le haut faquir. Après la corporation qui rallie sous le rapport des répugnances, en se chargeant pieusement des travaux méprisés, vient la corporation qui rallie par le charme industriel. Les vestales sont les divinités de toutes les classes industrielles; fidèles à l'enfance dont elles n'ont pas déserté les fonctions matinales, elles sont révérées des enfants dont les tribus et chœurs forment le cortége du char vestalique. Elles sont, pour d'autres motifs, adorées des âges supérieurs, qui connaissent le prix de la beauté; elles sont révérées de la vieillesse qu'elles protégent contre les dédains de la jeunesse.

Les vestales sont donc lien universel par le charme, comme les petites hordes de l'enfance industrielle sont lien universel par le dévouement.

Les vestales sont le lien, le ralliement de tous les âges et de toutes les classes de fortune. Elles sont aimées des deux âges moyens, adolescence et maturité, parce qu'elles sont belles, jeunes et chastes; elles sont aimées de la vieillesse parce qu'elles la protégent; elles sont aimées de l'enfance parce qu'elles sont restées fidèles aux fonctions matinales et pénibles qu'abandonne une moitié des jouvençaux et jouvencelles empressés de se livrer à l'amour.

Les vestales ne sont pas privées d'amour par un délai de 2 à 3 ans; elles trouvent dans ce délai des chances de brillants mariages dans les armées industrielles, où elles peuvent être épousées par des souverains de divers degrés, même du degré omniarcal.

N° 11. Titre d'émulation. Les 2 sceptres des sciences. Les hommes ou femmes qui ont le plus brillé dans cette carrière. Ce titre de souveraineté émulative ne sera pas borné à la culture des sciences fixes. On pourra y élever beaucoup d'autres adeptes de sciences utiles, comme la médecine, qui deviendra science fixe, quand elle sera étayée du calcul de l'analogie. Privée de cet appui, la médecine échoue sur tous les points, ne peut trouver de remède à l'épilepsie, à l'hydropisie, à la goutte, au rhumatisme, etc. ; elle échoue de même sur le magnétisme, science médicale très-précieuse qui est entravée et qui avorte par l'insuffisance ou la fausseté des moyens actuels.

N° 10. Couple culminant des beaux-arts ou de raffinement. Ce sceptre est déféré, dans les 13 degrés, à ceux et à celles qui se sont le plus illustré dans les arts. On aura des moyens de faire connaître leurs productions par tout le globe, soit par les expositions, soit par les gravures, soit par d'autres méthodes à inventer. Quant aux récompenses qui sont des acheminements aux sceptres, 500,000 cantons affecteront au moins chacun 30,000 fr. par an aux prix décernés à des savants et artistes. Il y aura donc quinze milliards à consacrer chaque année aux travaux scientifiques, littéraires, artistiques et aux récompenses.

Couples souverains en titre d'affection.

N° 9. Le haut roitelet et la haute roitelette. Titre d'amitié. Il est choisi, en ses 13 degrés, parmi les enfants qui ont le plus brillé aux fonctions répugnantes. Cette souveraineté est distincte de celle des druides et druidesses, n° 13, qui pourtant exerce sur le même objet, mais à titre de prêtres du culte industriel. L'une et l'autre souverainetés sont électives et annuelles.

N° 8. Le haut paladin et la haute paladine, titre d'ambition, sont pris parmi ceux et celles qui ont le plus brillé dans les armées industrielles. On devient paladin après 12 campagnes, et par suite éligible aux 13 degrés de ce genre de souveraineté, annuelle en durée. Dans ce couple, comme dans les quinze autres, le souverain n'a aucun rapport de parenté obligée avec la souveraine; leurs fonctions sont tout-à-fait distinctes.

N° 7. Titre d'amour. La haute fée et le haut fé : ce sont les fonctionnaires en sympathies conjugales; leur règne est d'un an avec rééligibilité, une deuxième année, sauf intervalle d'un an pour une troisième réélection. La grande affluence de prétendants exige que ce règne soit annuel; mais la supériorité de quelques titulaires milite pour qu'on les continue au moins un an.

N° 6. La haute héritière ou reine, et le haut héritier ou roi, titre de famille. Leur règne est perpétuel et d'héritage direct; mais chacun des titulaires, femme ou homme, doit procréer son héritier légitime par alliance dans une des contrées sur lesquelles il règne : par exemple, en France, dont l'empire contient cinq divisions : Meuse, Rhône, Garonne, Loire et Seine, les souverains héréditaires devront choisir alternativement leur moitié conjugale dans la division en tour de fournir. Si la division du Rhône est celle qui doit donner un empereur de France et la division de la Garonne une impératrice, il faudra que l'empereur héréditaire aille à l'armée du Rhône faire choix et demande d'une épouse, vestale ou autre femme de cette contrée; et de même l'impératrice de France devra aller à l'armée de la Garonne faire choix et demande d'un vestel ou autre homme de cette région. Les rejetons antérieurement nés d'une autre alliance ne seraient pas admissibles à l'hérédité.

La règle est la même dans les degrés supérieurs ou inférieurs des souverainetés héréditaires, depuis celle d'une phalange jusqu'à l'omniarchat héréditaire du globe. Le titulaire, femme ou homme, doit toujours choisir sa moitié dans les armées de sa région en tour de fournir. La plus haute division, le 12e degré, est celle du globe en trois parties :

1. Europe, Afrique, Arabie, Caspienne, Oural;
2. Asie, Obi, Indus, Australie;
3. Les deux Amériques.

Naturellement, les dynasties souveraines présentement en possession des trônes, et même les dynasties dépossédées, devront être et seront en toute convenance pourvues de sceptres futurs au titre héréditaire. Ce droit leur sera d'autant moins contesté, ou pour mieux dire, d'autant plus aisément reconnu, que, d'une part, le propre de l'avènement du régime sociétaire ou d'attraction est de ne rien ôter aux possesseurs actuels, d'ajouter plutôt aux avantages dont ils jouissent, et que, d'autre part, il sera parfaitement indifférent aux masses que les sceptres héréditaires distribués fort logiquement par le hasard des naissances, soient l'apanage de telles ou telles familles qui, par les alliances obligées, feront nécessairement participer au même relief un grand nombre, et, à la longue, la plupart sinon la totalité des autres familles.

Les quatre souverains en titre d'affection siégent alternativement au trône en se partageant les vingt-quatre heures de la journée, savoir :

Groupe d'amitié, roitelet et roitelette, de 3 heures à 8 heures du matin;

Groupe de famillisme, reine et roi, de 8 heures à midi;

Groupe d'ambition, paladin et paladine, de midi à 7 heures du soir;

Groupe d'amour, fée et fé, de 7 heures du soir à 3 heures du matin.

Ainsi, par 5 et 7 pour les sustentateurs, et par 4 et 8 pour les générateurs, les deux catégories de groupes en titre d'affection se partageront par moitié les 24 heures de la journée, non que chaque couple ait à se tenir en permanence au trône sans bouger davantage qu'une statue de bois ou de marbre. Ils se borneront à siéger, aux heures indiquées pour chacun d'eux, chaque fois qu'une solennité ou une réunion soit générale, soit spéciale d'un plus ou moins grand nombre de sociétaires nécessitera la présidence qui leur est déférée.

Couples souverains en titre de luxisme ou sensualisme.

N° 5. Titre de goût. Le haut gastrosophe et la haute gastrosophe, souveraineté élective et annuelle, dont les titulaires seront choisis parmi les plus fameux gastronomes préparateurs et non parmi ceux qui n'auront que le talent de consommateurs. La gourmandise est la première passion qui domine chez l'enfant et la dernière qui domine chez le vieillard; c'est celle que le Créateur a choisie pour donner l'impulsion la plus active et la plus sûre au mécanisme d'industrie attrayante, soit en charme, soit en rivalité émulative.

N° 4. Titre de tact. La haute ouvrière et le haut ouvrier sont ceux qui auront le plus perfectionné en fabrication utile; le sexe féminin prédominera en ce genre.

N° 3. Titre de vue. La haute apparitrice et le haut appariteur, genre où prédomine encore le sexe féminin; ce sceptre électif, comme les cinq du luxisme, est donné aux personnes qui ont excellé dans les opérations d'ornement général du globe. La peinture fait partie du domaine sensuel.

N° 2. Titre d'ouïe. Le haut musicien et la haute musicienne : dans l'ordre sociétaire la musique est de haute importance et d'un emploi si universel qu'elle fournit un couple souverain dans les 13 degrés.

N° 1. Titre d'odorat. Le haut parfumiste et la haute parfumiste seront pris parmi les chimistes, médecins, agronomes qui auront le plus contribué par leurs travaux ou inventions à établir, sur l'ensemble du globe, la salubrité et le charme aromatique, à les substituer aux miasmes infects dont les campagnes et habitations sont remplies.

Les cinq couples souverains de genre sensuel sont annuels, avec faculté graduée de réélection; mais les prétendants seront assez nombreux dans les 5 genres pour qu'on établisse une variante de titulaires au moins à la troisième année..

Ainsi conçu et développé, le tableau de la hiérarchie sériaire précise quelle sera l'organisation normale de la société. Là, cessant d'être seul et simple fragment d'être, l'homme devient partie intégrante « de l'hu» manité, qui ne meurt point, être collectif se déve» loppant sans cesse, recevant de chacun de ses » membres le produit de son activité propre, et lui » communiquant, selon la mesure où il y peut parti» ciper, le produit de l'activité de tous : corps dont la » croissance n'a point de terme assignable, qui, selon » les lois immuables de sa conservation et de son » évolution, distribue la vie aux organes divers qui » perpétuellement le renouvellent en se renouvelant » eux-mêmes perpétuellement (1). »

Ainsi encore, « d'après la notion de mouvement, » progrès, série, groupe, dont l'ontologie est désor» mais forcée de tenir compte, la société, le groupe » humain, est un être *sui generis*, constitué par le » rapport fluidique et la solidarité de tous les indi» vidus, soit de la nation, soit de la localité ou corpo» ration, soit de l'espèce entière ; lesquels individus » circulent librement les uns à travers les autres, » s'approchent, se joignent, s'écartent tour-à-tour » dans toutes les directions ; — un être qui a ses » fonctions à lui » (combinées avec notre indivi» dualité) « ses idées qu'il nous communique, ses

(1) Lamennais, 1848.

» jugements » (qui nous éclairent), « sa volonté » (qui » s'accorde avec nos instincts), « sa vie qui n'est point » celle de l'animal ou de la plante, bien qu'elle y ren- » contre des analogies ; — un être enfin qui, sorti de » la nature, semble le Dieu de la nature, dont il » exprime à un degré supérieur (surnaturel) les puis- » sances et les lois (1). »

Dans un tel milieu chacun est dès l'enfance en position de chercher, chacun cherche et trouve sans y faillir sa voie et ses vocations spontanées. Il n'est plus besoin d'une suite de siècles pour voir éclore les germes, grandir les tiges, mûrir les fruits du génie. Désormais affranchis des chances de misère et d'ignorance, des risques de s'égarer dans les arides sentiers de la scolastique, les esprits de la trempe des Pythagore, des Archimède, des Galilée, des Bacon, des Descartes, des Newton, des Leibnitz, seront incessamment mis en mesure de surgir, et leurs apparitions si rares dans les siècles écoulés, seront nombreuses dans chaque siècle de l'avenir. Les temps seront passés où, gênés, mal compris, méconnus, persécutés, les grands inventeurs mouraient à la tâche, où leurs œuvres ne profitaient qu'aux générations venues plus ou moins tard après eux. Ils siégeront, pleins de vie, sur les trônes, en raison de leurs bienfaits dont les contemporains se seront empressés de jouir, en attendant le jour de leur élever de somptueux tombeaux, uniques et dérisoires récompenses décernées dans les temps antérieurs, au dire énergique de l'évangile chrétien.

(1) P.-J. Proudhon, 1853.

Aux seuls groupes philosophiques ayant surabondamment fait preuve de compétence scientifique et littéraire pour résoudre les questions transcendantes de la morale et de la politique, devenues le socialisme certain, et non plus à des tribunaux correctionnels, à des jurés désignés par le sort aveugle, à des académiciens bornes, les uns et les autres parfaitement étrangers aux connaissances nécessaires, aux seuls groupes incontestablement compétents, appartiendront l'appréciation et le jugement des œuvres transcendantes du génie. Quant aux délits de la presse, comment s'en commettrait-il là où, quelles qu'elles soient, les propositions de l'écrivain ne pourront être séditieuses, calomnieuses ou diffamatoires, égarer ou tromper personne? Ce seront sottises crues dans un monde aussi universellement éclairé et préoccupé, à toute heure, de faire prévaloir le vrai, l'utile, le juste, monde où nul n'aura intérêt à dénigrer autrui, à dissimuler, et ne se souciera de tenir dans le secret ses actes, ses paroles, ses pensées.

Ainsi exempté d'avoir à réprimer, le régime sériaire saura prévenir les incohérences, les conflits, les chocs, les discordes. Elevé avec grand soin, dès ses premiers instants, ne cessons de le répéter, dans la conscience positive de ses droits et des droits d'autrui, fortement habitué à maintenir ses intérêts propres en heureuse combinaison avec les intérêts de ses consorts et émules, selon les principes de la justice stricte, tout phalanstérien (citoyen de la phalange, de l'un ou de l'autre sexe, jeune ou vieux), concourra sans cesse à garantir la prédominance de la science, à faire régner le bien dans la production, la distribution, la consommation, avec plus d'ardeur que n'a pu et ne peut en mettre l'individu isolé au sein du morcellement, à lutter contre les concurrents, à se créer, n'importe dans quelles voies, la fortune et les priviléges en l'absence desquels, nous l'aurons vu, il n'y a ni indépendance, ni bien-être, ni honneur.

La société aura cessé d'être un ramassis de gens dépourvus, mal classés, imbus d'idées et de croyances retenant l'âme dans une perpétuelle inquiétude maladive. Chacun, même celui qui serait réduit au minimum ou ne posséderait qu'une mince fraction dans la masse formant le capital de la Phalange, chacun peut, à juste titre, se sentir et se poser membre honorable de l'agglomération. Tous sont fondés et admis à se considérer propriétaires, à dire nos palais, nos parcs, nos cultures, nos bibliothèques, nos fabriques, nos instituts. Irus non moins qu'Alcibiade déploie sa dignité sans qu'elle puisse dégénérer en illusion d'orgueil. Il jouit et concourt à faire jouir au sein de la sécurité.

L'abondance, la qualité et la bonne conservation des produits sont assurées. Chaque Phalange choisit avec discernement les spécialités de travail qui sont le plus à sa convenance. Elle s'attache à perfectionner la fabrication, à y exceller, à produire, moins en vue de ses consommations intérieures, que pour alimenter son commerce. Plus les échanges sont multipliés, plus sont nombreux et puissants les moyens de satisfaire les passions de tout ordre. Fourier démontre par quels procédés se constate avec justesse le prix de revient de chaque produit, s'opèrent les ventes et achats aux moindres frais, dans les conditions les plus avantageuses pour le producteur et le consommateur. Le hideux système des marchés dont nous avons réprouvé le mode confus et abusif aura disparu. Tout consommateur trouvera aux magasins soit de sa Phalange, soit des chefs-lieux des divers degrés, magasins assortis au complet et tenus dans le meilleur ordre, tout ce qu'il pourra désirer, et n'aura, pour l'achat, à payer que le prix coûtant dûment vérifié.

La science sociale déduite des exigences passionnelles en tous les temps notoires, constantes, indéfectibles, n'est ni une conception ni une formule répulsive du progrès. Elle ne prétend point poser des principes immuables et rattacher exclusivement à ces principes toute l'activité humaine. Elle aussi peut admettre, elle admet que toute affirmation philosophique soulève une négation équivalente. Son but actuel, immédiat, est de pourvoir au plus pressé, de donner à tout être humain l'instruction, noble marque de sa dignité, de le mettre et le maintenir en possession de l'aisance et de la liberté, sous l'égide de la justice. La combinaison sériaire des groupes actifs a précisément pour fin de rendre la marche progressive vers le perfectionnement sûre et praticable en toutes choses, partout et toujours.

Dans cette combinaison l'accord et la convergence des mouvements des masses se substituant aux incohérences de l'action morcelée des individus, des familles, des communes, des nations, garantissent à la fois l'avancement lumineux, l'application célère des connaissances fécondes et le bien-être des personnes.

On ne verra plus, comme à New-York, en 1857, au rapport du maire de cette grande ville, « les classes ouvrières, dans les jours de prospérité générale, travailler pour la subsistance seulement, tandis que les autres classes accumulent la richesse, et, dans les jours de dépression générale, être les premières à en ressentir l'effet sans avoir les moyens d'éviter ou de supporter les revers. » La vérité ne sera plus, que « ceux qui produisent tout n'ont rien, et ceux qui ne produisent rien ont tout, les premiers travaillant sans revenus au milieu de milliers de gens vivant dans l'abondance et la splendeur et ayant les revenus sans travail. »

Dans l'ordre sociétaire, comme nous l'avons exposé, les classes ouvrières participeront aux richesses accumulées, à l'envi des classes déjà favorisées de la fortune, ou plutôt les intérêts de toutes les classes se seront tellement liés, seront devenus tellement solidaires, que pour les unes et les autres les jours de prospérité générale se perpétueront indéfiniment, grâce à la certitude de la science du commerce exactement renseigné, loyalement pratiqué, sans jamais être troublés, ces beaux jours, par la dépression et les revers.

La confusion sera grande chez les prétendus sages, qualifiés hommes d'Etat, qui ont attribué au hasard, à la fatalité morale, l'instabilité des empires, des cités, des familles. Ils verront enfin la vraie cause de ces monstrueuses vicissitudes, dans la coutume persistante du régime de morcellement, où passions et intérêts se tiennent de toute nécessité en divergence, et ils se convaincront de l'efficacité exclusive de l'association rationnelle pour perpétuer la prospérité des nations et des races.

Ils reconnaîtront que les lois qu'ils ont faites ont dû

être, comme elles l'ont été, infailliblement violées, parce qu'elles étaient incompatibles avec les tendances naturelles et irrésistibles de l'âme humaine, et que leur unique recours, le châtiment répressif, au lieu d'aboutir à l'amoindrissement du mal, a dû, le plus souvent, ne faire que l'aggraver. Les véritables indications de la nature cessent où commence la violence. Toute institution qui prend pour nature ce qui ne l'est pas, est vaine ou fautrice du mal. Elle accepte les personnes et les choses telles qu'elles les trouve imprégnées de préjugés nés des usages vicieux ; elle prétend corriger les abus sans abolir ces usages ; elle invente des contre-poids, des étançons avec lesquels elle suppose follement qu'elle perfectionnera l'imperfection elle-même, et, comme de raison, elle échoue à sa honte.

Combien est plus aisée et plus sûre l'application de la science sériaire, dont les données ont été si exactement déduites par Fourier, des aspirations passionnelles de toutes les nuances ! Faite sans maître, ou, s'il le faut, avec l'aide de l'un des doctes de l'école phalanstérienne, l'étude approfondie de cette lumineuse science ne manque jamais de dissiper tous les doutes. Par elle s'acquiert la certitude que le désir si légitime d'être heureux, motif ou fin incontestable de toute action humaine, peut et doit se réaliser en tous lieux et en tout temps, au sein des groupes harmoniques. Là sont continuellement satisfaits les besoins alternatifs d'activité et de repos. On y voit l'état d'oisiveté qu'à titre de bien-être dans le régime morcelé et incohérent, tant de gens se seront procuré aux dépens d'autrui, n'être en effet qu'un état anormal : l'état normal tient à la faculté de prendre part à des travaux très-variés, lucratifs, égayants, alternant avec des plaisirs, exercés en compagnies sympathiques, en courtes séances, en ateliers somptueux, conditions qui sont autant d'attraits devant lesquels la paresse, si, par impossible, elle venait à paraître, aurait à peine un instant de durée.

Dans l'état normal ou sériaire, tous les vœux de la philanthropie seront accomplis. L'éducation, conforme aux principes de ce fortuné régime, impregnera l'élève des lumières d'une théorie dont la pratique confirmera perpétuellement l'excellence. L'enseignement, les travaux, le lucre auront pour base principale l'agriculture, parce que, d'une part, c'est entre toutes les occupations celle qui, s'exerçant sur les animaux et les plantes, offre à l'homme le plus d'éléments conformes à ses affinités vitales, et que, d'autre part, la grande exploitation rurale sociétaire, soutenue par des capitaux suffisants, munie d'instruments aratoires perfectionnés, éclairée, conduite par la science en progrès, sera la plus productive de richesse aussi bien que la plus attachante de toutes les entreprises. Autant on aura vu les campagnards empressés de déserter les fermes et d'encombrer les villes, autant on verra les ouvriers des villes ardents à en quitter le séjour pour venir prendre part à l'animation agricole de lieux où, plus que partout ailleurs, avec une abondance de produits dépassant de beaucoup les besoins, le charme et le gain seront assurés à tous et à chacun.

« Les dignités, les honneurs, mesurés sur les degrés de zèle, de capacité, sur l'utilité des services de chaque associé, seront acquis uniquement au mérite. Au désir de subjuguer et d'opprimer se sera substitué celui de surpasser les consorts ou émules, en habileté, en diligence au travail. Les égards, les louanges, les hauts rangs, la gloire, cessant d'être de honteux tributs de la bassesse ou de la crainte pour ceux qui les paient, ou de vains et orgueilleux appuis de ce qu'on nomme élévation pour ceux qui les exigent et les reçoivent, ne seront plus que la manifestation de continuels sentiments de gratitude et de conjouissance. »

Il sera tangible que « l'espèce de dépendance des différents membres de l'humanité, leurs divers rapports naturels, ne sont pas plus un défaut de liberté, une gêne, que la réunion et la dépendance des organes ne sont, dans un corps animé, un défaut de vigueur; au contraire, cette association, ces liaisons, augmentent et fécondent le pouvoir de la liberté; elles lèvent les obstacles que notre impuissance et notre faiblesse naturelles rencontreraient sans cesse si elles n'étaient aidées; bref, elles contribuent à tout ce qui favorise notre conservation, notre bien-être et notre liberté. »

Il sera notoire que, « loin de naître pour commander ou servir, comme l'ont dit les philosophes, les hommes naissent dans une mutuelle dépendance, rendue attrayante, qui les fait tour-à-tour commander ou servir, c'est-à-dire être secourus et secourir; mais dans cette signification et selon le véritable droit de la nature il n'y a et ne doit y avoir ni maître ni valet. Le fils ne dépend pas plus du père que celui-ci de sa progéniture; l'un est aussi étroitement lié par une tendresse secourable et bienfaisante que l'autre par une faiblesse qui attend des secours. »

Le paradoxe qui, au XVIIIe siècle, eut un succès si étrange, et d'après lequel le développement des arts et des sciences contribue à corrompre plutôt qu'à épurer les mœurs, sera couvert de ridicule. Nulle chance ne restera aux sciences et aux arts d'aboutir à rendre les vices moins grossiers, à farder l'hypocrisie, irriter la cupidité, faire réussir la perfidie et faiblir la délicatesse. Comme tout autre rouage de l'activité humaine, le mouvement artistique et scientifique, fermement maintenu dans les voies divines de la Justice distributive, de l'Economie de ressorts, de l'Universalité de Providence, de l'Unité de système, conspuera les comédiennes vertus et ne fera que fortifier le règne et soutenir l'exaltation des bonnes mœurs.

La plupart des détails de la Théorie sériaire découverte par Fourier, sont de certitude palpable même avant l'expérience. Son ensemble présente d'ailleurs un pis-aller brillant à ne compter que sur les moyens matériels dont l'efficacité est incontestable, tels que :

1° Extension des grandes mécaniques aux moindres fonctions ;

2° Economies colossales à estimer en moyen terme aux 4/5es de la manutention du régime morcelé, souvent aux 99/100es ;

3° Emploi des instincts à l'industrie d'où ce régime les détourne dès le bas-âge.

« On obtient ces trois effets par l'influence des trois ressorts organiques d'une série passionnelle, ressorts qui ne sont autres que les trois passions distributives, et qui sont inapplicables hors des séries de cet ordre. Ils sont décrits aux chapitres V et VI du *Nouveau monde industriel*. Qui comprend bien ces deux chapitres comprendra toute la théorie.

» L'ensemble de ces nouvelles forces productives élèverait déjà le produit au double (page 572) (à 12 milliards en France au lieu de 6), même en supposant fausse toute la théorie de l'attraction comme l'insinuent les Zoïles.

» Ce produit double serait un beau pis-aller pour remédier à l'indigence de tous degrés, depuis celle des cours, de plus en plus obérées, jusqu'à celle du menu peuple qui s'engouffre dans la misère en raison des progrès de son industrie.

» La question à juger est donc de savoir si les séries passionnées, conformes aux règles desdits chapitres V et VI, emploient d'autres ressorts que la passion et l'instinct pour entraîner au travail et pour animer les groupes industriels du double enthousiasme ou double fougue, selon la définition précisée pages 29 et 195 ci-dessus. — Si ce problème d'attraction est résolu par l'inventeur sans emploi des ressorts surannés désormais, nommés : raison, devoir, modération, prudence, besoin, etc., la théorie sociétaire est incontestablement le procédé d'industrie naturelle, applicable aux classes rétives, aux sauvages, sybarites, scissionnaires, enfants. Il faut donc leur présenter le travail en séries passionnées distribuées exactement selon l'enseignement développé dans les chapitres V, VI, VII, VIII. »

Après avoir vérifié et admis les bénéfices considérables devant résulter, quant au matériel, de la distribution par séries, on pourra étudier avec fruit et connaître à fond les accords transcendants du mécanisme, comme ceux des chapitres XXXV et XXXVI et apprécier avec justesse la science nouvelle dans toutes ses parties.

RELIGION GRACIEUSE.

La Religion, comme tout ce qui est doué du mouvement, comme l'homme, comme l'humanité, comme l'univers, parcourt ses phases, fournit sa carrière, en revêtant ses formes successives, produisant ses fleurs et ses fruits selon les saisons, sans cesser d'être elle-même, sans rien perdre de son essence. Le clergé séculier ou du siècle, vivant dans le monde, doit tenir le langage, se couvrir des dehors de l'époque présente; le clergé régulier est plus particulièrement chargé, dans les couvents, de maintenir intacte la pureté des traditions, des principes, au milieu du tourbillon social. Tant que l'homme a vécu et vivra en société incohérente, où la divergence et l'opposition des intérêts nécessitent pour l'individu l'abnégation ou le combat, la défiance et l'égoïsme, dispositions non moins fatales et inévitables chez le plus grand nombre que vicieuses chez tous, la religion aura dû et devra s'occuper avant tout, et à peu près exclusivement, du salut individuel. Ce qu'elle a fait dans ce but est ce qu'il y avait de mieux à faire. Cependant l'état d'antagonisme et d'insolidarité est pour l'homme un état anormal et anti-religieux. A mesure que les intérêts individuels deviendront convergents, que les rapports se perfectionneront, en se multipliant, et s'harmoniseront; ou, en d'autres termes, à mesure que l'élément religieux passera pour tous dans la pratique, le mérite et la valeur de l'individu seront la déduction de son accord avec ses semblables, et aucun individu ne pourra être isolément digne et heureux. Alors la religion, s'occupant plus spécialement du salut collectif, pourra et devra favoriser cet inestimable accord par tous les moyens naturels, artistiques et scientifiques reconnus loyaux.

Le mystère de la croix est expliqué, comme on l'a vu, par les nécessités de l'état social que régit la loi de contrainte. Passant au régime de la loi d'attrait, la société, dont la croix ne sera plus le symbole obligé et unique, aura-t-elle à changer de religion? cessera-t-elle d'être chrétienne? — Nullement : toujours justifié, toujours vénéré, le dogme de la croix demeurera positif par application au passé. Un seul fait se produira naturellement sans perturbation : de même que la science et la loi, la religion aura progressé en lumières et en bienfaits, et le mystère de la rédemption, à son tour opportunément dévoilé, deviendra le dogme positif du présent et de l'avenir. Dans les temples et partout, à Jésus crucifié succédera Jésus transfiguré. Comme aux siècles antérieurs, les grandes fêtes catholiques seront encore Noël, Pâques, l'Ascension, la Pentecôte, le Saint-Sacrement, l'Assomption, fêtes resplendissantes d'éclat, retentissantes des transports de la reconnaissance et de l'allégresse. Autant auront sensément prédominé, dans les phases d'incohérence et de misère, les préceptes et les pratiques austères, autant sera sensée, dans les phases harmoniques et fortunées, la prédominance des idées et des actes religieux exaltant les nobles joies.

Le Christ, dans les premières périodes de son ère, aura dû être et aura été l'archétype fixant la voie du salut individuel. Toutes les prescriptions de sa religion, durant ces périodes, auront dû se rapporter et se seront rapportées à l'homme-individu. Elles lui ont enjoint de s'abstenir du péché, de s'amender, de se perfectionner soi-même, d'ouïr sciemment les leçons du Sauveur, de les suivre avec scrupule, sans solidarité avec ses consorts, nonobstant la déclaration biblique qu'il n'est pas bon d'être seul, et la condition évangélique de s'assembler plusieurs pour former une église. C'est ainsi que la rédemption se sera restreinte à un petit nombre d'élus.

Dans ses périodes à venir, l'ère chrétienne se signalera par la réalisation du salut collectif du genre humain. La règle apostolique : UN POUR TOUS, TOUS POUR UN, sera, comme l'a fait voir la définition du groupe et de la série libres, universellement observée. Le prédicateur n'aura plus à commander l'humilité, la pauvreté, l'abstinence, puis, descendu de la chaire, à déployer dans le même moment et le même temple, les pompes du luxe, et à mettre ainsi les paroles en contradiction patente avec l'acte. Fidèles et prêtres sauront alors et témoigneront hautement, avec pleine sagesse, que dans la richesse des ornements, la somptuosité des vêtements, la délicatesse du pain et du vin destinés à la transsubstantiation eucharistique, la suavité des parfums, le charme des sons musicaux, le culte honore et préconise comme elles doivent justement l'être, les cinq passions des sens, vue, tact, goût, odorat, ouïe. Ce ne sera dans le culte, ni un abaissement ni une dénaturation de ses rites. Il maintiendra leur signification antérieure dans sa pureté. Il ne fera qu'y ajouter un développement nouveau, devenu nécessaire, assignant au luxe vital, côté matériel si brillant des créations d'Aelohîm, l'hommage extérieur qui lui est dû en toute légitimité.

Jésus, loin de dédaigner et de défendre l'usage des choses de la vie des sens, a proclamé qu'elles sont données par surcroît dans le royaume de Dieu, et a commandé de chercher premièrement ce royaume et sa justice. Joignant l'exemple au conseil, il assistait aux festins des riches ; il ne s'offensait point de s'entendre qualifier homme de bonne chère (Luc, VII); il multipliait les vivres, pains et poissons, changeait l'eau en vin pour des noces, louait la courtisane répandant sur lui des parfums précieux; protégeait Madeleine pécheresse, pardonnait à la femme adultère.

L'ordre sociétaire instaurera le royaume de Dieu et sa justice, puisqu'il garantira la surabondance de biens qui doit caractériser l'avènement de ce royaume. Aux temps de la mission de Jésus, comme, selon les textes originaux, il l'a déclaré avant le crucifiement, son royaume n'était pas de ce monde; mais il devait être cherché, trouvé, établi tôt ou tard, car, a-t-il dit : « Rien de caché qui ne puisse être découvert, rien de » secret qui ne puisse être connu; — cherchez et vous » trouverez; — frappez à la porte et il vous sera » ouvert. » La découverte du régime social prodiguant les richesses, multipliant les accords, offrant la liberté d'essor aux passions, transformées de subvertives en harmoniques, cette grande découverte avait des chances d'autant plus sûres, si elle était fortement tentée, qu'elle devait apparaître en conformité parfaite avec les temps nouveaux inaugurés par la transfiguration du Christ.

Les errements de la Religion austère sont en quelque sorte l'image renversée, la contre-partie des essors qui se déploieront dans la Religion gracieuse. Parmi les rapports de ce genre, l'un des plus frappants est celui qu'offrent les sept péchés capitaux à éviter en vue d'obtenir le salut individuel, quand ils sont mis en parallèle avec les sept passions animiques dont le jeu combiné aura pour résultat le salut collectif. Les péchés capitaux sont, par le fait, déviation, violation, faux essor ou contre-essor

L'*orgueil* — de l'AMBITION ;
L'*avarice* — de l'AMITIÉ ;
L'*envie* — du FAMILLISME ;
La *luxure* — de l'AMOUR ;
La *colère* — de la CABALISTE ;
La *gourmandise* — de l'ALTERNANTE ;
La *paresse* — de la COMPOSITE.

Si, par suite de l'altération des langues, de l'inexactitude des traductions et autres causes, les péchés n'étaient pas matérialisés autant que les mots français l'expriment, les rapprochements ainsi énoncés ne se borneraient point à de simples allusions que les beaux esprits pourront se croire en droit de trouver trop subtiles. Néanmoins, il sera aisément compris que l'orgueil est le plus souvent la manifestation du sentiment ambitieux malentendu, comprimé, mal conçu, froissé ; — que l'avarice est l'anti-amitié, la passion amitié étant toujours généreuse et secourable ; — que l'envie se manifeste d'abord surtout dans la famille, entre frères et sœurs; qu'elle montre toute sa hideur dans la marâtre jalouse, envieuse des charmes de sa fille; — que la luxure est le délire brutalisé de l'amour; — que la colère, qui naît de toute passion entravée, provient le plus souvent de la cabaliste déçue : les joueurs qui, à défaut d'intrigues réelles, s'en créent de factices avec les cartes, les dés, les billes, sont les plus colères des hommes; — que la gourmandise, goinfrerie, gloutonnerie, tient surtout à l'absence du savoir-vivre qui résulte de l'abondance et de la variété des mets, permettant un alternat, un papillonnage dont l'exercice prévient tout excès; — enfin que la paresse, dégoût du travail, est ce qu'il y a de plus opposé à la composite, dont l'essor est un enthousiasme aveugle, une activité infatigable.

Régularisé par l'harmonie inhérente au mouvement sériaire, l'essor libre des passions préviendra le péché en supprimant les motifs et les occasions qui le font surgir;

Dûment protégé et satisfait, l'élan de l'Ambition n'aura plus à dégénérer en Orgueil;

L'Amitié se livrera à ses effusions sans avoir à les subordonner aux nécessités d'économie et d'épargne devenant Avarice. L'esprit sordide, qui se rattache à l'Unitéisme et peut n'être pas dépourvu d'utilité, s'exercera au profit de la masse et non plus au dommage de l'individu;

Mère, frères, sœurs, parents de tous degrés, seront unis, affectueux entre eux, c'est-à-dire en pleine dilection de Famillisme, parce qu'ils n'auront plus sujet de se jalouser, de se porter Envie;

L'Amour, protégé et satisfait de même que le sera l'Ambition, ne courra plus le risque de sombrer en Luxure ;

Toute passion, la Cabaliste comme les autres, ayant son essor libre, concordant et assuré, la Colère n'aura plus de raison d'être ;

L'abondance, la diversité infinie des mets ; la courte durée, la rapide succession des séances de repas comme des séances de travail et de récréation, en favorisant les tendances de l'Alternante, supprimeront le Gourmand grossier, le transformeront en gourmet délicat ;

Enfin les mêmes circonstances de diversité et de courte durée des séances, s'ajoutant aux occupations d'utilité quelconque, aux cumuls de plaisirs qui maintiendront la vivacité incessante de la Composite, feront de la Paresse une véritable impossibilité.

Acte nuisible à autrui ou à soi-même, le péché a pour correctif la vertu. Quand elle consiste à éviter le péché, à atténuer ou réparer le mal qu'il cause, la vertu est, par là même, négative, et tel est généralement son caractère dans la religion de la croix. La modération, la modestie, la résignation, l'abstinence, l'obéissance, l'humilité, l'accomplissement du devoir, s'appuyant sur le jeûne et la mortification, revêtent alors rationnellement ce caractère négatif dans le monde comme dans le cloître. Le dogme de la rédemption devenu prédominant fera perdre de leur valeur aux vertus négatives. Elles auront moins à intervenir, et les vertus positives, qui doivent tendre à l'extension du bien comme les vertus négatives concourent à la réduction du mal, seront plus généralisées, plus appréciées, parce qu'elles auront plus d'efficacité, soit pour le développement de l'ordre, soit pour la satisfaction des besoins sociaux.

Les hautes vertus positives : la FOI, l'ESPÉRANCE, la CHARITÉ ; la *justice,* la *prudence,* la *tempérance,* la *force,* vertus théologales et cardinales, seront toujours dans l'avenir, comme elles l'ont été dans le passé, les vertus par excellence, avec leur type septenaire (3e rameau de classement, comme pour les 7 passions, les 7 péchés, les 7 notes sonores, les 7 couleurs, etc.). L'essor de chaque passion, dans les séries de groupes, sera en effet préparé, guidé, soutenu, exalté par l'une ou par l'autre, par plusieurs de ces brillantes vertus ou par elles toutes ensemble. C'est en s'animant de leur impulsion que la passion s'élève à l'apogée de son orbite, à l'accord d'octave, à l'unitéisme.

Ainsi armée de force, de tempérance, de prudence, de justice, de charité, d'espérance et de foi, la passion revêt elle-même le caractère, prend le rang, exerce la fonction de vertu. Et quand, ayant redoublé d'énergie et de fécondité, la passion-vertu concourt à accroître et répandre le bien autant qu'il peut l'être, elle devient éminemment religieuse, puisque c'est par le règne du bien que se manifeste la rédemption sur la terre comme au ciel, en cette vie comme en l'autre.

Le dogme de la rédemption succédant au dogme de la croix, la religion aura un retour à s'imposer relativement au dogme de l'enfer. Elle devra examiner si le jour est venu de renoncer à la damnation dont elle a frappé et continue de frapper les dix-neuf vingtièmes au moins du genre humain. Nombre d'érudits affirment que le dogme de l'enfer ne date pas des premiers siècles de l'ère chrétienne, mais qu'il est éclos au sein des barbaries du moyen-âge. Longtemps le sacerdoce aurait professé des doctrines plus clémentes sur le sort des défunts. Fourier, dans sa dissertation sur l'esprit irréligieux des modernes, esprit qu'il qualifie extrêmement déplorable, démontre l'urgence de revenir, en ce qui touche la vie ultra-mondaine, à des idées moins sombres et plus rationnelles que celles qui terrifient les esprits timorés. A ce sujet l'Inventeur de la Théorie sériaire précise une leçon dont la formule scientifique est tellement saisissante que rien de plus instructif ne saurait être offert ici au lecteur studieux. Fourier dit :

« La religion catholique romaine est une manœuvre » de diffraction inverse, mode qui a pour caractère » constituant de pivoter sur extrêmes conjugués diver- » gents et de laisser toujours le centre dégarni.

» 1° Elle circonvient et influence les deux âges » extrêmes et disparates en moyens intellectuels, les » enfants et les vieillards, par la crainte des supplices » de l'enfer; mais cette même crainte influence-t-elle » sur l'homme en âge de raison, à vingt, trente et » quarante ans? — Non, sans doute. Voilà donc un » système de terreur qui opère sur deux âges extrêmes » et très-divergents en culpabilité; car l'âge caduc est » pétri de crimes, tandis que l'âge d'enfance n'en a » commis aucun. Rien n'est plus disparate sous le » rapport des peines méritées; cependant les deux âges » interviennent à admettre cette crainte et forment » combinément les ressorts de manœuvres, tandis que

» l'âge central ou âge des amours et des rapines, à » vingt, trente, quarante et cinquante ans, se soulève » contre le dogme des enfers et se livre à ses passions. » Voilà donc sur ce point le centre dégarni et le pivot » assis sur extrêmes conjugués divergents.

» 2° Elle influence et convertit les classes extrêmes » et opposées en moyens intellectuels : d'une part, les » pauvres d'esprit, les idiots à prétentions, dépourvus » de tout relief par eux-mêmes, en cherchent un dans » les affectations de piété ; d'autre part, elle s'adjoint » la classe la plus incompatible avec les sots, celle des » surabondants d'esprit, les coquettes surannées et » délaissées, et les libertines déclinantes et pétries » d'ambition. Mais elle manque la classe moyenne, » celle des hommes judicieux qui, par besoin de culte » séduisant, se rallient aux illusions de la philosophie » également absurde. Voilà dans cette seconde classe » d'opération le même vice que dans la première, le » centre dégarni et les pivots assis sur extrêmes » conjugués divergents.

» Je pourrais, ajoute Fourier, pousser plus loin les » exemples, mais c'en est assez pour conclure sur les » vices de cette manœuvre qui laisse toujours le centre » sans résistance. On ne peut mieux la comparer » qu'à la tactique militaire des Tartares, qui n'ont ni » centre, ni ligne d'opération, et voltigent sur les » flancs de l'ennemi. Cette méthode est bonne dans » leurs déserts, et de même le système catholique a » été bon dans les âges d'obscurité ; mais aujourd'hui » il expose la religion à décliner et tomber par toute » attaque régulière portée sur le centre. Telle était

» celle des philosophes qui, en s'emparant de l'âge » moyen, avaient déjà remporté une victoire d'opé- » ration avant de l'avoir remportée de fait. L'attaque » des francs-maçons eût été bien plus sérieuse et sans » remède pour le catholicisme si elle avait eu lieu. » Cette religion s'est sauvée par leur ignorance, ainsi » que par celle des philosophes, qui n'ont pas su, » dans le temps de leur règne, établir un culte reli- » gieux, ces sophistes ne sachant rien inventer. Mais » est-on assuré, en cas que la Civilisation se prolonge, » d'avoir toujours à faire à des cabales aussi ineptes, » et ne doit-on pas craindre que des attaques mieux » dirigées n'opèrent la désorganisation qui deviendrait » de plus en plus facile, tant que la religion pivotera » sur extrêmes conjugués, sans revenir au pivotage » du centre, qui aurait l'avantage inappréciable de » rétablir l'amour de Dieu et l'espérance en Dieu!

» On peut reprocher aux nations modernes de » n'avoir donné que des résultats analogues à leurs » manœuvres ou modulations sur extrêmes conjugués. » Elles ont produit les deux excès contraires au bon » esprit religieux, — dans les siècles ignorants, le » fanatisme ascétique, germe des révolutions supersti- » tieuses; — puis, dans les siècles éclairés, la fausse » piété ou crainte de Dieu sans amour. Cette crainte » devait engendrer par degrés l'irréligion, car on en » vient bien vite à ne plus aimer ceux qu'il faut » craindre. Tel doit être le résultat de tout culte qui » fait de la crainte son principal levier, et n'excite » l'amour de Dieu que par des voies incapables de le » produire.

» Le culte est sapé dans sa base par l'influence
» secrète des jeunes gens révoltés contre un Dieu
» ennemi de leurs plaisirs. Les fauteurs de ce désordre
» sont les auteurs des dogmes terribles qui heurtent
» la classe opulente, indisposent la jeunesse, classe
» pivotale en mécanisme affectueux, et sans l'inter-
» vention de qui l'on ne peut ni établir l'amour de la
» Divinité, ni fonder solidement l'esprit religieux.
» Négliger en système religieux la conquête de la
» jeunesse, c'est manœuvrer comme un général qui
» entr'ouvre son centre et laisse couper ses lignes.

» Aussi l'irréligion est-elle devenue vice général en
» Civilisation. Il règne, au lieu d'esprit religieux, un
» simulacre de piété qui offre trois variétés princi-
» pales :

» 1° La piété mercenaire ou d'intérêt personnel; —
» par exemple, chez ceux qui tiennent du culte divin
» une bonne dotation. Leur étalage de sentiment reli-
» gieux est d'autant plus suspect qu'ils sont les plus
» empressés d'avilir Dieu, en étouffant tout espoir de
» la découverte de son code et en applaudissant au
» désordre actuel du globe, qui est pour Dieu une
» double injure en matériel et en social.

» 2° La piété spéculative, — celle d'une foule de
» gens qui ne voient dans la religion qu'un moyen
» de contenir leurs subalternes, enfants, valets, fer-
» miers, sujets, ou bien qui fréquentent les temples
» par esprit de parti et coalition avec ceux dont ils
» briguent la protection.

» 3° La piété négative ou bouclier de raillerie, —
» ressource des pauvres d'esprit qui, à défaut de

» moyens, se soutiennent par la cagoterie, ressource » des femmes qui, au déclin de l'âge se jettent dans » les bras de Dieu par distraction, par vide d'esprit, » et font de la religion un pis-aller ou contre-poids, à » défaut des amours finis pour elles. Aussi voit-on » que les coquettes surannées sont des séïdes de dé- » votion.

» Telles sont les trois nuances de l'esprit religieux » chez les modernes. Il ne présente que les gra- » dations de l'hypocrisie..... »

Les gradations de la piété réelle et constante découleront comme de source du mouvement harmonique des passions-vertus fonctionnant à l'ombre du dogme de la rédemption et sous le régime de la loi d'attraction.

L'amitié, convenance réciproque sans influence de sexe ni lien de parenté ou d'intérêt, l'ambition, ou ligue corporative en intérêt, l'alternante, la composite, la cabaliste, auront peu d'obstacles à surmonter pour introduire ou obtenir les appropriations sociales qu'exige leur plein et libre essor. Ces cinq passions se concilieront assez aisément peut-être avec les idées reçues, les usages établis, les lois en vigueur. Il en sera autrement de l'amour et du famillisme que les préjugés entourent et circonviennent. Le pouvoir religieux par son sacrement, et, après lui, le pouvoir civil par son code, ont, avec l'institution rigoureuse du mariage, prescrit des règles contraires aux tendances naturelles des deux affectives propagatrices de l'espèce, et proscrit des libertés sans l'exercice desquelles, pour ces passions comme pour l'âme humaine dont elles sont parties intégrantes, il n'y a point de dignité. — Comment s'y prendre pour amener les législateurs sacerdotaux et politiques à lever ces prohibitions, à modifier ces prescriptions?

Abordée sous le bénéfice des réserves expresses réitérées à chaque page de ces TRANSACTIONS, la question peut assurément ne soulever aucun inconvénient : avec plus de décision et de fermeté que n'en sauraient avoir les moralistes officiels, nous affirmons la légitimité parfaite du joug matrimonial, sous le règne de la loi de contrainte, et dans la civilisation constituée en ménages exigus et incohérents. Aussi, loin de contester l'excellence du mariage tel qu'il existe dans cette société, nous proclamons hautement cette excellence; nul plus que nous ne le vénère; nul ne soutiendra plus énergiquement que nous la nécessité de ne lui porter aucune atteinte, mais plutôt de s'attacher, tant que dure le régime civilisé ou morcelé, à en généraliser la pratique, à la rendre au besoin légalement obligatoire. Ce devra donc être sans nous exposer à encourir sensément l'incrimination d'outrage à la morale publique et aux bonnes mœurs que nous nous permettrons de démontrer aux potentats du jour, prêtres et gouvernants, la gravité de l'état de choses actuel en ce qui touche le sort qu'il fait aux sexes, le désordre des rapports que les sexes ont entre eux, l'urgence d'obvier à ce désordre, et le moyen d'y parvenir.

Les arguments les plus probants, selon les publicistes en crédit, se déduisent des constatations de la statistique. Or, la statistique dit qu'à Paris, sur 37,451 naissances, on compte 11,757 enfants naturels, dont 2,326 reconnus, 9,431 non reconnus, et que 6,921 mères font leurs couches à l'hôpital. Ainsi plus d'un tiers des nouveaux-nés reçoivent le jour hors du ménage matrimonial dûment constitué. L'ordre moral où un fait aussi monstrueux se renouvelle chaque année, est à coup sûr médiocrement édifiant et peu fait pour inspirer de l'estime en faveur du système religioso-politique d'union des sexes dont il est le résultat ou l'accessoire.

Mais la notion qu'offre le mouvement des naissances à Paris n'est pas suffisamment développée. Pour établir la situation avec assez de détails, il faut recourir au dernier dénombrement de la population française, et comme le choix de la circonscription recensée est assez indifférent, les feuilles de la 4e section de la ville de Besançon ont été prises au hasard. Le tableau d'autre part (page 246) résume leurs chiffres.

MÉNAGES.	MASCULINS				FÉMININS				TOTAUX.
	moins de 18 ans.	18 ans et plus.	mariés.	veufs.	moins de 16 ans.	16 ans et plus.	mariées.	veuves.	
469 couples d'époux avec enfants. . .	394	97	469	»	344	153	469	»	1,926
2 maris sans leurs femmes, *idem*. .	1	»	2	»	»	2	»	»	5
13 femmes sans leurs maris, *idem*. .	8	2	»	»	7	6	13	»	36
39 veufs avec enfants.	20	15	»	39	12	22	»	»	108
116 veuves *idem*.	40	78	»	»	31	81	»	116	346
196 mariés sans enfants.	»	»	196	»	»	»	196	»	392
23 filles-mères.	15	2	»	»	12	26	»	»	55
348 chefs divers.	33	258	7	41	19	295	12	142	807
communautés, 6.	»	93	»	44	»	170	»	34	341
domestiques.	7	53	»	»	6	383	»	»	449

Ce tableau rend positif :

1° Que, dans une masse de 4,463 personnes, sur 1,396 masculins et 2,118 féminins, ensemble 3,514 ayant l'âge d'être mariés, 722 masculins, et 1,430 féminins, ensemble 2,152, vivent hors mariage;

2° Que sur 665 couples réguliers d'hommes et femmes en ménage, 196 n'ont pas d'enfants, circonstance qui, à bon droit, dans la terminologie de Fourier, leur a valu la qualification de PSEUDO-MARIÉS;

3° Que sur 1,206 ménages 469 seulement sont tenus à l'état normal, c'est-à-dire par femmes et hommes mariés, vivant ensemble avec des enfants. Sur ces 469 ménages normaux, 179 n'ont qu'un enfant, 162 en ont deux, en sorte que le nombre des familles proprement dites, composées des deux époux et de trois à sept enfants, se réduit à 128 sur 469 couples et 1,206 ménages;

4° Que 9 maris vivent séparés de leurs femmes, et 25 femmes séparées de leurs maris; que 44 veufs sur 124, 34 veuves sur 292, séjournent dans les hospices, et que 23 filles-mères ont des enfants élevés par elles;

5° Que 137 hommes et 204 femmes vivent hors ménage et en communautés, qui sont : le *collége* Saint-François-Xavier, le lycée, le séminaire, la maison du Sacré-Cœur, un asile de vieillards, l'hôpital Saint-Jacques;

6° Que sur 518 garçons ayant moins de 18 ans, et 431 filles ayant moins de 16 ans, 124 garçons et 87 filles sont privés de l'avantage de vivre dans la communion de leurs pères et mères;

7° Que 60 masculins et 389 féminins à l'état de

domesticité subissent en fait l'interdiction de la vie de mariage et de famille.

En résumé la statistique irrécusable prouve que le ménage matrimonial subvient à l'existence domestique d'un huitième au plus de la population, et, dans ce huitième, comme dans les sept autres vivant en ménages non matrimoniaux, les cinq sixièmes au moins des personnes gémissent, on le sait trop, dans les ennuis, les contestations, le mal-aise, la misère.

Et pourtant ce chaos domestique, où nécessairement s'ourdissent et se commettent, peu souvent, il est vrai, au grand jour, mais fréquemment dans un secret facile à garder, des actes d'immoralité accomplis avec une habileté et une prudence dignes des raffinements du XIXe siècle, — ce cloaque de désordres existe dans trois paroisses en réputation de catholicisme. Il se peut, sans doute, que les mêmes faits de licence, favorisés par la constitution actuelle du ménage, présentent moins ou plus de gravité dans d'autres paroisses urbaines ou rurales. Ce sont des différences de trop faible poids pour qu'il faille en tenir grand compte. Peut-être aura-t-on à reconnaître en notre temps moins de libertinage ostensible, faits et paroles, qu'aux XVIIe et XVIIIe siècles. En réalité il y en aura autant, sinon davantage. Seulement il sera mieux caché, plus hypocrite, le progrès de la civilisation (pages 42, 102, 115), étant le progrès en fourberie.

Le vice du système matrimonial qui aboutit à un si déplorable état de choses tient à l'oubli des principes fondamentaux de la science. Rappelons ces principes. L'âme et le corps constituent la duité intérieure (page 7).

Pour que la combinaison harmonique de l'âme et du corps se manifeste en existence normale, il faut que cette combinaison maintienne chaque membre de la duité indépendant de l'autre. Leur état de confusion (sommeil, ivresse, etc.) est, comme leur dissolution (mort) destructif de l'existence normale. Il en est de la duité extérieure ou des sexes, comme de la duité intérieure. Les sexes doivent rester au moral indépendants l'un de l'autre autant qu'ils sont distincts au physique. Vouloir la jonction absolue et permanente des sentiments et des volontés de deux époux; prétendre que les époux s'accommoderont, toute la vie durant, d'une entière confusion de goûts et d'intérêts, c'est l'un des préjugés les plus notoirement contradictoires avec le vœu de la nature, et les plus funestes dans leurs conséquences. On est tombé ainsi, en ce qui touche le mariage, dans une grande méprise. Partant du fait que l'homme intégral se forme de la femme et du mari, ce qui n'est vrai qu'abstractivement, on a dit que celui des deux époux qui est doué de la force supérieure la communique à l'autre; et en effet le lien conjugal a la propriété d'opérer ce résultat. Mais de ce résultat découle moins d'avantages que d'inconvénients dans une société où les méchants doivent être, sont en si grande majorité, et ont communément la force en partage. En les investissant du pouvoir d'influence attaché au titre d'époux, on ajoute trop à leurs chances favorables. — Si les conjoints sont de forces respectives égales, les contestations et la discorde leur sont habituelles. Sont-ils faibles tous les deux, ils ne font que se communiquer mutuellement un surcroît d'hébètude. Quand les malfaisances dont les masses et les individus ont à souffrir sont attachées en si grand nombre à la coutume matrimoniale telle qu'elle a régné dans le passé et règne dans le présent, il n'y a pas à s'étonner de voir cette coutume tomber en désuétude et en discrédit.

A ce désarroi du ménage matrimonial se sont ajoutés, dans ces derniers temps, les dérivés de deux phénomènes sociaux remarquables :

D'une part, surtout dans les villes, la coutume tend à se généraliser de n'avoir ni cuisine, ni meubles à soi. Pour peu qu'on ait des goûts d'alternance, qu'on se plaise aux changements fréquents, on a toute facilité de se satisfaire. On prend ses repas dans les restaurants, ses gîtes dans les hôtels garnis. Les charmes de la vie de Bohême séduisirent toujours l'un et l'autre sexe. Plus que jamais, nonobstant le triplement et quintuplement du nombre des agents de la police, le vagabondage, avec bourse vide ou bourse pleine, revêtant les dehors polis et honnêtes ou grouillant dans les bouges, se multiplie, s'aguerrit, envahit la société.

D'autre part, un régime industriel nouveau se développe sous lequel le travail individuel en chambre, les petites fabriques familiales disséminées, cessant d'être tenables, disparaissent devant les grands ateliers et grandes manufactures où, femmes d'un côté, hommes de l'autre, mangeant, et souvent habitant, par masses, à distance les unes des autres, se séparent forcément, et les enfants affluent dans les asiles publics.

Ces tendances à l'exagération de l'individualisme bohémien, au communisme passif des grandes manufactures que Fourier nomme bagnes industriels, ont frappé de stupeur les publicistes qui ne ferment pas les yeux, qui les observent et s'en effraient. Quand ces publicistes sont dépositaires du pouvoir et ont à cœur de remplir leur mission, voyant l'inefficacité des prédications et pratiques religieuses pour contre-balancer d'aussi anti-matrimoniales impulsions, ils se demandent si les mesures de compression et de répression, l'amende, la prison, le gibet, seuls freins connus et usités dans le passé, seront moins insuffisants, et ils ont bientôt compris, s'ils sont clairvoyants, que de jour en jour ces freins deviennent moins conciliables avec les principes de 89 consacrant un progrès si positif et si glorieux.

Le jour est donc venu pour les chefs des peuples, prêtres et gouvernants, de se vouer sérieusement à la recherche des réformes opportunes que peut comporter le système matrimonial, pour le mettre en accord avec les nécessités sociales du temps présent, et d'abord de se livrer à l'examen approfondi des modifications que propose l'Inventeur du procédé sériaire.

Dans cette recherche, les penseurs graves n'oublieront point que chez les Sauvages l'idée du mariage est très-vague, liens faibles, relâchés, sans force. Dans le patriarcat biblique comme dans la Barbarie orientale, la pluralité des femmes est de règle, leur sujétion est absolue. C'est par la reconnaissance des droits civils de l'épouse et l'introduction de la monogamie que s'est accompli, au grand profit de la justice, le passage de la barbarie à la civilisation. Ainsi la civilisation est plus avancée dans le bien que le patriarcat et la barbarie; mais conservant le ménage familial pour base sociale, il lui est inévitable de tenir le mariage permanent, indissoluble, avec soumission de l'épouse et des enfants à l'époux et père. Hors de ces conditions en effet il n'y aurait, dans le présent et dans l'avenir, ni stabilité, ni sécurité pour la femme, pour les enfants, souvent pour le mari lui-même, ce qui serait monstrueux. Ce n'est donc pas sur le mariage en tant qu'exercice de l'amour conjugal, de l'amour maternel et paternel, de la piété filiale, que doit porter la réforme ; c'est sur le mariage constitutif du ménage. Que le régime domestique devienne sociétaire, s'organise en groupes et séries de groupes passionnés, pratiquant les meilleurs procédés de production, de distribution, de consommation, et le mariage pourra sans inconvénient cesser d'être le dur assujétissement réciproque des enfants, des femmes et des maris.

Dans le ménage sociétaire seul peut être acquis et respecté l'exercice des droits des enfants, des femmes et des hommes à la vie indépendante et digne. Les droits des enfants doivent être reconnus, admis et protégés avant ceux des pères et mères, parce que l'enfance, qui vient perpétuer la race, est débile, incapable d'exercer elle-même ses droits. Assurément la nature impose aux mères et pères l'obligation de venir en aide à leurs progénitures, et par suite les investit de l'autorité qui peut leur être nécessaire pour remplir ce devoir. Mais si la nature a doué les pères et mères d'une vive tendresse pour l'enfance, tous ne sont pas, il s'en faut beaucoup, aptes à faire avec habileté et sagesse des élèves accomplis. En fait d'éducation les ascendants ont d'ordinaire plus de propension pour le gâtement que de lumières pour découvrir et de volonté pour faire éclore et diriger les vocations natives. L'éclosion des vocations ayant cependant une haute importance sociale, les séries de groupes de nourriciers et d'instituteurs veilleront à ce qu'elle se développe bien, à la grande satisfaction des pères et mères, heureux d'être déchargés d'un lourd fardeau, d'un souci qui, dans le ménage morcelé, leur ôte le repos, les tourmente sans cesse, absorbe leurs précieux instants. Ainsi affranchie des soins qui, pour le bien-être des enfants, pour les aisances du mari, peuvent se trouver contraires à ses goûts ou au-dessus de ses forces, la femme aura son sort assuré, son existence agréable, sans nul besoin des garanties attachées au sacrement, à l'acte civil, au contrat de mariage de la civilisation.

Au moral, la science exacte des passions enseigne que le mariage est impureté, profanation, indignité et viol, quand l'ardent et réciproque essor des deux éléments de l'amour est absent. Si le stimulant matériel ou physique et l'affection de cœur n'entraînent pas irrésistiblement à l'union conjugale, formuler cette union est un acte qui, pour le mérite, reste au-dessous du rut des brutes. Cependant, à une époque peu reculée, le père avait le pouvoir légal de marier ses enfants en ne consultant que ses propres convenances et non les leurs. Il adjugeait sa fille, innocente et à peine nubile, à un vieillard cacochime et madré, son fils à une mégère, et la religion légitimait ces hideux marchés. Les mœurs se sont améliorées. Désormais prêtres et magistrats admettent au mariage les seuls couples, bien ou mal assortis, qui affirment un consentement mutuel et libre. Mais, déclaré à l'avance en public, ce qui serait scandale chez des peuples plus scrupuleux en fait de décence, ce consentement sera-t-il indéfiniment valable, si l'épreuve décisive qui l'aura suivi et non précédé, vient rendre manifeste aux deux conjoints qu'ils sont tombés en erreur ou en mécompte? Sous le régime civilisé, la solution affirmative de cette question est nécessaire. Sous le régime sériaire, la vérité et la justice régnant, aucune union ainsi avortée ne revêtira le haut caractère du mariage. L'unique mariage honorable, authentique, sera celui des couples liés par un hyménée réel, complet, aboutissant notoirement à une procréation qui seule lui vaudra sa confirmation indélébile.

Ainsi entendu, le noble état matrimonial sera compatible avec les liens d'ordre inférieur à la formation desquels inclineront tôt ou tard les conjoints légaux, liens dont la publicité ne sera utile sous aucun rapport. Les essors divers de l'amour auront alors leurs voies naturelles de satisfaction ouvertes comme le sont déjà les voies pratiquées par les autres passions. Les époux seront, à leur gré, fidèles, à la grande édification des romanciers sévères, volages, au grand contentement des romanciers badins. Les fidèles seront fiers du privilége de déployer, à l'exclusion des inconstants, les insignes de leur mariage actuel. De leur côté, les inconstants se consoleront aisément d'être privés de ce brillant privilége, soit qu'ils l'aient acquis et en aient joui dans leur jeune âge, soit qu'ils se réservent de l'acquérir dans un âge plus avancé.

L'amour est passion dominante dans le second âge de la vie, âge de l'adolescence qui sépare l'enfance de la virilité. C'est donc au second âge surtout qu'appartiendront la coutume et les honneurs du mariage. En effet, le mariage, impraticable dans le premier âge, chez qui domine l'amitié, aura peu d'opportunité, sera rarement usité dans le troisième âge ayant l'ambition pour dominante, et moins encore dans le quatrième âge, la vieillesse, vouée tout entière aux essors du famillisme. La limitation, plus ou moins générale, de l'institution du mariage au second âge de la vie, sera d'autant mieux motivée, aura d'autant plus de convenance que cet âge, particulièrement à ses débuts, est celui de la fécondité de la femme. Arrivée aux approches de l'âge mûr, la femme, dans l'heureux tourbillon de la vie harmonique, perdra, plus encore qu'on ne l'observe dans la classe riche et raffinée de la civilisation, la précieuse aptitude à devenir mère.

L'urgence et la nature des modifications devenues nécessaires dans la coutume du mariage, paraissent avoir été suffisamment démontrées. De plus amples développements seraient ici superflus. Les amateurs qui les désireraient les trouveront dans les livres de Fourier. Il reste à exposer comment ces modifications peuvent se concilier avec les principes chrétiens.

Remarquons préalablement combien il aura été plus difficile de substituer à la plurigamie des patriarcaux et des barbares la monogamie des civilisés, qu'il pourra l'être de mitiger cette monogamie sans la dénaturer au fond. En cessant d'être exclusif de l'indépendance des conjoints, le mariage nouveau, même en devenant multiple, ne cessera pas d'être monogame et indélébile. Il n'imposera plus rigoureusement aux époux la cohabitation perpétuelle, d'ailleurs si peu observée, parce qu'avec le remplacement du ménage isolé par le ménage associé, cette cohabitation aura perdu sa raison d'être; mais les époux resteront néanmoins entièrement libres de ne point se séparer, d'être constamment ensemble, si telle est leur préférence. Il n'y aura ni communauté ni promiscuité. La femme aura autant que l'homme le droit de libre choix. Quand son ambition, sa piquante coquetterie (exercice de la cabaliste), ses passions diverses, animiques et sensuelles, n'auront nul besoin des libéralités du mari ou de l'amant, la femme sera un phénix de retenue, de pudeur, de délicatesse. Mieux que jamais elle donnera le meilleur ton à la bonne compagnie. Plus activement que jamais elle saura concourir à la généralisation et au maintien des procédés de loyauté et de franchise en toutes relations, et d'abord dans les relations d'amour, en mariage et hors mariage, ces dernières devenant honnêtes de déshonnêtes qu'elles auront été et sont encore, quoique en dernière analyse, quand elles ne nuisent à personne, elles soient tout autant innocentes que le boire et le manger. Les innovations dans les rapports des sexes, telles qu'elles ont été conçues et sont proposées par Fourier, ont précisément pour but de rendre ces rapports pudiques et honorables par excellence. Qui en a bien compris la théorie reste infailliblement convaincu qu'elle a pris la nature sur le fait et qu'elle sera pleinement justifiée par la pratique.

Déjà le législateur politique s'est abstenu de comprendre le serment dans la formule de l'acte de l'état civil qui rend le mariage légal. Le magistrat chargé d'y procéder se borne à lire le chapitre 6 du titre 5 du code, à demander au futur époux et à la future épouse s'ils veulent se prendre pour mari et pour femme, et sur la réponse affirmative, faite séparément par chacun d'eux, il les déclare unis en mariage. Rien, dans l'acte de l'état civil, ne constate expressément que les époux aient pris l'engagement positif d'observer à la rigueur les dispositions du code. Ils savent qu'ils se doivent mutuellement fidélité, secours et assistance; que le mari doit protection à sa femme, la femme obéissance à son mari; que la femme est obligée d'habiter avec le mari, de le suivre partout où il juge à propos de résider; que le mari est obligé de la recevoir, de lui fournir tout ce qui est nécessaire pour les besoins de la vie, etc. Mais si, soit isolément en secret, soit d'un commun accord, des infidélités sont commises; si les secours et assistances mutuels ne sont pas nécessaires; si la femme peut et veut se passer de protection; si le mari a peu à désirer et se soucie peu de se faire obéir par sa femme; si femme et mari se dispensent sans conteste d'habiter ensemble; si la femme n'a ni besoin ni envie d'obliger son mari à la recevoir, à lui faire des fournitures, le code n'a prévu, n'a autorisé pour aucun de ces cas le recours à des moyens coërcitifs, l'emploi de la répression, l'intervention du pouvoir public à l'effet de redresser les écarts de ce genre que se permettent les époux. En fait, la statistique prouve assez (page 247) que nombre d'époux, appartenant la plupart à la classe aisée et éclairée, vivent volontairement, sans scrupule, en ménages non communs, à distance plus ou moins grande les uns des autres. Aucune sentence judiciaire ne légitime cette séparation, et néanmoins elle est tolérée, vue sans étonnement, avec indifférence, par l'autorité comme par le public. La faible minorité, composée de gens de la vieille roche, qui s'en formalise encore, s'amoindrit chaque jour, car chaque jour gagne du terrain l'opinion favorable à la liberté amoureuse, si sottement dénaturée par l'expression *communauté des femmes*, dont se servent les inconsidérés en retard de comprendre que cette communauté serait l'antipode de la liberté, et ravalerait la femme au-dessous même de son indigne position chez les sauvages. Les prescriptions du code civil opposeront donc peu d'obstacles à la transition de l'idéal actuel du mariage vers l'idéal induit des données du régime sériaire. Elle aura lieu rapidement, cette transition, dès que s'établira le régime nouveau; elle s'effectuerait à la longue, par la seule impulsion du mouvement d'opinion et d'innovation que témoigne la statistique, si l'instauration des phalanges harmoniques se faisait attendre.

Le pouvoir sacerdotal sera-t-il moins accommodant que le pouvoir législatif et la masse du peuple, au sujet des changements devenus nécessaires dans les conditions du mariage? Non, si le sacerdoce veut bien s'en tenir strictement à la lettre et à l'esprit de l'évangile. On lit dans saint Matthieu (V, 33, 34): « Il a été dit aux » anciens : Vous ne violerez point votre serment..... » Et moi je vous dis de ne point jurer du tout. » Qu'en conformité rigoureuse de ce texte, le prêtre s'abstienne d'exiger aucune promesse, aucun serment des époux auxquels il administre la bénédiction nuptiale, et cette bénédiction consacrera l'union religieuse du couple conjugal habitant la Phalange, à l'égal de l'union matrimoniale du couple ayant domicile dans la commune civilisée. Dans l'une comme dans l'autre société les époux formeront au même titre une seule chair, engendreront des enfants légitimes. Le but de la loi chrétienne comme celui de la loi civile sera pertinemment atteint. Avec la suppression du serment s'anéantira le délit d'adultère, de même que le délit de contrebande disparaît avec la suppression de la douane. Passion-vertu, devant, comme toutes les autres, concourir ardemment à élever au suprême degré le bien social, c'est-à-dire l'accroissement des richesses et le bonheur de tous, l'amour sera au premier rang pour la formation des accords les plus multiples, les plus brillants et les plus féconds. C'est dans ses séries de groupes que se signaleront les dévouements religieux par excellence pour exalter et perpétuer les dilections, comme les hauts dévouements amicaux des druides, druidesses et petites-hordes, auront levé tout obstacle à ces joies, en affranchissant des travaux répugnants les âges et les tourbillons naturellement voués aux plaisirs.

Dans ces magnificences de l'amour la suprématie appartient aux femmes. L'histoire moderne met en évidence que partout où les femmes ont joui de la plus forte dose de prérogatives en éducation et en liberté, les mœurs ont été plus douces, la vie plus agréable, les sciences et les arts mieux cultivés, les humains meilleurs. Entre tous les pays, la France est celui où les femmes, quoique fort mal traitées encore, sont le moins esclaves, et de tous les pays la France est aussi celui où, dans les circonstances politiques ordinaires, les injustices sont le moins nombreuses, l'instruction le plus répandue. Dans ces derniers siècles, sur huit femmes appelées à occuper sans partage des trônes européens, sept ont été de grandes reines, tandis que sur huit souverains régnant dans les mêmes temps, sept ont été de médiocres rois.

Si, comme il vient d'être dit, les groupes propagateurs conjugaux et familiaux déploient les accords les plus multiples, les plus brillants et les plus féconds, par les essors harmoniques de l'amour, quelle passion entraînera, de leur côté, à des résultats parallèles, les groupes sustentateurs d'amitié et d'ambition? C'est, dit Fourier, le *goûtisme*... (grâce pour ce néologisme inévitable ici. La gourmandise sous-entend toujours ivrognerie, goinfrerie; elle est réputée péché et invariablement prise en mauvaise part. A défaut d'un autre mot équivalent, inscrit au Dictionnaire de l'Académie, et en attendant que les linguistes compétents daignent chercher, trouvent et donnent une expression meilleure, que *goûtisme* soit admis provisoirement comme signifiant la passion sensuelle du goût, toujours prise en bonne part).

Aucune passion sensuelle n'est stimulante, impérieuse, durable, autant que le goûtisme; c'est le plaisir qui ne s'use pas; aucune ne multiplie davantage ses emplois, n'a des ramifications aussi diverses se rattachant aux sciences et aux arts; aucune ne lui est supérieure en utilité. Quoi de plus estimable et de plus fructueux que l'exercice de cette passion chez les fins gourmets, les fins dégustateurs, les gastronomes habiles, les gastrosophes profonds, ardents à l'étude, à l'essai, à la constatation des préparations alimentaires susceptibles par excellence d'introduire la santé, de la maintenir constante et forte? A la rigueur on peut sans souffrir rester plus ou moins longtemps privé de l'exercice de l'ouïe, de l'odorat, de la vue, du tact. On ne peut endurer de même la faim, qui tarde peu à devenir une rage. Et quand les beaux esprits, moins oracles, comme ils croient l'être, de la gravité que de l'étourderie commune, frappent de dérision « la grande bataille » des petits-pâtés sur les bords de l'Euphrate, » décrite par Fourier pour faire ressortir l'importance extrême des détails culinaires qui, sur tous les points du globe doivent faire « corps sain pour belle âme, » c'est sur la sottise des gloseurs que le ridicule tombe de tout son poids.

Le goûtisme est intervenu de tout temps, il interviendra à tout jamais pour rehausser les essors des affectives, et, en premier ordre, de l'amitié et de l'ambition, dans les banquets de camaraderie et d'apparat. Les amis ne cesseront point de se féliciter le verre à la main, les ambitieux d'exhaler leurs toasts d'honneur aux personnes et aux choses dont dépend pour eux la fortune ou la gloriole. Viennent en seconde ligne les repas de famille et de *noces*. Ainsi partout la table est attrait puissant, tient un haut rang, est grande affaire pour tous les âges. Néanmoins, il aura dû être et il aura été de bonne politique, sous le régime morcelé où les pauvres, en majorité immense, se livrent si naturellement, quand l'occasion s'en présente à eux, aux excès de boisson et de victuailles, il aura été très-sensé de fronder la gourmandise et de dénigrer les plaisirs de la table.

Sous le régime associé où les richesses surabondantes et réparties avec équité, auront fait disparaître la pauvreté, la politique devra quitter cette voie négative et inverse. Elle entrera dans la voie directe et positive, relèvera le goûtisme de son abaissement, le fera tenir en haute estime et honorer comme étant, dans ses développements, l'un des modes d'action les plus efficaces et les plus louables par lesquels se manifeste la charité, sublime vertu théologale.

Le sacerdoce hésitera peu, sans doute, à sanctionner le virement d'opinion devenu opportun en faveur du goûtisme. Séculiers ou réguliers, les ecclésiastiques ont toujours été praticiens délicats et distingués des réunions de table, soit entre eux, soit dans le monde. Aucun laïque, peut-être, ne les a égalés dans les choix de convives assortis, dans l'ordonnance des menus, la surveillance des préparations qui assurent la finesse, la meilleure qualité des vins et des mets. Les prêtres seront heureux de voir ce bien-être se généraliser pour tous les fidèles, sans qu'aucun inconvénient y soit attaché.

Le Christ présidait la sainte cène quand il institua l'Eucharistie. Y aurait-il témérité et manque de convenance à inférer de cet acte que le Christ a suffisamment autorisé la coutume du banquet honnête et délectable? Oui, sans doute, tant que la croix est et doit être le symbole religieux prédominant; non, quand le symbole de la rédemption remplace le symbole de la croix et fait passer le christianisme du mode austère au mode allègre. Dans la religion ayant pour base le sacrifice et son cortége d'abstinences, la communion aura dû être, comme elle l'a été, caractérisée par la componction, et, quant à l'immixtion des sens, restreinte à des proportions extrêmement réduites. Avec le Christ transfiguré, réalisant à toute heure la multiplication des pains et des poissons (surabondance des mets) et le changement de l'eau en vin, pourquoi la communion ne serait-elle pas l'essor splendide du goûtisme, tout imprégné de pureté divine? A coup sûr cette idée peut-être conçue, émise, proposée, sans qu'il en résulte aucun dérespect, aucune atteinte portée aux dogmes justement vénérés. Ce n'est toujours (page 60) que présenter le même objet sous un rapport différent, indiquer un sens nouveau ne contredisant en rien celui qui est reçu, ne l'anéantissant point pour lui en substituer un opposé, devant au contraire se concilier avec lui, ne faire que l'éclaircir et le développer.

Des chrétiens, aux premiers siècles, ont consacré leurs jours, souffert le martyre, sacrifié leurs vies, en vue d'enseigner les voies de la sagesse à leurs frères nés et à naître, de les affermir dans la foi, et de concourir ainsi, autant qu'il dépendait d'eux, au bien moral que peut comporter la déviation du destin. Après la mort de ces martyrs, et en reconnaissance d'un zèle si exemplaire et si utile, l'église leur a décerné la couronne de gloire et le titre de saints. L'ère de la rédemption aussi aura ses saints. Les harmoniens qui, surtout dans les corporations d'amour et de goûtisme, auront, au plus haut degré, concouru à l'expansion du bonheur moral et coopéré à l'accroissement des richesses, seront acclamés saints de leur vivant et de toutes voix.

Des dogmes sociaux de la Croix s'appliquant à la déviation du destin, et de la Rédemption s'ajustant au destin reconquis, passons au dogme abstrait de la Très-sainte Trinité.

Aelohîm (lui-les-dieux), ou Ihoâh (l'être-des-êtres, l'éternel), se manifeste selon le dogme du christianisme et de la plupart des religions antiques, en trois personnes qui ne font qu'un et sont nommées : le Père, le Fils et le Saint-Esprit. Qu'une brève paraphrase nous soit permise pour exprimer l'idée que nous nous sommes faite de cette conception :

Le Père, âme vivante universelle, source des vies, intelligence suprême, suprême puissance; proprement Dieu, selon l'acception générale;

Le Fils, obéissant à Dieu, manifestation phénoménale de Dieu, union de Dieu à la matière (incarnation), matière divinisée; en un mot la matière mue par Dieu, égale à lui en tant qu'indestructible, mais inférieure par sa nature, et conséquemment obéissante;

Le Saint-Esprit, sainteté, justice, loi intellectuelle et mathématique selon laquelle Dieu fait *bien* tout ce qu'il fait, ne peut faire que ce qui est bien, au moral comme au spirituel et au matériel. Les inspirations du Saint-Esprit sont infaillibles : le blasphème contre le Saint-Esprit ne se pardonne point.

Ainsi expliqué le caractère propre à chaque personne de la Trinité n'est-il pas défini sans qu'il en puisse résulter la moindre atteinte portée à la doctrine catholique? Un corollaire nouveau ne peut-il pas être émis à la condition que, loin de nuire aux définitions orthodoxes, telles que les professent les docteurs en théologie et les admettent les fidèles, il les respecte dans leur intégrité, et se borne à les confirmer en montrant leur pleine coïncidence avec les axiomes que la suffisance, ou plutôt l'insuffisance des docteurs ès-sciences physiques et mathématiques, éclectiques ou philosophiques, leur a opposés avec un succès trop notoire? Au XIIe siècle, Abailard put proposer en toute liberté une compréhension de la Trinité, en des termes, à son sentiment, moins abstraits et plus à la portée du sens commun que le dogme enseigné du haut de la chaire par les prédicateurs de son temps. La même liberté est certes mieux encore acquise dans la seconde moitié du XIXe siècle.

Fourier, après avoir reconnu dans les choses en contact immédiat avec son être, que le mouvement est invariablement trinaire en principes et quaternaire en modes, a remonté du petit au grand, du fini à l'infini, et a conçu l'existence universelle se constituant des trois principes :

Actif ou moteur, Dieu ;

Passif ou mu, matière ;

Neutre, arbitral, régulateur, loi nécessaire de combinaison de l'actif et du passif, combinaison en dehors de laquelle le passif et l'actif resteraient à l'état de nullité.

Ces trois principes se retrouvent partout et en toutes choses. Ils sont les premiers éléments de la grammaire, en leurs termes mêmes, *actif*, *passif* et *neutre;* des mathématiques dans les trois angles et les côtés du triangle ; — de la physique, sous les formes oxigène, hydrogène, azote ; — de la métaphysique sous les appellations âme, esprit, corps, ainsi que le dit saint Paul, faculté de sentir, d'idéer et de saisir, etc. Si donc les savants laïques voulaient bien, partant de leurs propres maximes, s'élever tout naturellement aux régions cosmologiques et théologiques les plus hautes, leur scepticisme se dissiperait aussitôt, la Sainte Trinité leur apparaîtrait lumineuse et saisissante autant que déjà le sont pour eux les vérités d'un autre ordre dont ils ont pleine conviction.

Pater principium sine principio ; Filius principium de principio ; Spiritus Sanctus principium de utroque. En effet, le principe moteur essentiellement animique, est principe sans principe ; la matière, principe mobile, mise en œuvre est principe émané du principe actif ; la loi rectrice de la combinaison des principes actif et passif, est principe commun à tous deux, principe déterminé par la nature propre à chacun d'eux.

Devenue efficiente par sa mise en acte, la loi de combinaison opère l'incarnation (animation de la matière), et dès-lors *Filius conceptus est de Spiritu Sancto.*

Le caractère essentiel d'une vérité dogmatique est son universalité ; elle doit s'appliquer à la partie et au tout, à la créature humaine et à la créature planétaire, à l'homme individu et à l'homme collectif. Quand les textes évangéliques ne sont pas entendus dans cet esprit ; quand le lecteur, imbu de la logique du siècle, s'en tenant à la lettre qui tue, se borne à rapporter ces textes exclusivement à l'individu, leur intelligence se hérisse pour lui de difficultés. Traduits en langue vulgaire pour être mis à la portée des simples, les récits de saint Matthieu I, de saint Luc I, 35, sur la naissance de Jésus-Christ, devront paraître à l'homme du monde peu conciliables avec le cours ordinaire des choses. Mais s'il a conçu le dogme de l'incarnation dans toute son étendue, il voit le genre humain, comme les astres et les tourbillons d'astres, naître ainsi qu'est décrite la venue du *Fils de l'homme*, et il est pénétré de l'exactitude grandiose du récit.

Ne séparons jamais l'homme universel de l'homme individu quand nous voulons étudier et comprendre la pure doctrine religieuse.

La prière par excellence, le *Pater noster*, prouve admirablement cette nécessité. Il nous fait dire « *Notre* père, » et non pas *mon* père; — « qui êtes dans le ciel, » qui remplissez l'espace, qui animez tout ce qui existe; — « que votre nom soit sanctifié, » qu'il soit sanctifié par tous les humains, d'un commun accord, qu'il les rallie, qu'il les unisse; — « que votre règne arrive! » Nous ne jouissons pas de votre règne, Seigneur! qu'il vienne, qu'il nous enrichisse, nous harmonise, et accomplisse ainsi « votre volonté sur la terre comme « au ciel. » Le ciel est une immense manifestation d'harmonies parfaites; ces harmonies sont votre volonté suprême; elles doivent régner aussi parmi nous sur la terre, car c'est par elles que vous nous « donnerez notre » pain de chaque jour, remettrez nos dettes, nous tien» drez en garde contre la tentation et nous délivrerez » du mal. » —Pas un mot qui manque d'identifier l'individu à tout le genre humain; pas un mot qui ne s'applique autant à l'homme collectif qu'à l'homme individu.

Le Christ enseigne qu'il faut aspirer au règne de Dieu, que pour les hommes ce règne est de s'aimer, de vivre en bon accord, en harmonie sociale. Pourquoi la révélation du Christ s'est-elle limitée à ce commandement et n'a-t-elle pas fait connaître, en même temps, les moyens d'harmonie? Croyez-vous que Jésus est Dieu-homme, égal en science à Dieu-univers, ou seulement que Jésus est un envoyé divin, possédant la science à haut degré, sans toutefois dépasser l'inspiration gratuite ou acquise que comporte l'humaine nature?

Dans le premier cas Jésus a dit ce qu'il pouvait et devait dire pour mettre l'homme sur la voie du salut ou royaume de Dieu. Si sa révélation et le conseil « aide-toi, je t'aiderai, » n'avaient pas laissé à l'homme le mérite et les connaissances à conquérir, le libre arbitre à exercer, l'homme eut été déchu de dignité ou rendu égal à Dieu même. Or, Jésus-Dieu a reconnu la haute dignité de l'homme, puisqu'il est descendu se faire homme-Sauveur. Il a reconnu aussi que l'homme n'est pas égal à Dieu, puisque à la question : « Qui donc sera sauvé? » il a répondu : « Cela est impossible aux » hommes, mais c'est possible à Dieu. » Matth., XIX, 25, 26.)

Dans le second cas, Jésus a révélé tout ce qu'il a su, et n'a pu nous apprendre plus que ce dont il nous a instruits.

Dans l'une et l'autre hypothèses, sa déclaration est précise : « Mon royaume n'est pas maintenant de ce » monde » (Jean, XVIII, 36), de ce monde civilisé, barbare, sauvage, tel qu'il existait lors de la mission du Christ, tel qu'il existe encore, et c'est dans la réforme de ce monde que nous avons à chercher, à trouver le royaume de Dieu.

Job avait dit : « La parfaite sagesse est la crainte » du Seigneur, et la vraie intelligence est de se retirer » du mal. » XXVIII, 28.

Le Seigneur est Aelohîm. Sa loi est l'attraction. Craindre le Seigneur c'est craindre sa loi. Quand, sous le régime de l'incohérence sociale, régime du péché et du mal, nos entraînements passionnels aboutissent aux effets subversifs, la parfaite sagesse doit être la crainte de la loi du Seigneur. Cette crainte se témoigne par l'abstention qui nous tient au dehors de la sphère maudite; elle rend le mal négatif pour nous, puisqu'elle nous empêche de participer au mouvement désordonné qui le crée.

La vraie intelligence de l'homme collectif est aussi, comme celle de l'homme individu, de savoir se retirer du mal. Job ignorait et dès lors n'indiquait point les voies, parce qu'il écrivait sous la LOI. Le Christ les a fait pressentir en nous apportant la GRACE. Elles éclatent dans les trois vertus théologales, qui, elles aussi, sont une Trinité, et au lumineux enseignement desquelles il faut toujours revenir sans se soucier des redites.

« Je vous fais un commandement *nouveau* qui est » de vous entre aimer et de vous aimer les uns les autres » comme je vous ai aimés. — La marque à laquelle le » monde reconnaîtra que vous êtes mes disciples, c'est » l'AMOUR que vous aurez les uns pour les autres. » Jean, XIII, 34, 35.

« Vous aimerez donc le Seigneur votre Dieu de toute » votre âme, de tout votre esprit et de toutes vos forces :

» c'est là le premier commandement. — Et voici le » second, qui est semblable au premier : Vous aimerez » votre prochain comme vous-mêmes. Il n'y a pas » d'autre commandement plus grand que celui-là. » Marc, XII, 30, 31. « Toute la loi et les prophètes se » réduisent à ces deux commandements. » Matth., XXII, 40.

L'amour, qui a pour hyéroglyphe la colombe (Jean, I, 32), est la plus noble des trois passions primaires ou sous-foyères; c'est la passion affective formatrice des quatre groupes propagateurs et sustentateurs (page 192), groupes d'amitié, de corporation, de conjugalité, de famillisme. Par les accords harmoniques de ces groupes, accords qui sont le déploiement général de l'amour, l'homme collectif se retire du mal et fait dominer le bien. Les mille combinaisons diverses des quatre groupes, convergeant au foyer commun, qui est l'unitéisme, la charité divine, sont donc autant d'élans d'une vertu théologale. Dans la terminologie de Fourier elle a nom GROUPISME (page 29).

« Ce qu'il y a de plus important dans la loi est la » justice, la miséricorde et la FOI » (Matth. XXII, 23). « Si vous aviez de la foi comme un grain de senevé, vous diriez à ce mûrier : « Déracine-toi, et va te planter au milieu de la mer, et il vous obéirait » (Luc XXVII, 6).

L'amour est le plus grand commandement; la FOI est le plus important. Ayez la conviction parfaite, la foi que Dieu est juste, qu'il veut le bien, qu'il vous a fourni les moyens de le réaliser, et qu'il vous laisse la gloire de vous retirer vous-mêmes du mal. Avec la foi, toutes nos actions se font par entraînement et enthousiasme.

Contemplant, prenant pour guides avec pleine foi les attributs ou caractères de Dieu : universalité de providence, économie de ressorts, unité de système, nous découvrons tous les secrets, substituons les vérités aux erreurs. Observées avec les yeux de la foi, les créatures de tous les règnes deviennent pour nous une magnifique révélation des modes d'existence et des destins de l'âme. Nos groupes passionnels se forment en séries analogues aux séries des créations. Il n'y a que la foi qui nous sauve, car sans elle nous tombons dans le découragement, la stupeur, la nullité ; nous ne découvrons rien, nous ne nous élevons à rien. Rendre la foi toujours active, toujours efficace, c'est organiser le SÉRIISME, pourvoir à l'essor de la troisième des passions sous-foyères (pages 30, 195). Cette fougueuse passion, qui fut l'ardente foi de saint Paul, fondatrice de toutes les séries religieuses, nous entraîne à tout connaître, à ne perdre aucun instant, à tout régulariser, à nous tenir dans une plénitude de vie qui ne nous laisse douter de rien, nous fait entreprendre ce qui de prime abord paraît impossible, et en dépit des obstacles nous le fait exécuter. Tant que cette forte conviction n'animera pas l'ensemble du genre humain d'un même esprit, tant qu'elle ne naîtra pas des accords sociaux universalisés, il n'y aura point pour nous de salut complet.

« Il n'y a rien de caché qui ne vienne à être découvert, ni rien de secret qui ne vienne à être connu. » Matth. X, 26. « Ne vous inquiétez point de ce que vous aurez à manger ou à boire, et n'ayez point sur cela l'esprit en suspens. Cherchez premièrement le royaume et la justice de Dieu, et toutes ces choses

» vous seront données par surcroît. » Luc XII, 29, 30.

L'ESPÉRANCE doit incessamment soutenir l'amour et la foi. Si l'espoir faillit l'amour tourne à l'amertume ou s'endort, la foi chancèle et se perd. Aspirons vivement à tout connaître, à tout posséder. Que le redoublement de notre activité nous fasse atteindre le grand but de l'espérance, le royaume de Dieu, l'harmonie sociale, où le cœur et l'esprit (l'amour et la foi) auront leur plein essor, et où la surabondance de richesses que désirent nos sens nous viendra par surcroît. Telle est la connexion de l'ESPÉRANCE, vertu théologale, avec la passion sous-foyère dite LUXISME. S'adressant à des nations que tourmentaient l'indigence, les infirmités, le mal-être, fléaux inhérents au morcellement social, l'évangile ne pouvait s'expliquer ouvertement sur le luxisme, tant interne ou santé qu'externe ou richesse. Le Christ a dû n'en traiter qu'indirectement, en faire une vertu d'espérance. Mais ses paroles sont remarquables : Cherchez d'abord le royaume de Dieu et sa justice, la pleine charité et la pleine foi; espérez et soyez certains que toutes les choses d'intérêt sensuel vous seront données par surcroît.

Le but ultérieur des trois vertus théologales, identique au but des trois passions de premier degré, est l'unité, l'UNITÉISME, leur pivot ou foyer :

« Père saint, conservez par votre nom ceux que vous
» m'avez donnés, afin qu'ils soient un comme nous. —
» Que tous ensemble ils ne soient qu'un, comme vous,
» mon père, êtes en moi et moi en vous. — Qu'ils
» soient consommés dans l'unité. » Jean XVII, 11, 21, 23. Le vœu énergique de l'évangile, comme le vœu de

la loi d'attraction, est donc que l'homme soit unitaire avec lui-même et avec Dieu. Comment douter que nous en ayons le pouvoir, quand nous avons la foi au Christ? — Ne nous a-t-il pas dit : « Vous êtes des dieux. » Jean X, 34. — « La lumière est en vous. » Matth. VI, 23. — « Le fils de l'homme est maître du sabbat même. » *Ibid.*, XII, 8. — « Celui qui me voit, voit aussi mon Père. » Jean XIV, 9. Oui, celui qui, dans la déviation du destin, voit l'homme individu parfait comme a été Jésus; qui, dans le vrai destin, verra Adam, l'homme universel, vivant en pleine harmonie, aura aussi vu Dieu dans sa manifestation. Il sera dans la voie de l'unité qui est la voie de la plénitude positive du souverain bien.

Fonder l'unité, la maintenir, c'est faire la volonté de Dieu, car Jésus a dit : « Qui fait la volonté de mon Père entrera dans son royaume. » Matth. XII, 21. Le royaume de Dieu sera donc un corps politique unitaire. Telle s'est élevée l'Eglise catholique. Quels qu'aient été les inhabiletés ou fautes qu'elle a pu commettre, les échecs qu'elle a pu éprouver, quelque valeur qu'aient pu avoir les reproches de dégénération en orgueil, ignorance et hypocrisie, lancés contre elle par les dissidents, hérésiarques et voltairiens, l'Eglise UNE, catholique, est la seule rationnelle, la seule admissible, la seule apte à réaliser le salut de l'homme individu sous le dogme de la croix, de l'homme collectif sous le dogme de la rédemption. Il ne s'est toujours agi, et il ne s'agit toujours que de faire passer le catholicisme de parole en acte, de l'abstrait au concret, de la théorie plus ou moins bien comprise et complète à la pratique prodiguant le bonheur, suscitant indéfiniment l'enthousiasme divin.

Le *Credo* nous apprend en un seul trait le moyen de cette mise en acte : *sanctorum communionem.* Les saints, les véritables membres de l'Eglise ont en effet pour base d'unité leur *communion,* une communion multipliant en tous sens les accords animiques, spirituels, matériels, en un mot les accords sociaux de l'homme collectif.

En opérant, dans ses groupes et séries de groupes, le redressement des passions dévoyées, l'association transforme, comme nous l'avons fait voir, en causes de vertus et de bien-être, les causes de l'adversité, des vices et des crimes. Ainsi, dans l'Eglise unitarisée par la communion des saints, les péchés sont remis : *remissionem peccatorum.*

Le dernier article du symbole des apôtres « *carnis » resurrectionem et vitam æternam,* » n'est pas moins un double fait constant en association sériaire où la certitude est acquise soit de l'immortalité, soit des incarnations périodiques et successives. (Voir au grand Traité de Fourier, le chapitre *Pivot direct.*)

Un plus long exposé de ces rapprochements et coïncidences entre les écritures bibliques et les théorèmes de l'attraction passionnée découverte par Charles Fourier, nous mènerait trop loin, serait superflu ici. Les hommes de bonne volonté qui, ayant des doutes, tiendraient à les éclaircir y parviendront sûrement s'ils font, sans prévention, une lecture entière des livres de l'Inventeur, de ceux de l'école sociétaire, et s'ils ont, au besoin, recours aux disciples de cette école, qui jamais ne refusent les explications bénévoles dont la demande leur est faite en bons termes.

Mu par le vif désir de voir la découverte des lois de l'harmonie industrielle profiter en premier lieu au clergé, dépositaire de la science théologique, qui est la science des lois de l'harmonie divine, j'ai tenté des démarches près de plusieurs évêques, les adjurant de prendre connaissance de la découverte, et leur offrant les éclaircissements qu'ils jugeraient nécessaires. Ils ont rejeté ma proposition par le double motif que l'autorité ecclésiastique n'a point à s'immiscer dans les choses de l'ordre temporel, et que, d'ailleurs, le principe de l'école sociétaire, qui préconise les richesses et les joies, est inconciliable avec la doctrine chrétienne qui conduit au salut par les privations et la pénitence.

A la première objection j'ai répondu qu'en se vouant derechef à régler l'ordre temporel, comme ils l'ont fait durant les longues périodes du moyen-âge, comme ils le font encore dans les Etats du saint-siége, les chefs de la religion ne s'exposeraient nullement à se compromettre. Ce serait simplement, pour le sacerdoce, une reprise de la direction supérieure des affaires humaines, comme il voulut et sut la saisir et la tenir aux grands siècles des Léon et des Grégoire, en s'appropriant par droit de primauté tout ce qui, dans le domaine des sciences, venait à surgir de certain et d'utile. Au XIXe siècle l'unité romaine se borne à prétendre *relier* les esprits, et ils lui échappent en immense majorité. Si le clergé catholique, prenant l'initiative de l'instauration sociétaire, ajoutait au ralliement spirituel le ralliement animique, corporel, industriel; si ne se bornant plus à leur donner la vie de l'intelligence, la religion procurait dignement aux hommes la vie du cœur, la vie des sens, la santé, la richesse, le bonheur terrestre et le bonheur céleste, la tâche du sacerdoce serait pleinement accomplie. Il l'aurait accomplie sans rien envahir imprudemment, sans rien céder, rien retrancher de sa foi et de sa mission. Il ne ferait qu'ajouter aux biens qu'il dispense des biens nouveaux d'une autre nature; il serait pour la triple vie de l'homme la triple providence que symbolise la tiare papale.

Répondant à la seconde objection, j'ai dit : Que veut, que fait déjà la religion si ce n'est de soulager l'indigence, de conjurer, atténuer, extirper les maux physiques non moins que le mal moral? Serait-elle conséquente avec elle-même, la religion, si elle ne tendait pas à une extirpation du mal, universelle et totale, si elle regrettait de voir le sentier de fleurs conduire au bien, à la vertu, au salut céleste, avec autant de sûreté et de mérite qu'il s'en acquiert dans le sentier de ronces! Tant que le sentier de ronces aura été la voie de l'innocence et de la justice, il aura dû être préféré. Si, dans l'avenir, la marche de la justice et de l'innocence est mieux assurée par le sentier de fleurs, pourquoi s'obstinerait-on à les retenir aux aiguillons des ronces? Ce serait hideux aux yeux de Dieu comme aux yeux des hommes. Les princes, les rois, les prélats, les papes qui ont été canonisés après avoir joui d'une vie fortunée, ne sont pas moins saints que les saints qui ont vécu dans les mortifications, qui ont souffert le martyre. Toutes les jouissances humaines peuvent être épurées et ennoblies comme les jouissances religieuses sensuelles (page 233), animiques, spirituelles le sont déjà dans les augustes solennités du culte.

Parce qu'hier on n'aura eu sur Dieu et ses attributs que des notions mystérieuses, parce qu'on aura été aujourd'hui sous le faix et souffrant, et que demain le voile du mystère aura pu être levé, la journée rendue gaie et heureuse, doit-il rigoureusement s'ensuivre qu'on aura été chrétien la veille et qu'on ne le sera plus le lendemain? Conclure ainsi serait monstrueux. Le fait est que plus notre esprit s'éclaire, plus notre âme a d'expansion (*sursum corda!*) et de bonheur, plus aussi nous sommes chrétien, puisque être chrétien c'est connaître et chérir la vérité dans sa plus grande étendue et sa plus haute sphère.

Les arguments ainsi précisés dans ma réponse aux princes de l'Eglise étaient-ils sans réplique? Je n'ai pas la présomption de le penser; mais aucune réplique ne m'est venue.

Je n'insiste pas moins auprès des ecclésiastiques judicieux et charitables : qu'ils fassent une étude consciencieuse et suffisante de la science sociale positive découverte par Fourier; puis, après s'être convaincus de l'efficacité du procédé industrio-domestique proposé comme moyen de la réintégration religieuse et morale, non moins que de la réintégration physique des hommes dans les voies de la vérité, de la justice, du bonheur sur la terre comme au ciel, qu'ils prennent l'initiative de la glorieuse réalisation de cette réforme et la dirigent eux-mêmes. Ils sont libres de n'adopter et appliquer de la théorie sériaire que ce qu'ils jugeront présentement opportun, et de laisser à un avenir plus ou moins prochain le soin d'admettre, toujours sous leur direction, ce qui doit être renvoyé à l'avenir. Quelle plus grande gloire, quel plus grand bonheur chrétien peuvent-ils ambitionner que de concourir à faire vénérer sincèrement, sciemment le dogme de la Croix, la Religion austère, et à faire triompher positivement le dogme de la Rédemption, la Religion gracieuse?....

L'HOMME RÉINTÉGRÉ.

La réintégration d'Adam (l'homme universel) dans ses voies normales sera le rétablissement des harmonies qui caractérisèrent la société native ou édenienne (page 34). Renforcées par les grandes acquisitions des sciences, des arts, de l'industrie, par la surabondance des richesses créées et en création, ces harmonies se seront élevées de la naïve simplicité du premier âge aux splendeurs de l'âge adulte. L'action humaine aura substitué aux accords bas et peu développés les accords composés, supérieurs, infinis, et fait transiter la nature brute ou défaillante à l'état de nature perfectionnée. De même que dans le passé l'homme individu aura fait prospérer sa gestion particulière en s'assurant le gain d'une fortune, par la recherche, le discernement, la pratique raisonnée et persévérante de moyens positivement fructueux, l'homme collectif pourvoira, dans l'avenir, à la gestion générale, moyennant les avantages de la plus haute fortune conquise, elle aussi, par investigation, découverte et application. Adam aura vérifié la pleine efficacité du régime sériaire. Par l'instauration de ce merveilleux régime il créera le bien-être universel garanti sur tout le globe, avec une sûreté, une aisance, dont n'aura jamais approché le plus habile des industriels civilisés parvenus, dans leur petite sphère, à se ménager le plus haut degré de bien-être individuel. Il n'y a pas deux procédés différents pour atteindre à l'accomplissement de la destinée et au règne du bien. Partout et toujours l'unique moyen de l'avènement infaillible s'exprime en trois mots : chercher, trouver, réaliser.

Fourier a cherché et a trouvé; résumant sa découverte il l'a formulée en deux théorèmes déjà devenus célèbres :

LES ATTRACTIONS SONT PROPORTIONNELLES AUX DESTINÉES.

LA SÉRIE DISTRIBUE LES HARMONIES.

Les attractions sont proportionnelles aux destinées, parce que « si l'homme a de plus que les animaux la faculté d'acquérir une conscience éclairée des lois de son destin, d'en créer douloureusement, progressivement les moyens de réalisation, et de s'en écarter plus ou moins par l'effort de son libre arbitre, il n'est pas moins sollicité par ses attractions vers cette destinée préétablie, et ne peut parvenir à exercer la plénitude de son être que dans la plénitude de son obéissance aux lois de son organisation, aux lois qui régissent la vie universelle, aux lois qui sont l'expression du libre arbitre de Dieu lui-même. »

La série distribue les harmonies, parce qu'elle « résout le problème de l'alliance de l'unité avec la multiplicité; parce qu'elle est un procédé naturel de classification des œuvres de Dieu, des choses et des êtres de la création, un procédé d'*ordre*, que les naturalistes ont reconnu, avant Fourier, dans tous les règnes, dans tous les ordres, dans toutes les classes, espèces, familles et variétés d'êtres, et qu'ils ont religieusement reproduit dans leurs collections, dans leurs classifications propres.

» La série est la loi qui, par affinités de molécules, d'organes, forme les êtres, groupe et enchaîne les phénomènes de leur vie; qui, par affinités de familles, de genres, d'espèces, forme les unités collectives et les groupes, les enchaîne dans le clavier hiérarchique et puissanciel de l'ordre universel.

» La série est la loi qui nous permet de distinguer, de mesurer le fini dans l'infini, la forme dans le fond; c'est la méthode par excellence d'analyse et de synthèse, d'après les relations naturelles, les attractions ou les affinités des êtres, des faits, des objets.

» La loi sériaire est une et multiple elle-même; elle change, elle se modifie selon l'objet, le centre d'activité ou le foyer d'attraction auquel elle s'applique. Elle est naturelle ou artificielle, organique ou fictive; elle est libre ou mesurée, confuse ou harmonique, simple ou puissancielle. Il y a des séries de séries. La série mesurée, harmonique, s'applique aux essors principaux de l'activité sociale, résume, concilie, synthétise toutes les formules longtemps agitées par l'esprit humain, telle que l'Unité, terme simple ou pivotal; la Dualité ou la Polarité, la thèse et l'antithèse; la Trinité, l'équilibre du centre et de deux aîles; la Collectivité, le contact des extrêmes; elle embrasse à la fois les rapports d'identité, d'égalité ou de différence, les raisons de nombre, de mesure, de proportion, de division, de succession, de graduation, de progression, de modulation, de hiérarchie, d'ordre, de puissance, d'aggrégation, d'organisation, d'association, de composition et de décomposition, d'accord et de discord, d'ascendance, d'apogée et de descendance, de naissance, de vie et de mort. La série est là loi dont la gamme musicale et le prisme lumineux offrent les plus harmonieux symboles.

» ..... Il est impossible d'organiser quelque chose d'important ou d'attrayant, de mettre de l'ordre dans une conférence, dans une bibliothèque, dans un rayon de boutique, dans une collection quelconque, de mettre de l'attrait dans une réunion, dans une cérémonie, dans une fête, sans former irrésistiblement des groupes et des séries, sans classer les objets d'après leurs rapports d'affinités, sans distribuer sériairement le mouvement, la vie, la pensée, le plaisir ou le travail.

» La série, comme anneau mystérieux qui unit l'unité à la variété, est spécialement une solution d'Ordre. Pour que cet ordre s'élève à la puissance d'Harmonie, il faut qu'il permette à la Liberté elle-même de s'élever à la puissance de l'Attrait. Fourier a résolu cette seconde équation de l'Ordre et de la Liberté dans ses études sur les attractions humaines et sur l'Association intégrale. »

Le premier acte de l'homme ramené par l'association intégrale dans les voies normales de son essor, sera d'anéantir la prévention qui de tout temps fit préconiser l'utile à l'exclusion de l'agréable. Inséparable des incohérences sociales, la misère des masses insolidaires et ignorantes aura trop justifié cette amère prévention dans les temps passés. Dans les temps nouveaux elle aura perdu sa raison d'être. Il deviendra insensé de blamer le plaisir, de le nommer frivolité, de lui superposer son contraire exprimé par le mot peine, qualificatif du travail s'exerçant dans la déviation du destin. Pris au grand sérieux le plaisir sera devenu aussi plausible, aussi fructueux, aussi noble que le labeur honorable et productif. Tous deux sont des moyens de vie également nécessaires. Ils marcheront l'un et l'autre au même rang ou prendront tour à tour la préséance pour le plus grand avantage collectif et individuel. Ils sont pour le mouvement social comme pour le mouvement vital une dualité identique aux dualités de l'actif et du passif dans le mouvement universel, du féminin et du masculin dans le mouvement propagateur, du chaud et du froid en physique, de la poésie et de la prose en littérature, des modes majeur et mineur en musique; en un mot, l'AGRÉABLE est autant que peut l'être l'UTILE, élément essentiel de l'existence humaine.

Les séries de groupes industriels, conformes aux séries des vocations, des goûts, des aptitudes, annihileront donc les causes de répulsion dans l'exercice du travail. Le travail sera plaisir, plaisir entremêlé de divertissements et de jeux, le soutenant, le stimulant, l'équilibrant, renforçant sa fécondité prodigue de tous les biens. Le monde artiste n'aura pas attendu que cet essor nouveau ait passé de puissance en acte pour en acclamer la sagesse parfaite. Dispensateur de plaisirs, l'artiste apprécia toujours les grands talents avec justice et eut raison d'en évaluer les produits à si haut prix. Dans les séries de groupes chacun devenant artiste passionné et judicieux, l'importance suprême du plaisir sera reconnue, honorée, exaltée comme il est digne qu'elle le soit.

Or, le plaisir intense, varié, continu, sans mélange d'inquiétude, sans risque de perturbation, de revers, de suppression, de satiété, d'affaiblissement de la santé physique, morale, intellectuelle, renforçant au contraire la santé, le plaisir inoffensif redoublant incessamment l'énergie vitale, c'est le bonheur même.

« La foi nourrit dans la conscience chrétienne, disent » les théologiens, l'espérance d'un avenir où sera ré» tabli l'accord entre la vertu et le bonheur. » Les harmonies du mouvement sériaire accomplissent pleinement cette religieuse et si légitime espérance. Dans leur sein, en effet, l'homme, centre et maître de la nature qui fait tout pour notre vie morale, l'homme accroît sa liberté en s'élevant du fond ténébreux des misères matérielles vers les pures jouissances de la vie de l'amour et les pures clartés de la vie de l'esprit. Il extirpe ainsi le mal qui démoralise et désordonne. Il prouve qu'il est image et ressemblance de Dieu en établissant pour tous et partout l'ordre moral qui tout entier consiste dans le mouvement de toutes les créatures vers une forme d'existence plus élevée, plus spirituelle, plus parfaite, dans laquelle disparaît l'opposition entre l'esprit et la matière, entre le péché et la rédemption, entre la liberté et la grâce. Alors les passions, qui sont les grands ressorts des actions humaines, n'ont plus à être constamment réprimées par la force morale qui est en chacun de nous, et cette force a cessé d'être constamment en lutte avec les appétits de la nature, de se sentir isolée, épuisée et souffrante.

Quittant la lutte négative, la force morale se vouera chaudement au service du développement positif du bien et du beau dans les voies du vrai. On saura, comme dit Fourier, que « le but de Dieu n'est pas de faire » régner ni vérité, ni fausseté, ni vice, ni vertu, mais » seulement de conduire le genre humain tout entier » aux trois foyers d'attraction, au luxe, aux séries de » groupes et au mécanisme universel, n'importe par » quelle voie : or, Dieu ayant reconnu que la vérité » était le procédé le plus commode, le plus économique, » le plus accélérateur, il a dû adopter la vérité pour » son système de relations. C'est pour cela qu'elle » régnera dans l'ordre combiné en opposition au men- » songe qui doit régner dans l'ordre civilisé et barbare. » Cette observation peut servir à rectifier nos préjugés » sur la vertu. Il n'y a de vertu que ce qui favorise le » progrès du mouvement social (1). Le mensonge est » vertu en civilisation parce qu'il y est plus utile que » la vérité; mais le mensonge sera vice dans l'ordre » combiné, parce qu'il sera si nuisible aux relations » sociales qu'un simple mensonge pourra causer la » punition d'un canton entier. Quant à présent, que » sont vos hommes réputés vertueux? Des imposteurs, » des charlatans qui mentent à chaque parole. Un » homme franc n'obtiendra que la ciguë pour récom- » pense. Les mots vertu et vice sont donc des mots » vides de sens; ce sont des noms convenus pour » désigner des actions convenantes ou inconvenantes » dans chaque période sociale. » — « Je ne considère » pas des êtres pétris de fourberie, des civilisés, bar- » bares et sauvages, comme espèce humaine, mais

(1) « Jouis, voilà la sagesse : FAIS JOUIR VOILA LA VERTU. » (Pilpaï, philosophe persan, traduit par Lockmann.)

» seulement comme embryons de la véritable humanité,
» qui regardera les races mensongères et insociétaires
» comme dégradées. »

Redevenues sociétaires et véridiques les races humaines jouiront du bonheur présent sans l'acheter aux dépens du bonheur futur. On les verra enter le culte attractif sur la doctrine chrétienne par superposition du dogme de la Rédemption au dogme de la Croix. Elles introduiront la volupté à titre de ressort religieux en élevant l'ascétisme des saints du simple au composé, c'est-à-dire en combinant religieusement les extases d'amour de Dieu avec les extases d'amour des hommes.

L'âme humaine s'est tellement faussée dans le tourbillon d'erreurs, de doutes, déceptions, turpitudes, folies et malheurs des périodes sociales incohérentes, qu'il lui est devenu impossible de concevoir la vie au dehors d'un cercle de péripéties funestes. Les luttes violentes ou perfides, les victoires et les défaites désastreuses, la prospérité de ceux-ci, la ruine de ceux-là, auront eu et ont encore seules le privilége d'intéresser et d'émouvoir. La vertu dépouillée de l'abnégation et du sacrifice ne se comprend pas. La douleur semble être indispensable au mouvement vital à l'égal de la jouissance. Histoire, romans, scènes successives de chaque journée se remplissent invariablement d'alternatives de peines cuisantes et de joies trompeuses et fugitives. La pensée qu'il en puisse être autrement n'arrive à aucun esprit étranger aux études phalanstériennes. Cet égarement déplorable ne tiendra pas devant le régime des séries passionnées. Elles le dissiperont à l'instant même de leur survenance en faisant ressortir l'inadmissibilité des désordres et des souffrances comme éléments indispensables de l'existence humaine, en démontrant par le fait comment et combien dans les luttes émulatives sériaires, les triomphes, les échecs, les incidents divers, infiniment plus multiples, plus variés, plus vivement sentis et goûtés que dans les temps passés, deviennent essentiellement bienfaisants et concordants. Garantissant une liberté complète aux essors passionnels, cette concordance bienfaisante remettra l'homme en harmonie avec lui-même, avec ses semblables, avec la nature et avec Dieu (page 22). Dans cette harmonie s'exercent à la fois la plus grande liberté de l'homme et la plus grande autorité de Dieu. Par elle Dieu gouvernera l'homme directement, sans intermédiaire, et sera obéi avec reconnaissance et bonheur. Par elle les destinées seront proportionnelles aux attractions.

Ainsi sera rendue évidente la vanité du sophisme selon lequel l'homme se compose d'un antagonisme perpétuel entre les tendances qui entraînent et la raison qui retient. L'empire de la raison sur les tendances cessera d'être pour l'homme la seule cause de grandeur, la seule source de vertu. Les esprits inhabiles à saisir la justesse de la théorie dans toute sa portée, parce qu'il ne leur aura pas été donné de s'élever à l'aptitude des supériorités compétentes que Fourier nomme polygynes, se convaincront par le fait qu'ouvrir à toutes les passions des voies d'essors et d'accords, ce n'est nullement les déchaîner en niant la nécessité de la raison et s'exposer à faire de chacune d'elles le principe d'un abus. Loin de là c'est la raison elle-même qui combinera les essors et accords par la savante direction que lui imprimeront les passions distributives, essentiellement mécanisantes et régulatrices. Ainsi deviendront tangibles, soit l'équilibre des passions par les passions mêmes, sans qu'elles aient à se comprimer réciproquement, à céder à une force qui leur soit contraire, soit la destinée collective de l'homme, accomplie sans détruire ce qui constitue son être intime, ce qu'il aime avant tout, ce qu'il a de plus précieux, c'est-à-dire sa personnalité.

Seulement en prévenant le besoin, le régime sériaire aura du même coup prévenu les écarts que le besoin suscite et qui entraînent au crime; on aura plus obtenu des institutions qui encouragent que des rigueurs qui répriment; à l'impuissance de l'isolement aura succédé la force de l'association; libérée de soucis importuns, la femme dont l'influence grandit à mesure qu'elle parvient à une position plus libre, plus digne, plus élevée, sera émancipée, non au profit de l'oisiveté, mais au profit du travail (pages 253, 256); l'homme ne *prendra* plus une femme pour avoir en elle une cuisinière; les époux jouiront des affections les plus pures, les plus douces, revivront dans leurs enfants, aimeront d'autant mieux la famille qu'elle sera plus exempte des inquiétudes attachées aux nécessités matérielles qui en diminuent les joies morales; les vastes désirs qui sont dans le cœur de l'homme, et que jusqu'alors rien autour de lui n'aura pu satisfaire, seront comblés, sans l'exposer à encourir les amertumes du vide dans les plaisirs, du malaise dans la richesse, malaise et vide tenant uniquement à l'insolidarité et aux incohérences qui caractérisent le mouvement social. L'individu le plus heureux continuera de lever les yeux vers le ciel, non plus pour exprimer la mélancolique aspiration vers un bonheur absent d'ici-bas, mais pour manifester sa pieuse et ardente gratitude d'avoir joui du bonheur en ce monde par avant-goût de la vie plus sublime que les rêves et les extases ascétiques de l'âme lui révèlent au-delà des tombeaux.

L'analogie établie par Fourier entre le monde sidéral et le monde moral est contestée par quelques penseurs : selon eux « les astres sont sans passions, et l'homme est un assemblage des passions les plus diverses ; — les astres sont soumis à une loi mécanique et fatale ; — l'homme a reçu de Dieu le libre arbitre ; — les magnifiques harmonies du monde sidéral ne sont pas l'œuvre de l'homme ; son génie les a découvertes, mais elles étaient préexistantes ; il ne les a pas créées. »

Supposer les astres sans passions, c'est faire preuve de science incomplète ; c'est témoigner un arrêt à mi-chemin dans la conception de la dualité universelle qui se constitue des principes primordiaux, actif et passif, combinés entre eux à tous les degrés de l'échelle infinie. Les astres sont des individus sidéraux de même que nous sommes des individus humains (page 13). Comme l'homme l'astre a nécessairement son âme, assemblage de passions et douée du libre arbitre. Les âmes des astres sont des émanations et disséminations partielles des grandes âmes des univers, comme nos âmes individuelles le sont de l'âme de la terre. La terre, corps et âme, entretient avec les astres qui lui sont similiaires, des relations sociales plus ou moins identiques à celles qui se développent à la surface de notre globe. L'astre n'est pas davantage gêné, dans ces relations, par son assujétissement aux lois de son orbite, que nous ne le sommes par notre assujétissement aux lois de gravitation, de locomotion, de circulation du sang et autres qui nous sont particulièrement imposées. Qu'importe à l'astre la direction et l'étendue de son orbite dans l'espace, si ses relations sociales animiques, intellectuelles, sensuelles avec ses semblables, sont praticables et s'opèrent par jets aromaux, de la façon dont le télégraphe électrique donne une idée, avec plus d'aisance et d'activité que n'en comportent les relations sociales des hommes entre eux?

Le mouvement social est ce qu'il y a de plus éminent dans les fonctions de l'homme, de l'astre, et dans l'œuvre d'Aelohïm. Les merveilleuses harmonies du monde moral ou passionnel ont donc été préexistantes non moins que les magnifiques harmonies du monde sidéral. L'homme était impuissant pour faire sortir les premières du néant tout autant que pour donner l'impulsion aux secondes. Son génie avait à découvrir les unes comme les autres, et non à les créer. — Dire pour se soustraire à ce devoir ou pour dissuader autrui de le remplir, que chercher l'harmonie dans le monde moral c'est poursuivre un fait qui n'existe pas, est aussi peu sensé que l'eût été aux temps passés la négation de l'existence encore occulte de la boussole, du télescope, des forces motrices de la vapeur d'eau, de l'éclairage au gaz, de la photographie, de la galvanoplastie et de tant d'autres choses inattendues, purement chimériques aux yeux des doctes et des sages officiels, mais qui n'étaient pas moins des vérités de fait très-réelles comme la preuve en est manifeste à toute heure devant nos yeux.

Les mœurs, si souvent inconciliables avec la saine morale, la politique préposée à la conservation et à la direction des mœurs, sont, autant que peuvent l'être les diverses sciences métaphysiques et physiques, susceptibles de progrès, dans la voie de la vérité, vers le beau, le bon, le juste. Dans ce mouvement progressif, ne le perdons jamais de vue, les idées de propriété et de famille se rectifient en s'élargissant. Eclairé par les reflets de l'ordre sériaire, chacun aura bientôt compris l'étroitesse et la sottise d'une prétention aussi futile que celle de posséder à soi seul une terre de grande ou petite étendue, et d'en jouir à l'exclusion d'autrui, sans même excepter les plus proches parents. Il faut que les habitudes du morcellement et de l'isolement aient perverti le cœur humain à bien haut degré pour l'amener à un tel excès d'égoïsme stérile, où l'illusoire possession exclusive est devenue l'unique moyen d'user librement du champ qu'on aime! Cependant, quelles que soient l'énergie, l'activité, la puissance de l'individu, force lui est de reconnaître tôt ou tard qu'il ne peut par lui-même occuper et cultiver une surface assez spacieuse pour qu'elle lui donne des produits suffisants à la satisfaction de ses besoins de tous les genres. Toujours l'intervention de collaborateurs lui sera inévitable. Plus ces aides forcés lui seront sympathiques, meilleure sera son entente avec eux, et plus aussi son contentement sera grand. — Il y a infiniment plus de plaisir à dire : « Ceci est à nous! » en contemplant les vastes espaces luxuriants dont on a la jouissance sociétaire, que d'avoir à exclamer : « Ceci est à moi! » en parcourant de l'œil son domaine, immense ou restreint, riche ou pauvre, soit qu'on l'ait fécondé par ses seuls labeurs personnels, soit qu'on en doive les produits à la glèbe, au fermage, au sordide salariat. La propriété collective de la Phalange, à laquelle tout enfant, femme, homme participera proportionnément à ses trois facultés, Capital, représenté par des actions, Travail attrayant, Talent justement apprécié, transformant la propriété privée sans lui nuire, ne fera donc qu'exciter l'enthousiasme de tous, en garantissant à chacun le plein exercice de la liberté dont l'énergique besoin remplit son être.

La famille, dans la déviation du destin, n'aura pu se concevoir sans puissance maritale, sans puissance paternelle, sans dépendance réciproque de ses divers membres. Elle aura dû être ce qu'elle est encore, une communauté distincte, ayant ses intérêts spéciaux, son cercle isolé d'existence. Avec la substitution du régime d'attraction au régime de contrainte, ces sujétions de la famille cesseront d'être indispensables, et loin de relâcher ses liens, d'amoindrir son passé, son présent, son avenir, l'indépendance de la femme, l'éducation publique donnée aux enfants (page 252), la dispersion des individus dans les groupes et les séries, l'extension du foyer domestique, ne feront que rendre plus affectueux, plus loyaux, plus désintéressés et plus constants les rapports entre époux, entre mère, père, enfants, sœurs, frères, parents divers, puisque l'ordre combiné n'est qu'une association de familles.

Mais, disent les doyens de faculté « le régime sociétaire en faisant régner, selon les prétentions de son auteur, un bien-être absolu parmi les hommes, en réduisant à un vain mot les liens du mariage et les responsabilités de la famille, produira un accroissement infini de population qui bientôt ne sera plus en rapport avec la richesse sociale. Alors la misère reviendra, traînant à la suite des causes sans nombre de discorde et de destruction. »

Ici la science du docteur est arriérée et en défaut autant que quand elle suppose les astres dépourvus d'âmes et de passions. Les faits physiologiques et statistiques les mieux acquis et les plus nombreux établissent positivement que « l'accroissement et la diminution des races sont en raison inverse de la quantité et de la qualité des aliments ; que l'abondance entraîne la stérilité ; la disette la fécondité ; en d'autres termes que l'excès de pléthore est contraire aux vertus procréatrices, tandis que l'appauvrissement du sang lui est favorable. L'équilibre est entre les deux (1). »

Fourier s'était bien gardé d'omettre la question de l'équilibre de population. Dès 1829 il en précisait la solution dans la 9e notice du *Nouveau monde industriel*, où il analyse les quatre digues que, dans l'état sociétaire, la nature oppose aux excès prolifiques, et qu'il classe :

1. La vigueur des femmes ;
2. Le régime gastrosophique ;
3. Les mœurs phanérogames ;
4. L'exercice intégral.

(1) Doubleday, 1849.

A la suite de développements donnés sur l'efficacité de chacun de ces moyens, Fourier dit :

« Lorsqu'on saura les employer *combinément*, les » chances de fécondité et stérilité tourneront à contre- » sens du mode actuel, c'est-à-dire qu'au lieu d'excès » en population, l'on n'aura à redouter que le *déficit*, » et on prendra des mesures pour exciter cette fécon- » dité que tout homme prudent redoute aujourd'hui. » L'homme sensé veut n'avoir qu'un petit nombre » d'enfants, afin de leur assurer la fortune sans la- » quelle il n'est point de bien-être; l'homme sans » raison et tout charnel procrée des enfants par dou- » zaine. Dieu veut au contraire en limiter le nombre » en proportion des moyens de subsistance; et l'homme » social se ravale au niveau des insectes quand il crée » des fourmilières d'enfants qui seront réduits à se dé- » vorer entre eux par excès de nombre. Ils ne se man- » geront pas corporellement comme les insectes, les » poissons, les bêtes feroces (l'anthropophagie étant » une exception); mais ils se dévoreront politiquement » par les rapines, les guerres et les perfidies de la bar- » barie et de la civilisation. »

Sous le régime sériaire la poétique analogie qui, de tout temps, rapprocha la femme de la fleur, s'enrichira d'un terme nouveau. L'adolescente naïve, apte à devenir mère, aura pour symbole l'églantine. La dame resplendissante de beauté, dont les conquêtes et les plaisirs se seront déployés aux dépens de l'aptitude à la fécondité maternelle, aura pour type la rose somptueuse et parfaite.

Sous aucun rapport Fourier ne néglige d'aborder et

de dissiper les préjugés qui traitent de vision l'idée d'équilibre des passions. Il prouve que cet équilibre doit se fonder sur les vastes développements et non sur l'engorgement, que les penchants réputés les plus mauvais, tels que les goûts de domination universelle, fortune subite, convoitise d'hoirie et tant d'autres qui poussent aujourd'hui aux vices, deviennent des sources de vertus dans l'état sociétaire. Pour lui ce qui dans l'opinion commune est censé faire obstacle, devient toujours ce qui précisément est à employer comme moyen. Au reproche de limiter à douze le nombre des passions, de ne pas prévoir qu'une infinité de passions nouvelles naîtraient du système des séries de groupes, tromperaient et déjoueraient ses calculs (p. 159) il oppose l'insuffisance de la judiciaire des critiques qu'il compare, relativement à la connaissance des passions, à des enfants de huit ans, enchantés de leurs globules de marbre et persuadés qu'à l'âge de vingt ans ils n'auront pas de plaisirs plus séduisants.

Fourier justifie sa proposition ainsi formulée en dissertant sur les passions à naître. Parmi elles il traite de la principale, qui sera l'*unitéisme* ou philanthropie réelle, fondée sur la plénitude, la replétion de bonheur, le besoin de répandre autour de soi le charme dont on est pénétré. L'une des formes de l'unitéisme est l'amour immodéré des richesses qui suggère la cupidité. Si le bénéfice ne se trouve, comme en période civilisée, que dans les rapines et la rapacité, l'homme doit s'abandonner à ces vices tant qu'on ne sait lui créer d'autre motif d'abstention que l'honneur d'avoir évité de s'y livrer. Un précepte de bonne conduite n'est pas plus un contre-poids suffisant à la cupidité qu'à toute autre passion, surtout dans un monde mercantile qui n'a d'estime que pour la fortune, bien ou mal acquise, et qui raille comme duperie la pratique ruineuse de l'équité. En un tel état de choses, l'exercice de la cupidité a inévitablement lieu en mode *simple, égoïste*, étranger ou contraire aux intérêts d'autrui. Quand il s'élève du mode simple au mode composé, cet exercice sert à la fois les intérêts de l'individu et les intérêts de la masse, grâce à un régime où le bénéfice personnel est attaché à la pratique de la justice distributive, et la cupidité, se dévêtant de sa hideur, n'est plus qu'un essor estimable de l'unitéisme. Fourier fait voir en grands détails comment le régime sériaire opère les heureuses transformations ainsi conçues des essors passionnels, et combien ce régime rend ces transformations aisées et sûres. Il démontre ailleurs que le mécanisme proposé par lui pour la répartition des produits de tous genres, faite proportionnellement aux trois facultés *capital*, *travail* et *talent*, « a la propriété » d'absorber la cupidité individuelle dans les intérêts » collectifs de chaque série et de la phalange entière, » et d'absorber les prétentions collectives de chaque » série par les intérêts individuels de chaque sociétaire » dans une foule d'autres séries. »

Découvrir les lois positives de ce mécanisme d'où émane une justice éclatante était, en science sociale, le problème prédominant. L'énoncé de ce problème et la solution qui en est donnée devaient dès lors attirer en premier ordre l'attention sérieuse des penseurs enclins au doute et à la contestation. Aucun critique pourtant n'en a abordé la discussion ; bien plus, aucun n'a seulement daigné les mentionner. A coup sûr un tel déni témoigne peu en faveur de leur droiture, si le mutisme est volontaire, ou de leur intelligence, s'ils sont restés inhabiles à comprendre la gravité du problème.

Les hommes de bonne volonté s'autoriseront à bon droit de cette défaillance elle-même pour s'affermir dans la pensée que la théorie exacte du mouvement social harmonique est en réalité découverte. S'appuyant sur les raisons, arguments et faits résumés dans ces TRANSACTIONS, ils n'hésiteront point à en admettre les conséquences obligées, et ils reconnaîtront que de la marche d'Adam réintégré dans ses bonnes voies, devront naturellement découler les résultats qu'il nous reste à décrire et que nous venons essayer de mettre en relief.

De même qu'il assure l'emploi judicieux, heureux et fructueux de TOUS les instants (p. 202), l'exercice sériaire pourvoit, et, comme l'a trop prouvé l'insuffisance de l'action des ménages exigus, peut seul pourvoir jusque dans les menus détails, aux choses usuelles dont dépend essentiellement le bien-être de l'existence humaine. S'attachant avant tout à extirper le mal matériel, les séries débuteront par l'assainissement interne ou des habitations, et externe ou des champs. Elles se feront un jeu autant qu'une mission d'établir des ventilations chaudes ou fraîches, selon les saisons, de détruire entièrement les insectes et autres parasites nuisibles ou incommodes, de maintenir la plus soigneuse propreté, prévenir ou neutraliser les émanations délétères, recueillir en tuyaux et récipients clos, les matières à engrais que nous aurons vues si sottement dissipées, et qui pourtant sont ce qu'il y a de plus précieux pour la réussite des cultures. Le vœu le plus général et le plus légitime du monde savant, délicat, élégant, sera ainsi accompli. Rien ne sera omis pour la maintenue en bon état du sol, de l'atmosphère, des logements, vêtements, en un mot de tout ce qui intéresse les sens du tact et de l'odorat, manifestations de passions auxquelles, comme à toutes les autres, il doit être assuré libre essor et satisfaction complète.

Opérée par le travail isolé de l'individu ou du ménage familial, l'extirpation des plantes et des animaux nuisibles n'a jamais été et ne serait jamais que partielle, mal entendue et vaine. Pour donner à ce travail l'efficacité nécessaire, les séries appliqueront sagement et partout les enseignements des sciences naturelles. Aucune plante dangereuse pour l'usage alimentaire ou industriel n'échappera aux recherches des séries. Elles convertiront en cendres fertilisantes tout végétal reconnu malfaisant; elles choieront, utiliseront, vénéreront à l'égal de l'Ibis des anciens Egyptiens, tout oiseau friand de larves et d'insectes, fléaux des vergers, jardins et vignes; étudiée comme elle doit l'être et le sera, la nature dévoilera elle-même les mystères de ses aménagements; attentives à ne rien troubler, à tout régulariser, à tout perfectionner, les séries ne feront que seconder l'action providentielle qui crée et perpétue l'équilibre de production et de consommation dans les divers règnes ontologiques.

Elles procèderont, pour protéger les essorts de la vue

et de l'ouïe, comme elles auront agi en faveur du tact et de l'odorat. En même temps qu'elles feront disparaître les laideurs qui choquent les yeux et cesser les bruits qui offensent l'oreille, les séries prodigueront partout les beautés des sites et des édifices, les concerts de sons harmonieux. Par elles le lustre des arts sera développé dans toutes ses magnificences.

Autant peut-être qu'elle devra l'être pour favoriser les quatre passions des sens, ouïe, vue, tact, odorat, prises ensemble, autant l'action des séries sera multiple, variée, ardente pour prévenir les lésions du goûtisme (sens du goût, p. 260), et pour satisfaire ses exigences à lui seul. Il ne saurait être insisté avec trop de force sur l'importance suprême du régime alimentaire. Normalement organisé, il devient la branche du mécanisme social dont les ramifications sont le plus nombreuses, dont les produits sont le plus divers et abondants, concourent avec le plus d'efficacité à l'entretien des deux éléments essentiels de la vie, l'utile et l'agréable. Les exigences du goûtisme se rattachent à tous les règnes de la nature, à toutes les catégories des sciences et de l'industrie : animaux, végétaux, minéraux, physique, chimie, agriculture, œnologie, boulangerie, art culinaire, commerce, sont du ressort immense de la haute fonction qui, se combinant avec ses corrélatives, la gymnastique et l'hygiène, crée, perpétue, renforce la santé, fait que l'état heureux du corps laisse à l'âme pleine liberté de se livrer à l'exercice de ses insignes facultés, à ses sublimes élans religieux. C'est le propre de l'essor des passions, des sensuelles aussi bien que des animiques, quand il se déploie en série de groupes, de tendre à tout spiritualiser comme à tout harmoniser.

Ce que les séries feront pour extirper le mal matériel et instaurer le bien du même ordre dans l'intérieur de la phalange, les duarchies, triarchies, tétrarchies..., omniarchie (page 207), l'exécuteront graduellement sur la surface entière du globe. Fourier développe, dans une synthèse magnifique, les moyens par lesquels, avec l'intervention des grandes armées industrielles, les déserts seront repeuplés, les monts reboisés, les marais desséchés, les climatures restaurées, l'atmosphère équilibrée et purifiée, le sol nettoyé des plantes et des êtres animés malfaisants qui l'infestent. De jour en jour se conçoit plus aisément combien est irrésistible la puissance du roi de la terre, d'Adam créé en l'ombre et ressemblance d'Aelohim, pour l'accomplissement de ces grandes missions, car de jour en jour se multiplient les fécondes découvertes des sciences physiques. Avec les données nouvelles sur l'électricité, le magnétisme, la dynamique universelle, il n'y a plus rien de surnaturel; les prestiges et les prodiges traditionnels sont justifiés, expliqués, renouvelés quand l'homme le veut.

L'extirpation des vices, la suscitation des vertus dans l'ordre moral, le développement du vrai, du juste, du bon, du beau dans l'ordre intellectuel, selon le vœu de la science et de la religion, marcheront de conserve, toujours par le fait du régime sériaire, avec la restauration du bien croissant dans l'ordre matériel. Quand le progrès social et l'accomplissement de la mission de l'homme collectif auront ainsi établi l'harmonie générale, le moment sera venu où, prophétisait Fourier, notre astre ayant recouvré ses conditions sanitaires, pourra renouer et renouera des relations procréatrices avec les astres congénères de son tourbillon planétaire. L'esprit qui a goûté, qui retient les grands principes posés dès les premières lignes, puis déroulés dans toutes les pages de ces TRANSACTIONS, conçoit aisément et admet sans hésiter cette puissance grandiose d'Adam, maître de suspendre ou rétablir à volonté les fécondes unions sidérales (page 17).

Oui, Adam, l'ensemble des humains, est doué, pour l'élaboration de la sphère, d'attributions et de facultés identiques à celles des êtres parfaits qui, à tous les degrés de l'échelle, manifestent dans l'infini les splendeurs de la vie. L'homme (microcosme) est pourvu d'âme et d'intelligence, de même qu'en est pourvu l'*omnivers* (macrocosme) (1). S'il se classe infiniment petit quant au corporel, Adam, par son titre spirituel, tient et s'élève à l'infiniment grand, et l'équivalence rationnelle de l'infiniment petit et de l'infiniment grand (p. 200), se confirme par la loi du contact des extrêmes.

Reconnaissons donc, en remontant du petit au grand, que Dieu est à l'omnivers ce que l'âme humaine est au corps qu'elle fait mouvoir, au monde social et au monde terrestre dont elle est la partie intégrante directrice (pages 12, 265, etc.).

C'est un préjugé honteux, dit Fourier, que « suppo-
» ser les univers et leurs astres plongés dans l'oisiveté.
» De toutes les injures qu'on peut faire à Dieu, il n'en

(1) Le mot *omnivers* a dû inévitablement être émis par Fourier pour exprimer l'ensemble des univers ou tourbillons d'astres, comme Adam exprime l'ensemble des humains.

» est pas de plus grande que de le croire ami et pro-
» tecteur de la paresse. L'auteur du mouvement n'au-
» rait donc su créer que des mondes oisifs! et c'est là
» l'opinion d'un siècle qui se vante d'avoir perfectionné
» la raison! O dix-neuvième siècle, si le royaume des
» cieux appartient aux pauvres d'esprit, quel rang
» éminent tu dois y occuper en récompense de ton
» stupide bel esprit, si éloigné du bon esprit!

» Le préjugé qui suppose que Dieu a tout créé justifie
» de fait les athées et matérialistes; car une création
» si vicieuse en produits, et qui n'engendre que des
» sociétés si favorables au vice, donne lieu à tant de
» récriminations contre Dieu, que les hommes sont
» pardonnables de douter de son existence plutôt que
» de lui attribuer ce honteux ouvrage; mais si l'on
» admet que les créatures peuvent créer comme Dieu,
» en employant les germes originairement distribués
» par lui, elles peuvent commettre des fautes, et les
» univers, dans leurs opérations, se trompent quelque-
» fois comme nos architectes et laboureurs. Croit-on
» que notre univers, qui est encore jeune, n'en ait
» commis aucune? Je les indiquerai, et l'on verra que
» ce n'est pas la faute de Dieu si notre globe est meublé
» d'une si désastreuse création et affligé de tant de
» misères. Ce n'est pas non plus la faute de nos pla-
» nètes, qui ont opéré aussi bien que possible, mais
» c'est la faute de notre univers, qui a opéré préci-
» pitamment et mal assuré l'organisation de son tour-
» billon foyer. On verra plus loin que cette étourderie
» a causé la perte d'une cardinale d'amitié qui siégeait
» avant notre globe, et en même orbite. Son remplace-

» ment par notre globe a donné lieu à d'autres fautes,
» car il est d'usage qu'une bévue en entraîne une autre.
» Les erreurs sont difficiles et lentes à réparer. Les
» opérations de voûte sidérale exigeant plusieurs mille
» ans, on travaille depuis 1800 ans à l'opération qui
» doit tout réparer, j'en parlerai au chapitre spécial (1).

» Jusque-là, concevons que les désordres de l'univers
» ne doivent pas être attribués à Dieu, mais aux créa-
» tures usant mal de leur libre arbitre, et, dans l'objet
» qui nous occupe, c'est toute la voûte sidérale, tout
» l'Aréopage des étoiles fixes, qui a commis une faute
» à l'égard de notre tourbillon et de notre globe. Mais
» si vous supposez que Dieu ait tout créé, ce sera Dieu
» seul qu'il faudra accuser, et ses univers ne seront plus
» que des monuments de despotisme, de fatalisme et
» d'oisiveté. Nous supposons Dieu semblable au lion
» de la fable, qui fait du butin quatre parts pour les
» associés, et qui les mange toutes quatre. Cependant,
» s'il y a unité dans le système de Dieu, pourquoi
» aurait-il destiné l'homme seul à travailler, tandis que
» les créatures supérieures, les *bivers*, dits planètes,

(1) Fourier a écrit ce paragraphe vers l'année 1817. Il annonçait alors qu'une colonne d'astres de renfort, environ 500, partie de la voie lactée, était en marche pour venir s'adjoindre à notre tourbillon. Les astronomes officiels ne comptaient en effet, en 1817, que 31 planètes, dont 4 cardinales à lunes, la Terre, Jupiter, Saturne, Uranus, 2 ambiguës, Vénus et Mars, 5 lunes non conjuguées, Mercure, Vesta, Junon, Cérès, Pallas, et 20 lunes conjuguées. Les découvertes sidérales ont été très-nombreuses dans ces dernières années. Elles ont atteint le chiffre 114. Nous voyons aussi se multiplier les apparitions de comètes, « troupeau aromal, » dit Fourier, « destiné à nourrir le » soleil et les planètes, et dont l'approche est un sujet de joie pour » tous les astres. »

» les *trivers,* dits univers (1), couleraient dans l'oisiveté » toute leur carrière?

» Cette hypothèse nous jette dans une foule d'incon- » séquences; et d'abord, si les planètes ne font rien, » ne cultivent rien, ne produisent rien l'une pour » l'autre, de quoi se nourrissent-elles, et quels seront » leurs liens d'harmonie? Quels appâts les retiendront » par attraction dans ce plan où nous les voyons fixées? » Pour trancher la difficulté, nos savants décident que » nos planètes ne mangent pas; mais si elles ne tra- » vaillent, ni ne mangent, ni ne copulent, si elles n'ont » pas l'usage des passions, tant des sens que de l'âme, » leurs fonctions sont donc réduites aux promenades? » Ce sont donc des automates privés du libre arbitre » et machinaux en opérations quelconques! Dans ce cas » la régie de l'omnivers n'est qu'un acte de despotisme » de la part de Dieu. Il se prive lui-même des chances » de variété qui peuvent répandre le charme sur l'exer- » cice de cette régie. Il imite un roi qui, jouant avec » son ministre, exigerait le choix des cartes et ne laisse- » rait au sort aucune chance; il n'en résulterait que » de l'ennui pour l'un et pour l'autre, et peut-on pré- » sumer que Dieu, infiniment sage, commette pareille » faute en réduisant au rôle d'automates les créatures » qu'il régit? Nos dogmes philosophiques et religieux, » en refusant aux astres des fonctions industrielles et » créatrices, ont infecté de fatalisme toutes les théories » du mouvement, et jusqu'à présent notre ineptie en » ce genre est égale à celle des simples qui ne sauraient

(1) Dans cette terminalogie l'homme-couple, Adam, premier échelon ascendant est *mono-vers*.

» casser un pot sans s'écrier : C'est Dieu qui l'a voulu.
» Ils en ont menti : Dieu ne veut ni la maladresse, ni
» l'oisiveté. En sage distributeur il veut que les créa-
» tures de tous degrés participent aux travaux et aux
» jouissances, réservant à lui seul l'impulsion ou at-
» traction, afin qu'elle soit distribuée unitairement,
» et laisse aux créatures le libre arbitre, la faculté
» d'opérer harmoniquement, pour leur bonheur, ou
» incohéremment pour leur malheur; puis, des sub-
» divisions de l'harmonie et de l'ordre subversif,
» naissent les innombrables chances qui forment le
» stimulant des créatures et de Dieu même.

» Nos planètes, fidèles à ses intentions, poursuivent
» leurs travaux harmoniques de création; tandis que
» nous les croyons oisives, elles sont prêtes à nous
» donner un brillant mobilier en remplacement de nos
» 130 serpents et autres ordures écloses des deux pre-
» mières créations. Il faut toute l'impudeur des natu-
» ralistes pour flagorner la nature sur une œuvre aussi
» dégoûtante. » (*Phalange*, mai-juin 1845.)

Les théologiens judicieux et sincères accepteront sans difficulté la valeur positive de la conception de Fourier. Ils sont en effet forcés d'admettre la conséquence inéludable de leur dogme fondamental établissant que l'homme a été créé en ressemblance de Dieu, que Dieu lui-même s'est incarné dans la personne de Jésus-Christ. Comme l'âme de l'homme, l'âme de Dieu est donc d'essence passionnelle. L'âme de Dieu est le foyer irradiant la vie, le pivot de mouvement dans la sphère omniverselle, de même que l'âme de l'homme est pivot et foyer à la surface du globe terrestre. Pour

Dieu-omnivers comme pour les polyvers de toute classe et de tout ordre émanés de lui, comme pour l'astre, comme pour Adam, les passions sont à l'âme ce que les formes sont à la matière (pages 7, 11). Vie et passion ne sont qu'un même mot. De l'infiniment petit à l'infiniment grand la gamme radicale des ressorts de l'être passionné ou vivant doit dès lors être la même, et de fait elle l'est, puisqu'à tous les degrés de cet infini, les sept animiques ou métaphysiques sont seules puissances aptes à créer, propager, sustenter, régir, harmoniser avec l'intervention des cinq sensuelles ou physiques. Homme, astre, trivers ou polyvers, l'être passionnel étant nécessairement doué du libre arbitre, peut, dans l'exercice de cette noble attribution, commettre des erreurs et des fautes, créer, gérer avec inhabileté. C'est quand elle survient la circonstance caractéristique de la déviation du destin, et l'origine du mal y remonte. La voie de la réintégration, nous l'avons fait voir, se trouve dans le procédé d'ordre combiné, dit série de groupes rivalisés, contrastés, engrenés, qui reprend et applique en tout et partout, dans le mouvement social, comme ils se montrent dans les quatre autres branches du mouvement général (p. 146), les grands errements divins : Economie de ressorts, Justice distributive, Universalité de providence, Unité de système (p. 167).

Les docteurs ès-sciences et ès-lettres, munis ou non du diplôme académique, admettront la conception de Fourier, comme l'auront acceptée les théologiens, si, franchement conséquents ils veulent rester d'accord avec leurs propres principes. Ils ont constaté, ces honorables docteurs, ils enseignent dans leurs chaires et dans leurs livres qu'en toutes choses, en tous lieux, en tous temps, le mouvement, nonobstant les innombrables combinaisons dont il se constitue dans l'ensemble des choses, est image et répétition de lui-même. Chaque partie se coordonne au tout. La vie apparaît, court, s'éteint, se renouvelle dans la succession des êtres, tant supérieurs qu'inférieurs, quelles qu'en soient les variétés, en se conformant aux mêmes lois, en suivant les mêmes phases, reproduisant dans toutes ses sphères les mêmes phénomènes. La vie humaine et sociale à la surface de la terre est donc type naturel et nécessaire de la vie des êtres gradués au-dessus de l'homme, de la vie des astres, des trivers, quatrivers, etc. Or, les ressorts manifestes de la vie sont les passions fécondes en productions observées de plus en plus grandioses à mesure que la contemplation s'élève sur l'échelle de l'infini.

Les savants en connaissances positives, physiciens, mathématiciens, comprennent sans hésitation que les astres qui, de concert avec le nôtre, se meuvent dans l'espace, lui sont matériellement similaires. La certitude est acquise que chacun des corps sidéraux marchant en orbite régulière est formé d'une agglomération de solides et de fluides identiques aux fluides et solides terrestres. Il est à peu près également reconnu qu'étant aussi entourés d'une atmosphère, Jupiter ou Saturne, ou tout autre astre, de haut ou bas rang, a, comme la terre, des habitants, est, comme elle, peuplé de créations végétales et animales plus ou moins semblables à celles qui nous entourent.

Il doit en être, il en est du passionnel comme du

matériel. De même que le grand corps de l'omnivers se décompose en corps sans nombre de polyvers, de trivers, d'astres, d'hommes, de même sa grande âme, Dieu, se distribue en âmes polyverselles, triverselles, astrales, humaines. La science pure, qui, dans l'ordre matériel, discerne la monade corpusculaire, suit ses agrégations progressives, d'où résultent les formes de tous les aspects et de tous les volumes, saura discerner et suivre avec une aisance, une lucidité égales, dans l'ordre passionnel, les essors affectifs, distributifs, sensitifs d'où proviennent les groupes et les accords sociaux, qui sont à la fois le but et le moyen de toutes les créations, tant celles de l'industrie apanage de l'homme, que celles dites naturelles, minéraux, végétaux, animaux; qui alimentent l'industrie et dont l'émission est déférée aux astres (page 17).

Rien n'est plus compréhensible que l'importance culminante des passions, que leur suréminente aptitude créatrice. Adam ne fait que se livrer à l'essor de l'unitéisme quand il produit et cumule les richesses, éléments du luxisme, — quand il facilite et multiplie les rapports cordiaux qui donnent satisfaction au groupisme, — quand il combine savamment et ouvre les voies parfaites du sériisme. Ce ternaire est l'essor de premier degré. En second degré viennent les créations, se spécialisant de plus en plus, qu'élaborent les séries de groupes : l'amour et le famillisme font naître les personnes, pourvoient à leurs premiers besoins; — l'amitié et l'ambition subviennent à leurs nécessités, à leurs satisfactions morales et matérielles; — la cabaliste, la composite, l'alternante établissent et maintiennent l'harmonie dans l'œuvre des affectives et des sensitives, au ciel comme sur la terre.

Car, ce que les hommes opèrent dans leur orbe vital et social, les astres, les polyvers doivent l'effectuer et l'effectuent dans leurs orbes respectifs. Il n'en saurait être autrement puisque le propre de la vie utile, active, rationnelle, heureuse, est, à tous les étages de l'immensité, de manifester sa plénitude dans le mouvement social ou passionnel, pivot des quatre mouvements dont se constitue l'existence de l'omnivers (page 146).

En cet ordre de choses la haute valeur de l'homme est d'une évidence frappante. L'exaltation de ses désirs, les aspirations si audacieuses de son esprit, l'insatiabilité de son intelligence à la recherche des découvertes les plus inouies, sont complètement légitimées et justifiées. Réceptacle et source de vie au même titre que l'est toute autre créature possédant comme lui les facultés divines, l'homme est un être nécessaire qui n'a pu ni recevoir ni revêtir une forme autre que celle dont il est pourvu. Il est muni de tout ce qu'il lui faut pour accomplir sa destinée proportionnelle à ses attractions. Il est la vie même. Il aura, par sa faute, comportant plus ou moins d'indulgence, traversé des siècles sans réaliser l'accomplissement de son destin. Il s'en ménagera dignement désormais le mérite et la gloire.

Il saura que toute création étant la manifestation phénoménale d'un essor de passion, harmonique ou subversif, il n'y a pas seulement analogie, mais rapport direct entre la cause créante et l'objet créé. Une créature quelconque est révélation positive des éléments de la passion, de ses tendances naturelles, ses exigences, ses modalités, ses effets, bons si l'essor est harmonique, mauvais s'il est subversif. C'est sagesse d'en tirer enseignement pour prévenir, éviter, anéantir le mauvais, faire prévaloir et régner le bon. L'étude, puis l'action qui conduisent à ce double but, se rattachent d'autant mieux aux convenances de l'homme qu'il trouve dans les créatures le reflet de ses propres passions. Il s'affectionne et réciproquement il est affectionné, par exemple, en amitié, pour et par le chien; en ambition, pour et par le cheval; en famillisme, pour et par la vache (1). Chaque être animé concourt ainsi à l'expansion, au renforcement de la vie humaine, en même temps que, amené ou non à l'état de serviteur domestique, il met en saillie, concordants ou discordants, les essors normaux de la passion dont il est le produit, le représentant, et qui est sa dominante, essors dont, en tous sens, l'homme doit faire son gros et légitime profit. Comme les animaux, mais à des échelons moins élevés, les végétaux et les minéraux sont, eux aussi, des produits et des types passionnels.

« L'excellence de chaque chose sera vue dans son milieu naturel, selon le langage de saint Augustin, et l'admirable ordonnance de toutes, et le contingent de beauté dont elles enrichissent chacun en particulier, la république universelle et l'utilité qu'elles nous pro-

(1) Les affinités d'ambition et d'amitié sont plus généralement du ressort du sexe masculin; les affinités d'amour et de famillisme appartiennent plus spécialement au féminin. Il doit être entendu ici que la vache se rallie surtout à la femme qui, en affaires de famille, a le pas sur l'homme (pages 210, 215). Fourier n'a pas trouvé de quadrupède rallié au titre d'amour. Il suppose une lacune qui rend incomplète cette tétrade d'animaux conforme à la tétrade passionnelle.

curent si nous savons en faire un usage légitime et éclairé; en sorte que les poisons eux-mêmes, pernicieux par disconvenance, convenablement employés, deviennent de salutaires remèdes. »

« Et voyez d'autre part, » ajoute l'évêque d'Hippone, « comme les objets les plus agréables, la nourriture, le breuvage, la lumière, se dépravent par l'abus et l'inopportunité de la jouissance! c'est ainsi que la providence divine nous avertit de ne point jeter un blâme téméraire sur les choses, mais d'en chercher attentivement l'utilité. Si elle se dérobe à la faiblesse de notre esprit ou de l'esprit humain il faut croire qu'elle est cachée comme l'étaient tant d'autres vérités dont à peine nous avons pénétré le mystère.... En réalité nulle part le mal n'est une substance, il est une privation du bien; et de la terre au ciel, du visible à l'invisible, il est des biens meilleurs que d'autres, inégaux entre eux afin qu'ils soient tous. Mais Dieu grand ouvrier dans les grandes choses ne l'est pas moins dans les petites, et ce n'est point dans la grandeur presque nulle qu'il faut mesurer ces petites choses à la sagesse de leur auteur. »

C'est en effet la recherche attentive de l'utilité de chaque chose qui a conduit à la découverte des vérités déjà conquises, et qui tôt ou tard complètera la connaissance des vues et des voies de la providence divine. Elle aboutira, cette recherche, en toute sûreté et célérité, dans la pratique du procédé sériaire, régime où l'inopportunité de la jouissance cesse d'être méconnue, où l'abus de la jouissance devient impraticable, où le mal, qui n'est pas une substance, disparaît, parce qu'alors il n'y a plus privation du bien.

Approfondie dans les séries de groupes, et par elles appliquée sous le triple rapport passionnel, intellectuel, matériel, la science de l'utilité de chaque chose exaltera la vie de l'homme à son plus haut degré d'intensité. Les liens sociaux se multiplient; il s'en forme de canton à canton, de province à province, de région à région pour enceindre l'ensemble du globe. « La nature a ménagé des travaux qui ont besoin de l'intervention de plusieurs cantons, plusieurs provinces, pour pouvoir être exercés en pleine série. Par exemple, la plupart des séries de grande culture ne peuvent s'organiser que vicinalement, par réunions de cohortes. Le travail des graminées, labourage, moisson, battage, n'étant attrayant que par l'entremise de masses nombreuses, on l'exécute par emprunt de cohortes venant de trois ou quatre phalanges. C'est un sujet de rivalités, de luttes, sur la perfection du labour et des autres opérations. Le rassemblement est animé par les femmes qui viennent à la fin de la séance, apporter le repas, ces réunions se terminant d'ordinaire à l'heure du déjeuner ou du goûter. Les phalanges se tiennent compte des cohortes empruntées. Les emprunts et compensations de cohortes fournissant des séances très-joyeuses, sont un des grands leviers de l'harmonie. La cabale externe s'agrandit à mesure que l'ensemble d'une série exige l'intervention de plusieurs provinces, plusieurs contrées. Ainsi pour une série complète de *pommistes* ou cultivateurs de la pomme, il faudra quelquefois réunir et affilier des sociétaires de cantons éloignés, les terrains contigus ne comportant pas toutes les espèces. Quoique disséminée sur une grande surface de terres, la série n'en a pas moins ses liens très-réguliers. »

Ces lignes sont empruntées aux œuvres de Fourier (*Publication des manuscrits,* année 1851), pour rendre précise l'idée du mode d'action qu'emploiera l'homme réintégré, dont le destin se réalise d'autant mieux s'il est accompli dans le plus grand bien-être.

Plus souverainement que ne l'ont fait les ascètes du camp religieux ou du camp philosophique, Fourier superpose le spirituel au matériel. Mais il ne lui arrive jamais de faire abstraction du corps quand il raisonne sur l'âme. Il se garde d'oublier que la condition absolue de l'existence est dans la combinaison des deux éléments primordiaux, l'actif et le passif, et que la séparation de ces éléments c'est la mort, transition comme la naissance. La spéculation de Fourier, invariablement pratique et synthétique, revêt donc un caractère de positivisme qu'on cherche en vain dans les doctrines des autres penseurs de la catégorie socialiste.

Entre les enseignements si nombreux donnés par l'inventeur de la série passionnée, celui qui a le plus frappé, le plus séduit, le plus illuminé les intelligences et les cœurs, est son système d'éducation de l'enfance. Aucun critique sérieux ne conteste l'excellence de ce système; toutes les personnes judicieuses dévouées aux intérêts du premier âge, l'accueillent, l'adoptent avec enthousiasme, parce qu'en effet on y trouve la seule voie rationnelle et certaine où l'éclosion des vocations puisse être suffisamment favorisée, leur développement normal garanti, la marche de l'homme réintégré affermie. Il ne saurait être trop insisté sur ce point de fait.

« C'est une loi de la nature, dit Fourier, que les soins spirituels ou de l'âme, quoique supérieurs au matériel quant au rang, ne sont qu'en second ordre dans l'éducation des petits enfants. Il est évident que chez l'enfant, ce n'est pas l'âme, c'est le corps qu'il faut soigner, sans pour cela négliger ce qui tient à l'intelligence, et il est certain que dans le bas âge les soins corporels sont beaucoup plus urgents que les spirituels. Cette loi s'applique aux âges extrêmes, à la vieillesse comme à l'enfance. Posons donc en principe que dans les périodes extrêmes d'une série de mouvement social, le matériel l'emporte sur le spirituel; aussi voyons-nous que dans les deux périodes initiale et finale du monde social, les passions matérielles, entre autres l'amour des richesses, l'emportent de beaucoup sur les passions spirituelles, comme l'honneur et autres impulsions nobles, qui n'ont aucun empire dans les sociétés civilisée, barbare, sauvage, où tout est subordonné à l'influence du matériel.

» L'harmonie n'est point sujette à ce vice parce qu'elle n'est point âge extrême de la carrière sociale; aussi assure-t-elle la supériorité aux passions nobles ou cardinales, amitié, ambition, amour, famillisme; mais elle admet en principe et à titre de transition le règne du matériel dans les deux extrêmes, dans l'enfance et la vieillesse; de là vient que son système d'éducation s'attache principalement à former le matériel chez les enfants du jeune âge. Ce n'est qu'à neuf ans, et sur les chœurs de lycéens et lycéennes, qu'elle commence à établir la supériorité du spirituel, ce qui est plus sage que de vouloir faire d'un enfant de sept ans un ergoteur idéologique, un fruit pourri avant d'être mûr. L'harmonie pense que jusqu'à neuf ans, c'est d'abord le matériel qu'il faut s'attacher à former, et pour y réussir le principal levier qu'elle met en jeu est l'opéra ou école de l'ordre mesuré.

» L'opéra est, chez les harmoniens, la voie d'initiation à tous les arts et sciences d'agrément. On sera bien plus surpris si je nomme le ressort d'initiation aux sciences dites industrielles, chimie, physique, agriculture, manufacture : ce sanctuaire où l'enfant harmonien va puiser le germe et le goût de toutes les sciences utiles, ce foyer de sagesse et de lumières, c'est LA CUISINE. — Les branches d'institution qui tiennent à l'opéra sont les plus à la portée de tout le monde ; celles de la cuisine, qui semblent une facétie, exigent au contraire de profonds calculs et une connaissance abrégée du clavier général des caractères.

» L'opéra remplit éminemment la fonction d'exercer les enfants à la justesse corporelle et spirituelle par le chant, la danse, le geste gymnastique et autres moyens. Aussi l'opéra, en harmonie, est considéré comme étant non moins indispensable que la cuisine même. La cuisine et l'opéra, tels sont les grands ressorts de l'éducation harmonique. Elle n'emploie donc que des moyens agréables à l'enfant, qui est violemment attiré vers ces deux points.

» Des préjugés règnent au sujet de l'opéra, très-mal envisagé par les modernes ; leur esprit, tantôt philosophique, tantôt superstitieux, doit dans l'un et l'autre sens conduire au mépris de l'opéra qui est fonction de religion naturelle, en ce qu'il rallie les hommes à l'esprit *matériel* de Dieu ou unité générale des mouvements corporels.

» Je m'explique : l'opéra est pour l'acteur ou l'élève un mouvement combiné des quatre fonctions mesurées du corps : danse, chant, pantomime et gymnastique; il les développe toutes quatre en sens mesuré et non pas libre; car il met en jeu les quatre arts, poétique, dramatique, musical et chorégraphique. Il combine ces quatre facultés mesurées du corps avec trois accessoires de mesure distributive qui sont les prestiges de poésie, de peinture et de musique instrumentale, le tout coordonné en foyer à la mécanique dont on fait un si grand usage à l'opéra.

» Voilà une harmonie *septenaire en matériel* mesurée; elle a pour but l'*unité matérielle,* où elle arrive pleinement, car c'est à l'opéra que l'homme s'exerce à coïncider en tout sens avec les convenances *matérielles* de la masse et à observer ces convenances en ordre mesuré et non libre. L'opéra est donc l'emblème parfait, ou plutôt l'essor de l'esprit matériel de Dieu qui est la suprême perfection d'unité mesurée, en matériel comme en spirituel. Jugeons-en par la rigoureuse unité et l'ensemble de cette mécanique planétaire où les astres dans leurs révolutions d'orbite font cent millions et un milliard de lieues sans varier d'une minute dans la mesure du temps. Quelle inconcevable justesse ! quelle preuve de l'esprit d'harmonie qui anime l'auteur de ce grand œuvre !

» Ce n'est qu'à l'opéra que l'homme représente, en *matériel seulement*, un tableau exact, fidèle, de l'esprit de Dieu ou harmonie septenaire mesurée. L'opéra est donc par le fait réunion religieuse et pivot de culte, puisqu'il est l'emblême actif de l'esprit divin ou esprit d'unité. »

Il a été envisagé comme une frivolité, une réunion vicieuse, parce qu'en civilisation le goût des plaisirs conduisant l'homme à sa perte, il fallait tonner contre un spectacle qui inspire le goût de tous les plaisirs réunis, électrise l'âme et le corps, excite aux illusions et ne produit que des effets opposés aux besoins de cette période sociale.

» Mais après la chute de la civilisation et l'établissement d'un ordre social où le goût des plaisirs conduira l'homme à toutes les harmonies spirituelles et matérielles, où ce goût sera la voie de vérité et de justice comme la voie de santé et de richesse, on n'aura rien de mieux à faire que d'exercer l'homme dès l'enfance à l'harmonie matérielle puisqu'elle deviendra voie de la spirituelle ou sociale, puisqu'il y aura affinité, unité d'action entre le matériel et le spirituel.

» L'unité d'harmonie passionnelle n'a pas d'emblème plus parfait que l'opéra. L'ordonnance que Dieu a assignée à nos passions est la même que celle que nous établissons à l'opéra où nous disposons les chanteurs et danseurs des deux sexes ainsi que l'orchestre en séries de groupes contrastés, liés entre eux par un groupe moyen et coordonnés à des pivots ou chanteurs et danseurs principaux. C'est l'image de l'opération que Dieu veut faire sur toutes nos fonctions d'industrie et de plaisir. Il veut les distribuer comme les séries dont l'opéra fait emploi.

» L'opéra est chose aussi nécessaire en harmonie que

le pain en civilisation. Il ne sera, en harmonie, ni spectacle payant ni société d'amateurs ; ce sera un exercice religieux aussi sacré que le sont parmi nous les offices de paroisse. Il faut imprimer de bonne heure aux enfants la manie de coopération unitaire, et c'est par l'opéra qu'on leur inculque le goût de l'unité sociale, de l'accord des sciences, des arts, des manœuvres et de tout l'ensemble d'une Phalange en action. C'est vraiment à l'opéra qu'un enfant voit les avantages de cet ensemble qui partout ailleurs ne serait que partiel. La série de parade que j'ai décrite n'est que l'unité d'évolutions ; d'autres séries, comme la boulangerie, ne sont encore qu'unité partielle, tandis que l'opéra réunit toutes les unités mécaniquement et géométriquement alliées, peinture, poésie, instruments, chants, danses, geste ou pantomime, gymnastique, et enfin concours des trois sexes et de tous les âges.

» L'enfant élevé sur le théâtre de l'opéra s'y exerce d'abord aux genres de justesse et d'unité qui sont de sa compétence, à la dextérité du corps, à la justesse de l'oreille et du chant, à la vérité du geste et à la mécanique générale. Ainsi l'opéra est, pour les harmoniens, salle d'éducation collective, et branche de cérémonial religieux dite *culte neutre*. Chaque enfant d'un et d'autre sexe y figure dès le bas âge sans distinction de rangs, de même que parmi nous l'enfant du monarque n'est pas plus dispensé que celui du berger de fréquenter les temples ; mais il y a cette différence que nos exercices religieux sont accablants pour l'enfant, tandis que l'opéra est souverainement attrayant pour lui quand il peut y figurer en évolutions et en chœurs musicaux.

Un enfant de six ans, en harmonie, est plus sévère sur la mesure et sur l'ensemble que ne le sont nos chanteurs de trente ans.

» L'excessive attraction qu'exerce l'opéra quand il est soutenu de toute la pompe nécessaire, nous induit à penser qu'il y a quelque mystère d'attraction caché dans ce mécanisme. Les savants se sont beaucoup évertués sur les moyens de former l'homme à aimer la justice et la vérité. Ils étaient loin de penser que c'est à l'opéra que réside ce secret, et que, jusqu'à neuf ans, l'enfant n'a pas de meilleure école que l'opéra, où on l'élève à l'horreur de tout ce qui blesse la vérité, la justesse et l'unité. C'est là que sont écrits les préceptes de l'institution naturelle et que les habitants d'une phalange s'habituent dès le bas âge à être tous unis et francs entre eux, car aucune faveur ne peut faire trouver grâce à celui qui est faux, ou de la voix ou de la mesure, ou du geste, et si l'enfant peut s'habituer quelque part à souffrir la vérité, c'est vraiment à l'opéra. C'est là aussi qu'il s'habitue à l'amitié collective. Rien ne lie les inégaux comme le concours dans les chœurs, les danses et les cabales de rivalité théâtrale. Aussi les comédiens sont-ils entre eux la classe la plus intime et la plus charitable de la société. Voilà de beaux germes dans ce spectacle auquel nous donnons trop peu d'attention. Quand ils seront développés, les riches même, jaloux de faire briller leur phalange, et liés avec chaque homme du peuple par le mécanisme des séries, ne voudront en éducation que le système unitaire qui, en polissant la classe inférieure et lui assurant l'ample nécessaire, permettra que l'amitié règne dans toutes les réunions industrielles dont elle doit être le plus puissant véhicule chez les harmoniens.

» La coutume de faire figurer dès l'âge de quatre ans tous les enfants sur le théâtre, sera le garant de l'unité de langage et d'une foule d'autres unités dont l'opéra et ses accessoires sont le palladium en harmonie. Ces unités, en élevant les enfants à la justesse physique, les prépareront à la justice morale; l'une et l'autre se touchent de près dans l'Harmonie quoiqu'elles aient peu de rapport dans l'ordre civilisé qui, par sa duplicité de mécanisme, rompt les liens naturels entre le physique et le moral. »

Bien que très-sommaire cet extrait de l'un des nombreux livres de Fourier, précise suffisamment sa brillante donnée du mode naturel de l'éducation et de l'utilité suprême de l'opéra pour développer dans les meilleures conditions les facultés physiques et morales de l'enfant. Il faut peu de clairvoyance et de bonne volonté pour comprendre la portée d'une spéculation si lucide. L'inventeur ne pouvait à la fois mieux faire voir combien le procédé sériaire est efficace pour atteindre, combiner, régulariser les détails spéciaux d'une branche, et, par extension, de l'ensemble du mouvement passionnel, c'est-à-dire social, et mieux témoigner avec quel soin extrême il a scruté tous les instincts, tous les goûts, et pourvu à tous les besoins. Il tombe sous le sens que dans un tel milieu la justice devient, en quelque sorte forcément, « une puissance de l'âme que l'individu sent en lui-même par sa conscience, comme il sent l'amour, l'ambition, la volupté, assuré qu'il est de l'excellence de cette loi tant au point de vue de sa félicité personnelle qu'à celui de la conservation du groupe social et du déploiement de la vie collective. » La faculté est ainsi acquise au moi individuel, sans sortir de son for intérieur, de sentir sa dignité en la personne du prochain avec la même vivacité qu'il la sent dans sa propre personne, et de se trouver identique et adéquat à l'être collectif même parce qu'il a la connaissance réelle des rapports de l'homme avec son semblable, avec la nature et avec Dieu. »

Dans les œuvres de Fourier, qui sont plus volumineuses et surtout plus substantielles que les élucubrations d'aucun de ses émules en sociologie, se trouve l'ample et concluante démonstration d'un théorème étrange. Les obstacles qu'au sentiment général des penseurs du passé et du présent, les passions opposent aux relations humaines concordantes, sont précisément, selon ce théorème, les ressorts du mécanisme sériaire producteur d'accords. Dans ce mécanisme, dont l'auteur prodigue les formules, l'harmonie résultera en effet : 1° de la cupidité individuelle aux tendances antisociales; 2° de l'esprit cabalistique engendrant les scissions ; 3° des inégalités de fortune, rang et lumières; 4° des disparates de caractères et de lumières. « Si ces vices n'existaient pas, dit Fourier, il faudrait les créer avant de pouvoir opérer l'association par séries contrastées qui leur donne à tous des impulsions diamétralement opposées à celles du mécanisme civilisé. »

Le corollaire de cette proposition se trouve dans la citation suivante, extraite, comme plusieurs autres, de l'une des dissertations critiques récemment publiées :

« En anatomie, en physiologie, l'organisme humain

est une merveille de la création dans laquelle chaque organe, quel qu'il soit, est nécessaire, bon et utile à l'existence de l'individu ; les actes de la vie de relation, qui sont le résultat des fonctions de ces merveilleux organes, ne peuvent être qualifiés en eux-mêmes de bons et de mauvais, de nobles et de grossiers, de purs et d'impurs, de corrompants et de corrompus, que quand toutes les notions du bien et du mal social sont rapportées à l'idée de progrès consistant à toujours faire prévaloir dans l'individu et dans la société les penchants bienveillants sur les penchants égoïstes, à déclarer les premiers bons, les seconds mauvais. Mais si ces deux aspects irréductibles sont, par leur action et leur réaction constante, nécessaires à la vie individuelle et collective, comme la respiration et l'aspiration, l'absorption et l'excrétion physiologiques, le double mouvement dynamique contraire de la vie morale est tout aussi nécessaire dans le milieu social que dans le milieu organique individuel. Le mal ne peut alors consister que dans le défaut d'isochronisme fonctionnel, dans la prépondérance oppressive d'une des forces sur l'autre. Quand un organe dans le corps humain fait sentir son action, il y a trouble intérieur, malaise, fièvre, maladie ; l'harmonie des fonctions est détruite. Dans la société, quand l'intérêt collectif absorbe, sacrifie et opprime l'intérêt individuel pour cause d'ordre ou de sûreté publique, il y a exploitation, oppression injuste de l'individualité par la collectivité, et par suite désordre, trouble intérieur, qui finit toujours par envahir l'ensemble de l'organisme social et le détruire. Le progrès social positif doit donc consister à découvrir et à réaliser les véritables conditions d'accord de tous les antinomiques, tant individuels que collectifs, qui permettront aux divers attributs, tous également bons, utiles et nécessaires à l'association humaine, d'agir selon leur nature et la loi correspondante à leur mode d'essor, autour du vrai centre de gravité un et divers du grand et du petit monde. »

C'est exactement à un tel état de choses si bien conçu, si désirable, qu'aboutit le procédé sériaire de Fourier, dans l'exercice duquel « tous sont appelés, tous sont élus conformément et proportionnellement au titre et à l'essor de leur constitution physique, intellectuelle et affective qui fait accomplir à chaque individu sa tâche dans l'ensemble des efforts humains, selon la loi des actions et réactions biologiques directes, inverses et mixtes, individuelles et collectives dans l'unité progressive. Alors la véritable liberté se trouvera partout inhérente à l'ordre tant humain qu'extérieur, parce que le véritable ordre humain naturel, et non artificiel, fantastique, sera instauré; parce que la loi propre à chaque faculté cheminant selon sa nature et le mode d'action qui lui est propre, sera organisée dans la société. La liberté ne sera point subordonnée à l'ordre; elle sera la liberté et l'ordre coordonnés, associés, régularisés. Le véritable progrès n'est pas l'ordre de plus en plus parfait, mais l'accord de plus en plus parfait de ces deux antinomiques. »

Réintégré par cet accord dans son état normal l'homme sera en mesure d'agir, et, avec une ferme et fructueuse énergie, il agira pour le plus grand perfectionnement soit de lui-même, soit de son domaine, sous tous les rapports physiques, intellectuels et moraux-sociaux. Pour lui-même il connaîtra, il pratiquera enfin les moyens d'être sain dans son corps, dans son esprit, dans son cœur.

Au physique toute génération bien combinée, bien dirigée, comme elle le sera dans le régime sériaire, donne de beaux et bons produits. Tout nouveau-né est par la nature doué d'un type de physionomie susceptible de se développer sous des aspects séduisants, s'il est entouré de soins judicieux et assidus, aussi bien que de devenir très-disgracieux ainsi que nous le voyons si généralement à la suite des incohérences et des brutalités d'une éducation déplorable. Le redressement des déviations diverses, physiques et morales, sera un puissant préparatif en vue des créations nouvelles, provoquées, nécessitées par la réintégration humaine, et qui doivent faire disparaître ce que les anciennes ont de nuisible et d'impur.

L'homme sera sain dans son esprit, parce qu'affranchies des abstractions creuses de l'idéologie sophistique, s'attachant surtout au positif, ses spéculations intellectuelles rouleront sur des vérités de fait, sur des réalités se rapportant à l'agréable non moins qu'à l'utile, et seront incessamment éclairées par le flambeau des sciences pures, mathématiques et physiques.

L'homme sera sain dans son cœur parce que ses essors affectifs s'épandront, eux aussi, dans une sphère de vérités de fait, d'accords spontanés et libres, contrastés, équilibrés, diversifiés, multipliés à l'infini, ou circonscrits, restreints, selon le plus ou moins de portée des exigences caractérielles.

S'étant assaini et perfectionné soi-même, Adam, l'homme collectif, étendant l'assainissement et le perfectionnement à son domaine, utilisera dignement les surabondantes largesses d'Aelohîm. Par l'homme le laid, le faux, le mauvais, l'inique, seront sériairement, c'est-à-dire infailliblement extirpés, remplacés par le juste, le bon, le vrai, le beau, dans toutes les ramifications de l'activité sociale, essors de passions, combinaisons affectives, créations industrielles, artistiques, enseignements intellectuels et professionnels, distributions commerciales, et partout, et en tout, resplendiront l'harmonie et le bonheur.

CONCLUSION.

Les théories de Fourier ont été amplement élucidées, avec un succès notoire, dans les œuvres didactiques très-nombreuses que l'Ecole sociétaire a publiées. Une lecture souvent attachante de quelques volumes de ces œuvres a bientôt instruit l'esprit le moins studieux, tant ces théories grandioses sont aisément compréhensibles. Quand, avec l'aide peut-être des indications de nos essais, une étude intelligente, sincère, fructueuse est faite de la science sociale nouvelle, les réalités qu'elle projette deviennent frappantes pour le penseur, et il reste convaincu, soit de l'inanité des critiques qu'ont avancées la méprise, la suffisance, l'erreur ou l'envie, soit de l'évidence des points essentiels suivants :

L'instauration du régime sériaire attractif ne sera, en aucune sorte, ni un retour au panthéisme, au matérialisme des païens, des musulmans, des croisés du moyen-âge, imités par les viveurs de nos jours, se livrant aux orgies dégradantes de la dignité, destructives de la santé ; — ni un rejet, en contre partie, dans les austérités d'un spiritualisme timoré, aboutissant, sans profit pour la santé et la dignité, aux privations et aux duperies des ascètes. La combinaison harmonique du spirituel et du matériel est ce qu'on peut concevoir de plus opposé aux débauches et aux abstinences.

La multiplicité des groupes variés, qui travaillent en courtes séances, loin d'augmenter les occasions de conflit, les restreint, les annihile, parce que la hiérarchie sériaire est si complète, qu'avec ses groupes directeurs permanents, formant liens d'ensemble, elle maintient le principe d'ordre, exerce une police bénévole très-efficacement persuasive, qui éteint toute étincelle avant qu'elle ait occasionné un incendie, modère, coordonne, fait converger *ipso facto* l'essor des passions individuelles.

Les travaux par groupes variés, permuttants, à courtes séances, sont régime convenable dans tous les cas. Nous avons tenté en vain de découvrir, nous posons le défi de signaler une exception. La gérance confiée aux seize couples unissonnants de la hiérarchie sériaire (p. 209 et suiv.), n'est nullement une institution républicaine du genre de celles que nous avons dues au formalisme stérile et à l'élection incompétente. Le groupe investi de la régence se compose des supériorités acclamées de toutes voix, en parfaite connaissance de la valeur morale des candidats, parmi lesquels les principaux propriétaires du domaine auront un haut rang et devront sortir de l'urne en nombre fixe.

Par le fait même de sa constitution cohérente, chaque série de groupes maintient dans son sein la plus efficace police sociale, pourvoit à la culture intelligente des passions, en même temps qu'elle ouvre à leur libre essor une expansion régulière, sous l'empire d'une loi dont la sanction rémunérative consiste dans l'avancement hiérarchique.

Le phalanstère ne saurait exister en type isolé. Elément d'agglomération à titre primaire, il est partie intégrante du duarchat, comme le duarchat est partie intégrante du triarchat, celui-ci du tétrarchat, et progressivement jusqu'à l'omniarchat (p. 207). Type isolé, la phalange ou unarchat serait incomplète, aurait valeur et vie insuffisantes, instables, éphémères, de même qu'il adviendrait à l'individu, au sous-groupe détaché, isolé du groupe, au groupe détaché de la série, à la série isolée de la phalange. La condition première de la phalange n'est pas moins d'être un *composant* élémentaire du duarchat et, par progression, de l'omniarchat, que d'être un *composé* de séries de groupes subvenant à tous les besoins immédiats, tant sensuels et intellectuels qu'animiques.

Le régime sériaire aurait à lutter contre de très-grandes difficultés, si le succès de ses débuts dépendait d'une réunion confuse de personnes que l'habitude, qualifiée très-justement seconde nature, a rompues d'une façon irrémédiable aux coutumes, préjugés et déviations des sociétés incohérentes. Tels, entre autres, seraient les individus qui, ne comprenant pas ou comprenant mal le système des négociations dans lesquelles, l'avant-veille ou la veille, aux séances de la bourse, auront été convenues les heures d'assemblée des groupes, prétendraient ne faire que suivre leur frivole caprice du moment, et attendre, pour aller à l'atelier, que la fantaisie de travailler leur survienne, comme si, de son côté, l'atelier devait s'assujétir à les attendre. En une infinité de conjonctures analogues, bien des gens qu'une éducation défectueuse a rendus incapables de se fixer à une idée, de se maintenir en fermeté de conduite, d'agir avec la noblesse du dévouement, de s'affranchir de la manie des dissentiments, contestations et divergences futiles, dont leur passé a été rempli parce qu'ils n'ont pas su discerner le vrai et le faux, pourraient, par leur présence, rendre très-laborieuse, sinon faire avorter, la première tentative expérimentale d'organisation sériaire.

Fourier n'avait pu ignorer ces chances d'échec. Il les connaissait et appréciait certes infiniment mieux que ne l'a su et ne saurait le faire aucun autre penseur. Ne s'étant jamais dissimulé la gravité de l'obstacle, se souciant peu de l'aborder de front, jugeant plus sage de le tourner, sa recherche du moyen d'atteindre ce but fut fort courte. Il se dit : Puisqu'avec ses habitudes anti-sociétaires ou de déviation longuement contractées, l'âge mûr aurait tant de mal à s'engager dans la voie naturelle et féconde du vrai, du bon, du beau, du juste, recourons à l'élan des tendances natives de l'enfance. Précisément c'est de ces tendances que sont déduits les éléments du mode sériaire. Lors de la dissolution qui mit fin à la période édenienne (page 34), on a vu les groupes de l'enfance se disperser les derniers; qu'ils soient les premiers à se reformer; qu'ils ouvrent la marche à l'entrée du nouvel Eden comme ils l'ont fermée à la sortie du premier.

La justesse de cette pensée était frappante. Dans la conférence qu'il tint sous la présidence de l'inventeur, à Condé-sur-Vesgres, en septembre 1833, le groupe fondateur de l'Ecole sociétaire reconnut, par acclamation unanime, qu'en effet la marche la plus rationnelle, la plus économique, la plus prudente et la plus sûre pour faire passer de théorie en pratique la découverte des lois de l'harmonie sociale, devait être d'expérimenter l'efficacité du procédé sériaire avec une masse d'impubères réunis au nombre suffisant; puis sur la proposition de l'auteur des *Transactions sociales,* il fut décidé qu'un PROJET RÉGULIER D'INSTITUT POUR L'ÉDUCATION NATURELLE A DONNER A QUATRE CENTS ENFANTS, serait rédigé dans la forme usuelle et réalisé au moyen de la formation d'une compagnie actionnaire du genre des sociétés industrielles qui, chaque jour, font réussir des entreprises plus ou moins identiques.

En février 1845, les conditions de la réalisation ainsi prévue furent nettement précisées dans la *Phalange.* On y lisait que tout effort en ce sens devait être, en premier lieu, subordonné à la possession par l'Ecole du *Projet d'exécution*, complètement étudié, calculé et arrêté dans ses bases architecturales, agricoles, administratives et financières : — les tentatives entreprises à l'aventure, dans un ordre de faits aussi nouveaux, sans cette condition préalable, auraient, pour échouer, neuf chances sur dix. Et la *Phalange* ajoutait : « La condition première doit être considérée comme parfaitement acquise aujourd'hui, puisque nous avons en mains, au centre de l'Ecole, des plans d'exécution étudiés dans toutes leurs branches, et dont l'appropriation spéciale et locale se fera, dès qu'il en sera besoin, avec la plus grande facilité. »

Quelles qu'aient été les vicissitudes de l'Ecole sociétaire dans le cours des quinze dernières années, les résolutions de 1833, les convictions de 1845 sont demeurées, sont toujours pleinement vivaces. L'impression du *Projet d'institut* suivra de très-près l'achèvement de la seconde édition des *Transactions sociales.*

Ces deux publications, nous nous croyons fondé à l'espérer, mettront une fois de plus en évidence combien est incontestable l'innocuité de nos vues et de notre entreprise. L'essai de vérification de l'efficacité du procédé dit *Série passionnée*, dans une maison d'éducation réunissant quatre cents enfants de 3 à 13 ans, ne saurait certes comporter le moindre danger pour la sécurité ou l'ordre public, ni porter ombrage à aucun souverain.

En France surtout, loin d'être contraire à l'entreprise, le gouvernement lui devra protection et encouragement. Elle a en effet pour but final de développer jusque dans ses dernières et ses plus utiles conséquences le principe qui s'est personnifié dans l'établissement des sociétés de secours mutuels. Or, on sait avec quelle énergie la propagation de ces sociétés est favorisée par le Chef de l'Etat qui, peut-être, n'a pas perdu tout souvenir de l'appui qu'il prêta, en d'autres temps, aux travaux des disciples de Fourier.

Depuis l'explosion réactionnaire de 1849 et à son abri, des détracteurs, qu'il n'a pas été permis de contredire, ont réussi à pervertir l'opinion en dénaturant les vues, les tendances, les actes de l'Ecole sociétaire, et allant, dans leur malice, jusqu'à lui imputer de vouloir mettre la camisole de force précisément aux libres manifestations de la vie dont, seule, cette école admet, légitime et prétend satisfaire toutes les exigences, sans froissement aucun des intérêts, droits et croyances des individus et des masses.

Aujourd'hui, comme à la veille de ces faciles triomphes de la réaction, il peut encore être dit, en toute vérité, aux critiques de Fourier, que la seule chose bien prouvée par eux dans leurs attaques violentes contre lui, c'est qu'ils ne l'ont ni étudié, ni compris, pas même lu. « Et puis, s'agit-il maintenant de faire la guerre à Fourier, aux livres de Fourier? Fourier est mort. Il s'agit de savoir ce que la société, pour son bien, peut tirer des œuvres de ce génie colossal. Que Fourier ait eu ses écarts, qu'il ait eu des idées fausses, excentriques, extravagantes, immorales si vous voulez, ce n'est pas même la question. Le donnons-nous pour un dieu, pour un prophète, pour un verbe infaillible? Est-ce qu'Arago rejette les lois de Keppler et celles de Newton, par cela qu'il se soucie peu, j'en suis sûr, des commentaires de celui-ci sur l'Apocalypse et des doctrines harmoniques et astrologiques qui ont guidé l'autre dans ses découvertes sublimes? Non, la question n'est pas où vous l'avez mise malveillamment. Fourier propose une *méthode*, un *procédé* constituant, prétendons-nous, la découverte de la loi naturelle de l'organisation, le moyen de réalisation de l'Ordre par la Liberté, c'est-à-dire de l'Harmonie. Or, un PROCÉDÉ, une MÉTHODE, c'est quelque chose d'entièrement indépendant des opinions personnelles, morales ou immorales, de celui qui en fait la proposition. Ce qu'il s'agit de juger, c'est un instrument, non un homme. Tant que cela ne sera pas fait, nous avons le droit de ne pas même écouter vos paroles; car elles ne sont que déclamations vaines. Vous n'êtes pas à la question. — Fourier est un homme abominable, et ses livres témoignent que son imagination l'emportait souvent dans les régions du délire... Soit! accordé : anathème à Fourier! Mais la LOI SÉRIAIRE est aussi dans ses livres, et avec cette LOI SÉRIAIRE nous prétendons sauver et harmoniser le monde. Quand vous voudrez discuter sérieusement, c'est cela qu'il faudra aborder.

» Voici un fruit d'une espèce nouvelle. Il est enveloppé d'un brou et d'une coque. Le brou est amer et épais, et la coque très-dure. Nous avons pris la peine d'enlever le brou, de casser la coque, et nous vous offrons fraternellement le fruit intérieur. — Or, que faites-vous, messieurs les amis du genre humain? Agissant en ennemis et en barbares, vous ramassez quelques bribes de ce brou; vous en extrayez l'amertume; vous y ajoutez, en grande proportion, de méchantes drogues; puis, offrant cela au public, vous lui criez que nous sommes des empoisonneurs!

» Mangez donc le fruit, et, s'il est bon et nourrissant, faites-en goûter aux autres. Quant au brou, jetez-le; nous ne vous demandons pas même d'admettre la possibilité que, plus tard, on en puisse extraire la base d'une liqueur excellente.

» Pelez la poire, enlevez-en le cœur pierreux, enlevez le ver si elle en contient. Mais ne dites pas au public, en lui présentant ces résidus mêlés à toutes sortes d'ordures : Voici les poires de Fourier ! voilà les fruits du Phalanstère (1) ! »

Chaque fois que, soit dans les écrits des adhérents, soit dans les livres des antagonistes de l'Ecole sociétaire, des passages lui ont paru exprimer sa pensée mieux qu'il ne l'eut fait en son langage propre, l'auteur des *Transactions sociales* n'a pas hésité à multiplier les citations. C'est ainsi qu'il lui est arrivé de reproduire, notamment aux pages 287, 8, 9, 290, 1, 2, 3, 321, 2, 3, 7, etc., comme étant confirmatives des théories de Fourier, les phrases mêmes par lesquelles, entre autres, les auteurs de trois volumes publiés, en 1860, à Grenoble, Toulouse et Metz, croient stigmatiser avantageusement quelques points de ces théories, volumes, remarquons-le en passant, qui témoignent combien les spéculations sociologiques, spécialement celles de l'inventeur de la *Série passionnée*, loin de tomber en oubli, continuent de préoccuper les esprits solides.

Les aristarques font des concessions ; ils conviennent que Fourier a créé un système d'organisation du travail industriel et du commerce auquel aucun critique n'a pu

(1) LE VIVANT DEVANT LES MORTS, par V. Considérant, 3e tirage. Février 1849.

mordre; — que ses types d'accords sociaux sont les moyens mêmes qui servent à Dieu pour faire de l'harmonie; — qu'après avoir posé en principe que les sympathies et antipathies ont été pour Dieu l'objet d'un calcul très-mathématique, que Dieu a réglé celles de nos passions aussi exactement que les affinités chimiques et les accords musicaux, Fourier a su saisir et a divulgué les données lucides de ce calcul et de cette règle. Il peut donc en toute justesse être dit de Fourier aussi : « Les diatribes, les dénégations sans preuves, sans examen consciencieux qui lui ont été opposées, n'ont fait que confirmer la réalité d'une découverte que les concurrents redoutent et dont ils ne veulent pas avouer l'excellence. Ainsi les hommes qui (comme lui et ses disciples) ne font pas de l'enseignement un métier, les hommes qui dépensent leur vie, leur fortune, leur repos, à la propagation d'une idée vraie, sont gênés, empêchés, injuriés. Pourquoi? parce qu'ils font brèche à la vieillerie que bientôt on délaissera. »

Rappelons toutefois que l'Ecole sociétaire sut conquérir une position prospère et honorée. En mars 1845, son organe mensuel, la *Phalange,* pouvait dire et, sans être contredite, disait hautement :

« Que rencontre-t-on aujourd'hui dans les livres sérieux, dans les revues, dans les journaux les plus réfractaires au progrès? La discussion des problèmes du Travail, de l'Association, de l'Emancipation sociale ne se greffe-t-elle pas, bon gré, mal gré, sur toutes les branches du Verbe de l'humanité? N'envahit-elle pas avec un entraînement toujours croissant la poésie, la littérature, la science, le journalisme, la tribune et jusqu'à la chaire catholique elle-même ? L'objet de cette discussion ne prend-il pas de jour en jour enfin, et avec une puissance formidable, le caractère de problème suprême du monde moderne ? — Eh bien ! quand le monde se pose à lui-même de plus en plus énergiquement son problème d'existence, quand il le pose sur tous les points, par toutes les virtualités, par les voix qui attaquent aussi bien que par celles qui défendent, croit-on qu'il puisse long-temps tarder à vouloir, à réclamer, à exiger la solution ? — Eh ! bon Dieu ! les adversaires les plus déterminés du mouvement qui s'opère se regarderont, plus tôt qu'ils ne le pensent, comme fort heureux de pouvoir attirer sur le terrain d'une pratique inoffensive, en favorisant les expériences sociétaires, ce torrent des idées nouvelles qui grossit d'heure en heure ; car il faudra bientôt songer à détourner les eaux pour les utiliser, si l'on ne veut pas qu'elles brisent tout sur leur passage. »

La secousse réactionnaire de 1849 a brisé l'assiette de l'Ecole sociétaire et suspendu son mouvement. Poursuivis, dispersés, opprimés, ses adhérents, subissant le joug de la force majeure, se sont conduits à l'imitation du Sage, dont il a été dit dans les vers dorés des pythagoriciens :

« Et quand l'erreur triomphe, il s'éloigne, il attend. »

Ils ont espéré, avec la venue du calme qui suit toujours la tempête, un retour de tolérance, sinon de faveur, qui leur permît de se livrer à un nouvel et libre essor de leur foi demeurée aussi fixe que la vérité qu'elle affirme. Ils vont donc, n'en doutons point, reprendre leur propagande, faire plus activement que jamais converger tous leurs moyens pour atteindre la possibilité d'une vérification pratique de l'efficacité sériaire, en s'abstenant dignement, dans le présent et l'avenir, comme ils l'ont fait dans le passé, de constituer aucune corporation, secte ou confrérie de nature à porter ombrage à l'autorité établie qui domine de droit ou de fait.

FIN.

BESANÇON, IMPRIMERIE DE J. BONVALOT.

www.ingramcontent.com/pod-product-compliance
Ingram Content Group UK Ltd.
Pitfield, Milton Keynes, MK11 3LW, UK
UKHW020101200726
13856UKWH00002B/311